新形势下的
公安局长（下）

（公安机关 内部发行）

ISBN 978-7-81139-766-6

好新形势下的县级公安局长（下）

公安部政治部 编

中国人民公

图书在版编目（CIP）数据

刑事裁判理论与实务／冯军等著．—北京：中国人民公安大学出版社，2011.9

（中国刑事法制建设丛书／陈国庆，孙茂利主编．刑事诉讼系列）

国家出版基金资助项目

ISBN 978-7-5653-0597-9

Ⅰ.①刑…　Ⅱ.①冯…　Ⅲ.①刑事诉讼-判决-研究-中国　Ⅳ.①D925.204

中国版本图书馆 CIP 数据核字（2011）第 191037 号

中国刑事法制建设丛书·刑事诉讼系列　总主编　陈国庆　孙茂利

刑事裁判理论与实务

冯　军　等著

出版发行：中国人民公安大学出版社
地　　址：北京市西城区木樨地南里
邮政编码：100038
经　　销：新华书店
印　　刷：北京兴华昌盛印刷有限公司

版　　次：2011 年 9 月第 1 版
印　　次：2011 年 9 月第 1 次
印　　张：14.25
开　　本：787 毫米 ×1092 毫米　1/16
字　　数：279 千字

书　　号：ISBN 978-7-5653-0597-9
定　　价：36.00 元

网　　址：www.cppsup.com.cn　www.porclub.com.cn
电子邮箱：zbs@cppsup.com　zbs@cppsu.edu.cn

营销中心电话：010-83903254
读者服务部电话（门市）：010-83903257
警官读者俱乐部电话（网购、邮购）：010-83903253
公安业务分社电话：010-83905641

本书咨询电话：（010）63485228　63453145

中国刑事法制建设丛书·刑事诉讼系列

编　委　会

本书撰稿人

冯　军　河北大学法学院教授，法学博士，硕士生导师

万　毅　四川大学法学院教授，法学博士，博士生导师

周书霞　中央司法警官学院讲师，法学硕士

张元鹏　中国人民公安大学博士研究生，法学硕士

刘文峰　最高人民检察院检察官，法学硕士

胡湘英　浙江金鹰律师事务所律师，法学硕士

前　　言

刑事诉讼法律制度的健全和完善是建设法治国家的重要保障。跨入新世纪以来，随着我国经济社会发展和人权保障观念的日益深入人心，对刑事诉讼理论与实践运行问题的研究日益呈现繁荣的景象。许多研究者本着对刑事法制建设的高度社会责任感，投身于刑事诉讼理论与实务的研究，为刑事诉讼立法的完善提供了理论支持，也为司法工作者严格、准确地执行法律提供了理论指引，使公正程序为实体正义的实现提供保障。

受国家出版基金资助，中国人民公安大学出版社启动了《中国刑事法制建设丛书》出版项目，将“刑事诉讼系列”作为丛书的重要组成部分。为了给广大从事刑事诉讼法学研究的专家学者提供一个高层次的交流平台，也使广大读者系统和全面地获取刑事诉讼理论和实践研究的成果，本丛书力求兼顾以下几个方面：

第一，本丛书入选书目的内容全面覆盖从立案、侦查、提起公诉到审判和执行的各个诉讼阶段中的重要诉讼法律制度。本丛书对理论研究和司法实践中的热点问题予以充分关注，尤其是对管辖、证据、司法鉴定、强制措施适用、刑事被害人权利保障、刑事和解等方面的难点问题进行研究，力求从多角度提供更具可操作性的制度选择方案。在信息化时代，刑事诉讼法律制度必须对科学技术迅猛发展背景下的电子证据的收集、保全、证据规则、DNA 生物证据的运用等前沿问题作出回应，本丛书也吸纳了一批介绍国外先进经验，探讨新时期程序法运行中的新问题的具有开创性的作品。

第二，本丛书的出发点是在现行的刑事诉讼法律制度基础上，深入探寻刑事诉讼的基本原理、基本规律和价值取向，以期对刑事诉讼立法的完善起到参考作用，帮助广大司法工作者正确理解法律精神，在办案过程中准确解释法律。为此，本丛书选择了一批对我国现行的刑事诉讼法律及司法解释的制定背景、具体内容进行详细解读，进而研究实践操作中存在的问题并提出解决方案的著作。希望这些研究成果能直接服务于刑事诉讼立法和司法工作，尤其是对公检法机关的司法工作人员规范执法、提高办案质量发挥指导作用。

第三，本丛书由最高人民法院、最高人民检察院、公安部等机关长期从事业务指导工作的专家担任总主编，选择了具有前瞻性、独创性、实用性和建设性的刑事诉讼领域的优秀研究成果收入本丛书。

希望在国家出版基金资助下，《中国刑事法制建设丛书》为我国的刑事法制建设发挥积极的推动作用。

由于时间仓促，疏漏之处在所难免，欢迎广大读者批评指正。

刑事诉讼系列编委会

2011 年 2 月

目　　录

导 论 影响刑事判决合法性的因素

马克斯·韦伯说过，任何统治都企图唤起并维持对其合法性的信仰。而在统治合法性的话语系统中，对统治权力与统治手段合法性的信仰无疑是支撑统治合法性的重要因素。刑事判决是法院根据所审理刑事案件的事实、证据和法律作出的具有拘束力的处理决定，[①] 它作为刑事审判权的运作结果，旨在通过刑事责任的合理确定来实现对社会的有效控制。这样，无论从权力合法性抑或手段合法性的视角来看，刑事判决的合法性都是一个不容回避的重要概念。而在刑事判决的形成过程中，形成机制系统构成的各个因子都对刑事判决的合法性产生一定的影响，对这些影响刑事判决合法性的因素进行系统、深入的分析，对于促进刑事判决形成机制的完善以及增强刑事判决的合法性都具有重要的价值。

一、裁判主体对刑事判决合法性的影响

裁判主体在构造上分为职业化的法官和非职业化的陪审员，但是无论是职业化的法官还是非职业化的陪审员，他们都是刑事判决形成过程中最积极、也是最重要的因素。裁判主体的公正与否是影响刑事判决合法性的主要因素。公正的法官是促进裁判合法性的主导力量，如果法官不尊重自己，法院的尊严就可能被损坏；如果裁判主体尤其是法官堕落，司法的信任将被糟蹋。[②] 对于陪审团审判来说，在英美法系刑事陪审团成功运作的同时，人们也对其公正性产生了怀疑。美国著名法学家、联邦最高法院大法官霍姆斯指出，尽管陪审员庄严宣誓，要完全

---

① 参见陈光中主编：《刑事诉讼法学（新编）》，中国政法大学出版社 1996 年版，第 373 页。刑事判决这个概念可以在多种意义上理解，除了前述定义，它有时还被认为是一种“行为”，如黄东熊教授认为，刑事判决“乃法院或审判官对诉讼关系人所为之诉讼行为为意思表示之行为”（黄东熊著：《刑事诉讼法论》，三民书局 1991 年版，第 453 页）；此外，有时我们还可能将其视为刑事判决文书。在本书中，笔者采纳了我国刑事诉讼法学界的传统概念，将其作为一种“处理决定”。

② ［美］爱伦·豪切斯泰勒·斯黛丽、南希·弗兰克著，陈卫东、徐美君译：《美国刑事法院诉讼程序》，中国人民大学出版社 2002 年版，第 194 页。

依照法庭上出示的证据以及法官解释的法律来裁决案件，但是他们裁决时通常无视证据或法律，或无视二者。这便使得非常严肃的审判活动蜕变为一种儿戏，裁决的随意性不可避免地导致裁判的不公正，[①] 严重地影响到刑事判决的合法性。对于法官而言，裁判不公的问题同样存在。例如，法官以偏见的态度对待被告人，“达到这种效果的一种狡猾的方法是，居心不良地给他们贴上‘恐怖分子’的标贴。同样的，安排荷枪实弹的警备力量如临大敌般押送被告人上法庭，并且让被告人在隔离的被告席出庭，这些都会不可避免地给人留下被告人有罪并有威胁的深刻印象”[②]。其结果必然对刑事判决的合法性产生消极的影响。

裁判主体的知识和经验也是影响刑事判决合法性的主要因素。对陪审团而言，尽管其价值在于将社会的价值观念融入裁判的过程，保障裁判的合法性，但是由于专业知识的缺乏，裁判的公正性无以保障，以至于美国前总统约翰·亚当斯早在18世纪70年代就曾指出，陪审员的裁决简直就是抽签裁决。[③] 而对于法官来说，法官的知识是裁判据以获得合法性的重要保障。没有专业知识的法官所作出的裁判是不可想象的。[④] 尤其在现代社会中，纠纷类型各式各样，并且涉及社会生活的各个领域和不同的行业，这就使得法官作为纠纷的裁判者，如果不知晓（并非精通）相关领域和行业的知识，无以作出公正合理的裁判。[⑤] 相比之下，经验则是法官对复杂的社会纠纷作出相对客观和理性分析的基础，是他对当事人的是非责任作出公正裁判的保障。因为审判工作与一般的社会工作相比有其特殊性，法官无论是对案件事实的认识、确定，还是对证据的审查判断，以及对法律规范的选择适用，都不能不受其司法经验的影响和限制。因此，法官经验的缺乏无疑对刑事判决的合法性产生消极的影响。此外，日本学者谷口安平认为，法官的教育方式、录用方式、收入、社会待遇等都有可能影响一个特定法官的判决。因此，法律现实主义法学流派主张，影响案件结果的不是实体法的规定，而是法官的背景及其他的法官个人的非法律因素。他们甚至认为决定法官当天判决的不是法律，而是他当天早餐所喝的咖啡是太甜还是太苦。[⑥]

---

① 冯军、陈晓：《美国刑事陪审制度述评》，载《法律适用研究》2001年第3期。

② 麦高伟、杰弗里·威尔逊主编，姚永吉等翻译：《英国刑事司法程序》，法律出版社2003年版，第463页。

③ 同①。

④ 作为例外，美国治安法院的法官是非职业法官，他们不被要求必须具有法律知识。

⑤ 冯军、刘涛：《德性、知识、理性、经验——法官的素质解读》，载《学习与探索》2004年第1期。

⑥ ［日］谷口安平：《程序公正》，载宋冰编：《程序、正义与现代化——外国法学家在华演讲录》，中国政法大学出版社1998年版，第363页。

二、刑事实体法对刑事判决合法性的影响

在刑事判决中，刑事实体法是裁判主体确定被告人刑事责任及其实现方式的标准或依据。左卫民教授曾经在对裁判依据的历史进行系统地考察后认为，“事实上，它是促使或抵消司法正当性，获得或丧失当事人与社会对法院制度合法性认识的关键因素，正因为如此，各种社会形态都致力于确定适当的裁判依据，建构与维持法院制度的‘合法性’”①。而法院制度的核心是裁判制度，所以笔者认为，作为判决依据，刑事实体法是影响刑事判决合法性的主要因素。

在现代法治社会中，作为刑事判决依据的刑事实体法已经从前现代社会的超自然的力量、权力意志以及宗教、道德和习惯规范转移至法律规范。而且以刑事实体法为中心的刑事判决依据体系超越了法系模式的界限，在英美法系国家也基本上已经实现了刑事判决实体法依据的制定法化，所以从刑事判决实体法依据的视角来看，在英美法系和大陆法系刑事判决的形成过程中制定法和判例法的划分已经没有任何实质意义了。在这种背景下，制定合理、含义明确、效力确定的刑事实体法律规范无疑体现了社会公众正义理念的诉求，所以适用这种法律规范作为裁判的依据，必然有助于唤起人们对刑事判决合法性的信仰，促进刑事判决的合法性。但是，如果作为刑事判决依据的刑事实体法律规范本身不合理、含义不明确或者效力不确定，则可能对刑事判决的合法性产生消极的影响。例如，在现代社会中，由于人权保障理念的彰显，刑事实体法通过确立罪刑法定、罪刑均衡等原则来限制国家刑罚权适用的任意性，从而成为“犯罪人的大宪章”。如果一个现代国家的刑事实体法没有确立这些原则，显然就背离了刑事立法的价值取向，也不符合现代社会人们对刑事立法正义性的观念释读。相应地，适用这种刑事实体法律规范作为裁判的依据，作为其结果的刑事判决也不可能获得人们的认同和服从，从而影响刑事判决的合法性。正如马克思所言，“如果认为在立法者偏私的情况下可以有公正的法官，那简直是愚蠢而不切实际的幻想！既然法律都是自私自利的，那么公正无私的判决还能有什么意义呢？法官只能丝毫不苟地表达法律的自私自利，司法只能够无条件地执行它。在这种情况下，公正是判决的形式，但不是它的内容，内容早就被法律所规定”②。此外，即使在刑事实体立法中确立上述原则，但是如果规范的含义不明确，同样可能影响刑事判决的合法性。正如贝卡里亚在谈到法律的含混性时指出，“如果对法律的解释是一种弊端的话，显然，使人不得不进行解释的法律的含混性本身是另一个弊端。尤其糟糕

---

① 左卫民、周长军著：《变迁与改革——法院制度现代化研究》，法律出版社 2000 年版，第 52 页。

② 《马克思恩格斯全集》第 1 卷，人民出版社 1956 年版，第 178 页。

的是：法律是用一种人们所不了解的语言写成的，这就使人们出于对少数法律解释者的依赖地位，而无从掌握自己的自由，或处置自己的命运……对刑罚的无知和刑罚的捉摸不定，无疑会帮助欲望强词夺理”①。所以，如果法律规范含义不明确，那么在对刑事实体法的理解上，裁判机关、法律职业共同体、冲突主体和社会公众基于不同的价值观或利益需求可能作出不同的解读，从而造成刑事判决评价标准的多元化，不但影响法律适用的统一，更为重要的是影响刑事判决价值的被认同和服从。

三、刑事判决形成机制对刑事判决合法性的影响

刑事判决的形成机制是刑事判决形成程序、裁判模式等系统项的有机运作。它是刑事判决形成系统构造的“加工车间”，是刑事判决获得合法性的物质基础。

在系统项中，最为核心的因素是刑事判决的形成程序。刑事判决形成程序科学合理的设计和运作，以使之积极实现自身的正当化和程序运作结果——刑事判决——的正当化，是刑事判决及其形成程序获得合法性的内在根据，也是刑事判决获得合法性过程中最有价值的因素之一。英国法学家彼得·斯坦曾经指出，“实体规则可能是好的，也可能是坏的。人们所关心的只是这些规则的实施应当根据形式公平的原则进行”②。这样，程序运作是否符合人们的价值诉求，对于刑事判决能否获得合法性产生着重大的影响。如果刑事判决的形成程序不符合程序正义的价值标准，便不具有赢得人们认同和服从的内在价值，从而制约刑事判决的正当化。例如，波斯纳在分析侦查程序对刑事判决的影响时指出，“对诉讼结果起决定作用的所有实质性证据都是靠侦查程序收集的，而在侦查程序中犯的错误是根本不能在公开审理阶段得到顺利修正的，其结果便是，对被告人的赌注完全被下在了侦查阶段而非公开审理阶段。因此，我早就谈到过，公开审理早已不是刑事程序真正的判断中枢了，它无非指望着花了费用走个过场对侦查程序中产生的结果再加渲染而已”③。另外，现代社会基于对人权保障的考量，要求刑事判决必须建立在依法取得证据的基础上，非法取得的证据必须排除，这是因为，“因欺诈和非法取证得出的判决，腐蚀着国家刑事司法制度价值（诸如尊重

① ［意］贝卡里亚著：《论犯罪与刑罚》，中国大百科全书出版社1993年版，第15页。

② ［英］彼得·斯坦、约翰·香德著，王献平译：《西方社会的法律价值》，中国人民公安大学出版社1990年版，第93页。

③ 徐鹤喃、刘林呐著：《刑事程序公开论》，法律出版社2002年版，第48页。

个人权利）赖以存在的基础——合法性”[①]。所以，如果刑事判决的形成程序不具有正当性，被告人的权益在与国家权力的较量中肯定始终都是牺牲品，此时的刑事判决必然异化为赤裸裸的统治工具，人们的主体性无法体现和保障，从而使得刑事判决最终丧失人们的信任，并削弱刑事判决的合法性基础。

裁判模式，是对裁判形成方式的类型划分。美国学者塞戈尔和司派斯将司法裁判的形成方式分为两种类型：法定模式和心证模式。[②] 不同的裁判模式对刑事判决的合法性也有明显影响。尽管在刑事诉讼中，无论哪种模式都是以规则适用为前提的，这是罪刑法定和程序刚性原则的要求。在法定模式中，法官被认为是客观、冷静和无偏的，他们必须严格适用规则进行裁判。此时，法官的客观性能够保障法律适用的统一，使社会公众认识到刑事判决是规则的裁判，不是法官的恣意妄为，从而认同和服从裁判，这有利于刑事判决获得合法性。但是问题是，法官过于保守和死板，不能洞察社会的发展变化和法律规则之间的矛盾，或即使发现也无能为力，因为法官不是立法者。此时，刑事判决实质上的公正便无法体现和保障，这就不利于刑事判决最终被人们认同和服从，妨碍刑事判决的合法性。心证模式是为当代许多学者、法官所青睐的一种裁判模式。弗兰克就认为，“因为法官是人，又因为没有任何人在其正常的思维过程中仅靠演绎推理的途径就能得出结论（除了在处理少有的一些简单情况之外），所以公正的做法是假使法官仅靠穿上他们的法袍就能取得心证推理的方法是不可能的。在大多数案件中，司法裁判就像其他的裁判一样，是在得出试验性的结论之后才作出的”。心证模式的优点是它有利于发挥法官的主观能动性，促进裁判的实质公正。例如，马歇尔在 Pavne v. Tennessee 一案的判决中指出，“裁判的精确性和它不断的生命力应该被视为建立在组成法庭的大多数人的个人倾向基础之上，而不是其他的”。就此而言，在这种模式下形成的刑事判决容易为人们所认同和接受，从而有利于刑事判决的合法性。但是问题同样存在，因为法官个人倾向融入裁判形成的过程以后，容易为法官的恣意裁判提供契机，除非法官有较高的内在职业自律和外在司法权威，否则，人们是无法认同和服从裁判的，从这个意义上说，它不利于刑事判决的合法性。

---

① 麦高伟、杰弗里·威尔逊主编，姚永吉等翻译：《英国刑事司法程序》，法律出版社 2003 年版，第 459 页。

② 在法定模式中，司法裁判建立在事实的基础上，并且法官是根据法律规范、宪法、法律制定者的意图、判例和社会公共利益的平衡来考察这些事实的。因此，法官首先以法律的规则、原则作为一种假设，然后将这种假设运用到具体案件中并因此得出一种裁判结果。而在心证模式中，裁判被认为是建立在案件事实之上的，这些事实依据的是法官的意识形态和价值取向，显然，在司法裁判中使用的法律规范被加入了法官的个人倾向，并且被认为是合理的。

四、裁判环境对刑事判决合法性的影响

裁判环境，是指刑事判决赖以形成的场域，它存在于刑事判决形成系统以外，所以裁判主体、裁判依据、裁判机制等刑事判决形成系统的因子不属于裁判环境的范畴。从构成上看，笔者认为，裁判环境的结构性因素主要有审判机关的宪法地位、社会舆论、司法投入的总量及其配置以及社会公众的法律信仰程度等。裁判环境主要是通过这些构成要素对刑事判决的合法性产生影响的。

首先，审判机关是否拥有独立的宪法地位影响着刑事判决的合法性。如果审判机关拥有独立的宪法地位，就能保障判决形成过程的自治性得以充分实现，促进审判机关独立自主地作出判决，从而赢得人们对法官和判决的信任。在美国，法官的可信度和受尊敬程度在历次民意测验中几乎总是高居榜首，远在总统和国会议员之上。而法官之所以如此受人尊重，很大程度上是因为司法的独立性保障他们一般不受变化无常的政治和情绪冲动的舆论的影响，他们可以不买总统的账，也可以不听新闻界的“邪”，更没有义务去倾听选民的嚷嚷。[①] 但是，如果审判机关的宪法地位不高，不能保障司法的独立性，法官及其裁判就不可避免地受到其他国家权力的侵蚀。因为司法权力是国家权力中最弱小的，“司法部门既无军权，又无财权，不能支配社会的力量与财富，不能采取任何主动的行动，”司法部门的软弱必然招致其他两方的侵害、威胁与影响。[②] 此时，裁判获得人们认同与服从的内在价值就有所贬抑，刑事判决的合法性受到消极的影响。

其次，社会舆论对刑事判决合法性的影响也不容忽视，尤其是社会舆论经过新闻媒体的整合以后，更成为影响刑事判决合法性的一股强大力量。美国著名大法官霍姆斯说过，“法律包含了思想交锋中获胜一方的信念”。对于刑事判决的形成而言何尝不是如此，人们通过对刑事判决的关注来表达对案件处理上的一种价值诉求，并通过一定的手段来积极影响法官或陪审团的裁判，以便使自己的意见在裁判中得以反映或争取到有利的裁判结果。而对于社会公众来说，影响裁判的主要手段就是借助舆论的力量。一般情况下，社会舆论彰显着社会公众朴素的正义观念，通过它的作用，可以有效地防止法官或陪审团的恣意裁判。就此而言，社会舆论对刑事判决的合法性有着积极的促进作用。但是，其消极影响也是不言而喻的，因为集结社会公众意见的社会舆论不是建立在对案件全部事实和证据的分析、判断基础上的，因而是一种非理性的判断，而人们又普遍地存在一种

① 任东来、陈伟、白雪峰等著：《美国宪政历程：影响美国的 25 个司法大案》，中国法制出版社 2004 年版，第 11 页。

② ［美］汉密尔顿、杰伊、麦迪逊著，程逢如等译：《联邦党人文集》，商务印书馆 1980 年版，第 391 页。

从众心理。对于法官来说，面对强大的社会舆论压力，必然在裁判中要回应并在一定程度上应和这种舆论的要求。法官的独立性和裁判的公正性在强大的社会舆论面前黯然失色。不过，就应和了社会舆论的诉求这一视角来看，如同美国法院对罗德尼·金的二审裁判一样，这种裁判显然能够获得社会公众的认同和服从，其合法性不容置疑。但是，从法律规范的评价来看，因为它是以牺牲裁判的公正性为代价的，所以就不具有合法性。

再次，司法投入的总量及其配置也对刑事判决的合法性产生一定的影响。例如，1992年俄罗斯刑事司法体制改革以后，由于受到国内经济形势的影响，宪法虽然规定了司法独立原则并给予一定的保障，但因为联邦收入匮乏，相当一部分法官的工作条件和生活得不到保障，陪审员的补助、交通、膳食等费用也得不到及时的支持，使法院由于不得不向行政机关伸手要钱而受制于行政机关。再加上法官数量的严重短缺，司法独立和裁判公正也就成了“海市蜃楼”，从而使法院和法官的崇高地位受到严重削弱，动摇了司法获得人们信任的根基。① 在这种背景下，刑事判决的合法性受到较大影响。另外，司法投入总量的合理配置，可以使一些重大疑难、引起社会公众普遍关注的刑事案件获得充足的司法资源支撑，保障程序运作的正当化和刑事判决实体正义的实现程度；但是，如果司法投入总量配置不合理，使那些重大疑难案件得不到充足的司法资源支撑，必然影响程序的正当化程度，并进而对刑事判决的合法性产生消极的影响。

最后，社会公众的法律信仰程度也是影响刑事判决合法性的重要因素。因为社会公众的法律信仰程度较高，遵循正当程序形成的刑事判决容易得到人们的认同和服从，尽管人们可能由于利益需求的差异对裁判结果不满意。然而，如果社会公众的法律信仰程度比较低，即使刑事判决的形成遵循了程序的正当性标准，但是人们利益最大化的本能需求会成为衡量裁判公正性的唯一尺度，从而虚置法律的评价功能。

五、判决风格对刑事判决合法性的影响

判决的风格也即判决的整体特点。判决风格的范围很广，但是学界并没有在此问题上达成共识。美国学者顾特尔认为，判决的风格不仅包括判决的长度、判决的类型、判决的用词，还包括判决的用字和结构。而拜纳德则认为，裁判的风格包括法官言词的特征，在裁判行为中的创造性以及于裁判功能下的自觉等。而我国学者张志铭教授将判决的结构和风格并列，并从八个方面阐述了判决的风

① 刘立宪、谢鹏程主编：《海外司法改革的走向》，中国方正出版社2000年版，第158页。

格。[①] 我们在此无意对刑事判决的风格进行深入的研究，只是拟就与刑事判决合法性密切联系的几个因素来探讨判决风格对刑事判决合法性的影响。在刑事判决风格的构成要素中，我们认为，除了裁判理由的地位以外，裁判异议是否公开以及判决语言的专门化程度也是影响刑事判决合法性的重要因素。

首先，在现代社会中，判决理由是支撑判决合法性的一种重要力量，它不但是判决结论的逻辑支撑，而且还是裁判合法性的观念支撑。所以是否赋予刑事判决理由以结构主体性地位，对于刑事判决的合法性有着重大影响。在刑事判决的结构中，将判决理由置于主体性地位，突出了判决的说理性，并为展示刑事判决的理性提供了足够的空间。只有这样，才能增强刑事判决的合法性。否则，如果在刑事判决结构中没有为判决理由提供充足的展示空间，势必影响判决理由的深度，降低刑事判决的说理性程度，削弱刑事判决的合法性基础。因为人们期望在民主政体下行使权威的人应当就其决定或行为给出理由，这一要求适用于所有法庭，包括由市民裁判者组成的法庭。虽然后者被当做民主参与政府管理的化身来颂扬，但是（从理论上说）它们也要给出理由，他们的决定也要经受严格的审查。[②] 几年前，我国社会公众对刘涌案二审判决的不满，根本原因就在于法官在判决中没有充分地阐述判决的理由。

其次，是否公开裁判异议在大陆法系国家和英美法系国家采取迥然相异的态度，因而对刑事判决合法性的影响也不尽相同。英美法系国家在传统上主张判决异议应当公开。之所以如此，美国联邦最高法院大法官道格拉斯认为，是因为“法是在某种程度内对立之利益的妥协，裁判官有对立之意见乃不可避免，而允许各裁判官发表少数意见，乃民主政治之言论自由下当然之结果……”所以，判决异议在刑事判决中的体现，不但使法官对此问题有较为周全的认识，不致有以偏概全之弊，同时还可以使多数意见对其所持的立场和结论更加谨慎。[③] 就此而言，在刑事判决中公开判决异议可以形成当事人甚或一般民众对司法判决确信加强的效果，因而成为刑事判决合法性的必要条件。当然，如果裁判异议不公开，势必影响刑事判决的合法性。但是，在大部分大陆法系国家，判决异议是不允许公开的。因为，“它与法庭的权威和法官之间的友好关系不相容，它将导致拜占庭主义，并将寻求公开性。它会助长虚荣和争论。倘有不同意见的表达成为通则，则不会再有什么一致的判决……法院作为一个权威机构面对外界，它的判决是法院的判决。法院的主要功能是公正地判决各个案件和维护法律的权威，而

---

① 张志铭著：《法律解释操作分析》，中国政法大学出版社 1999 年版，第 209 页。

② 米尔建·R. 达马斯卡著，李学军等译：《漂移的证据法》，中国政法大学出版社 2003 年版，第 56 ~ 57 页。

③ 法治斌：《论宪法解释中之不同意见》，载《政大法学评论》第 21 期。

不是挑起对法律问题的科学讨论”[①]。所以，公布异议的做法在大陆法系国家被认为是违背司法程序的传统观念的，它不但有害于法的安定性，而且还降低了民众对法院和司法的信赖程度，对刑事判决的合法性产生消极的影响。

最后，判决语言的专门化程度也影响刑事判决的合法性。因为刑事判决要获得人们的认同和服从，其前提条件是人们能够不借助于法律专业知识就可以理解判决的内容，从而对其进行评价以决定是认同还是不认同判决的价值。判决语言过于专门化势必阻碍当事人、社会公众与法官进行沟通，影响人们确立对法官及其刑事判决的信任和忠诚。我国台湾学者苏永钦经过实证研究发现，在我国台湾地区，“不管被判决的是有博士学位的高级知识分子，或只有小学程度，也不管当事人有没有请律师代理或辩护，裁判书的风格总是像生产线出来的产品，一成不变，一样深奥。这又不禁让人怀疑，法官自始就没想过要让受判决的人看懂。正如医生开的诊断书和处方笺，理论上使病人可以合法请求发给的资料，实际上却是为未来的医疗者和药师而写，医生根本没想过要让病人看懂”[②]。对于裁判文书这种“浅不出来、白不开来、简不下来、明不起来”的语言风格，尽管不排除它对于树立裁判权威的价值，但它也是造成司法与社会公众疏离的主要原因。

---

① ［美］H. W. 埃尔曼著，贺卫方、高鸿钧译：《比较法律文化》，清华大学出版社 2002 年版，第 195 页。

② 苏永钦著：《司法改革的再改革》，月旦出版社 1998 年版，第 141 页。

第一章 法官素质的构造

法官精英化是当前我国法院系统正在进行的法官职业化建设的重要范畴，而对于法官精英化这一话语而言，其核心是法官的素质。究其原因，“就正义的实现而言，操作法律的人的质量比其操作的法律的内容更为重要”[①]。鉴于此，研究与法官及其职业紧密联系的德性、知识、理性和经验四个范畴，在结构上解读法官的素质，对我国法官精英化建设不无裨益。

一、法官的德性

随着现代社会人们的生活领域日益明显地被划分为公共领域和私人领域，现代伦理学也相应地分为社会伦理和个人伦理两大部分。其中社会伦理主要是探讨社会制度的伦理和制度中人的伦理，即探讨制度的正义和个人作为公民的一般义务和各种职责；而个人伦理则主要是探讨个人关系如家庭、朋友或个人追求如信仰、生活品位方面的道德问题。无论是社会制度中人的伦理，还是个人伦理，都可以用“德性”这个词来概括。所谓德性，可以定义为一种比较稳重和持久的履行道德原则和规范的个人秉性和气质。具体来说，就是使道德原则、义务、高尚纳入到了我们的个性、本性之中，成为一种真正稳定地属于我们自己的东西。[②] 德性是具体的实在，而非空幻的理念；它意味着通过外在的道德规范的内化，使主体形成一种自然而然符合规范的行为习惯和生活方式，这种行为习惯和生活方式已经不仅是基于外在的“他律”，而主要是一种内在的“自律”。

当然，我们不可能要求或幻想社会上的每一个人都是有德性的人，但是对于法官职业群体来说，没有德性是不可想象的。因为正义是司法制度设计的基本价值趋向，“如果说法院是社会正义的最后一道防线，那么法官便是这道防线的守门人”[③]；如果说公正是个人的美德，那么“理想的法官就应当是公正的化身，

① 王利明著：《司法改革研究》，法律出版社2000年版，第20页。

② 何怀宏著：《伦理学是什么》，北京大学出版社2002年版，第148页。

③ 肖扬主编：《当代司法体制》，中国政法大学出版社1998年版，第1页。

缺乏公正意识的法官根本不是真正的法官”[①]。“如果法官不尊重自己，法院尊严就可能被损坏；如果法官堕落，司法的信任将被糟蹋。为维护法院的威严和尊严，经常要用比其他人更高的标准要求法官。尽管社会可能容忍其他职业的粗鲁和不诚实，但法官却要因这种行为而受到处罚。”[②] 所以对正义的向往和追求就应当是对每一个法官基本的职业道德要求。如果说正义是法官德性的根基，那么中立、无私、客观、关爱则是法官德性的基本内涵。缺乏德性，就易于滋生司法腐败，就会破坏公众的司法信仰；追求正义，就要求法官必须做到中立、无私、客观、关爱。中立，意味着法官不偏不倚、居中裁判；无私，意味着法官不徇私情、不谋私利；客观，意味着法官以证据和规范裁判，杜绝偏见；关爱，意味着法官富有人情味，是司法制度和当事人之间保持亲和的纽带。

裁判属性和价值的一致性，决定了世界各国对法官德性要求的相似性，而这种要求已经不仅仅是一种内在的道德要求，还上升为一种显在的规范要求。例如，在美国，讨论法官资格时的首要标准就是看这个人是否为一个诚实的人，一个在财务、政治和为人处世方面特别正直的人。美国民众普遍认为，如果一个法官为任何形式的贿赂而动心，或者在诸如监护、破产和财务管理等涉及物质利益的诉讼过程和裁判中，偏向自己的亲戚、好友或政治赞助人，他就不配做一名法官，甚至不配从事法律职业。作为法官，特别需要稳定的情绪、沉着的性情、丰富的知识和超常的心理承受能力，他必须富有同情心而又不多愁善感、不失严厉。为了统一和规范法官的职业道德，1990 年，美国律师协会代表委员会采纳了一部经过修改和补充的法典——《司法行为示范法典》，这部法典主要是规定法官的工作及对法官角色的要求的。具体内容包括 7 项准则：一是法官应该维护司法的廉正和独立；二是法官在所有的活动中应该避免不适当的行为和不礼节的外表；三是法官应当公正和勤勉地履行职责；四是法官可以参加完善法律、法律制度和司法管理的活动；五是法官应该控制司法外行为，以使与司法职责发生冲突的可能性达到最低限度；六是法官应该定期报告因准司法和司法外活动而获得的补偿；七是法官应该禁止与司法职务不相称的政治行为。其实，美国司法会议早在 1973 年就正式将《美国律师协会司法行为法典》适用于全体联邦法官，由巡回区所有积极的上诉法院法官组成的地区司法理事会被赋予对联邦法官的惩戒权。[③] 2001 年 6 月，日本司法制度改革审议会出台了一份经过充分论证的司法改

---

① 王利明著：《司法改革研究》，法律出版社 2000 年版，第 404 页。

② ［美］爱伦·豪切斯泰勒·斯黛丽、南希·弗兰克著，陈卫东、徐美君译：《美国刑事法院诉讼程序》，中国人民大学出版社 2002 年版，第 194 页。

③ ［美］爱伦·豪切斯泰勒·斯黛丽、南希·弗兰克著，陈卫东、徐美君译：《美国刑事法院诉讼程序》，中国人民大学出版社 2002 年版，第 196 页。

革意见书。该意见书指出，司法制度的支撑，不仅需要具有高度法律专业知识的法律职业家，而且需要具有良好的教养和丰富的人性为基础的职业伦理，活跃于社会各个领域的法曹。同时，通过法科研究生院的培养，提高法曹与享受珍贵人生的国民同喜同悲、具有共同人情味的人性涵养。[①]

应当说，我国的司法传统是比较注重法官的德性的。早在战国时期，著名思想家荀子就论述了法官的德性与公正审判的关系，他提出，“故公平者，听之衡也；中和者，听之绳也。其有法者以法行，无法者以类举，听之尽也。偏党而无经，听之辟也。”[②] 就是要求法官心存正义，公正无偏。历史上也不乏包拯、海瑞一样“铁面无私”的公正裁判者。然而，新中国成立后的很长一段时期内，在法律观念上受“工具论”的影响，我们一直将法院视为无产阶级专政的工具，从而极其重视法官在政治上是否合格。在重视法官政治素质的同时，却没有对法官德性的培育给予足够的重视。所以 1983 年《人民法院组织法》对法官的德性只字未提。直到 1995 年《法官法》的颁布，才明确了对法官德性的要求。根据《法官法》的规定，法官必须忠实执行宪法和法律，全心全意为人民服务；秉公办案，不徇私情；清正廉明，忠于职守等。1999 年 10 月，最高人民法院颁布了《人民法院五年改革纲要》，提出要从制度上进一步规范法官的职业道德。2001 年最高人民法院颁布了《中华人民共和国法官职业道德基本准则》，从而完成了法官职业道德体系的建构，具有重大的现实意义。2002 年 7 月 25 日，最高人民法院颁布《关于加强法官队伍职业化建设的若干意见》，进一步强调了法官职业道德建设的重要意义，并要求每一位法官严格执行《中华人民共和国法官职业道德基本准则》，做到保障司法公正，提高司法效率，保持清正廉洁，遵守司法礼仪，加强自身修养，约束业外活动，通过职业化建设，使“准则”的要求成为每一位法官必须具备的基本素质和品格，成为其生命和灵魂的一部分。

诚然，法官职业道德规范体系建构的完成，为我国法官德性的培育和完善奠定了良好的基础，但是我们应当看到这种高尚的道德境界绝非通过几次培训和几天的学习就可以成就的，它需要我们的法官从小事做起、持之以恒，通过培养强烈的道德规范敬重意识，来培养、磨炼和完善自己的德性，从而成为一个正直的人、有德的人，最终彰显并捍卫自己作为“正义化身”的伟大形象。当然，这需要一个漫长的过程。

---

① 孙谦、郑成良主编：《司法改革报告——有关国家司法改革的理念与经验》，法律出版社 2002 年版，第 81 页。

② 高道蕴、高鸿钧、贺卫方编：《美国学者论中国法律传统》，中国政法大学出版社 1994 年版，第 149 页。

二、法官的知识

作为一种社会活动，而且是以解决纠纷为主要功能的活动，裁判在本质上要求其主体——法官——必须具有相应的知识，既包括法律专业知识，也包括非法律专业知识和一定的社会知识。法官的知识是裁判据以获得合法性和合理性并进而维护裁判权威的重要保障。

法律专业知识对于法官职业的重要性是不言而喻的。当今世界各国无一不要求法官必须具备相应的法律专业知识，只是程度不同而已。在英国，法律明确要求法官必须具备法律知识，而且法官任现职前必须从事较长时间的律师职业，使得法官的法律专业知识扎实、系统，具有连续性。在美国，一般而言，必须具有法律学位是各州对大多数法院提名法官的唯一法定要求。[①] 在联邦法院系统，尽管对联邦法官的任职资格没有任何法定的要求，但是毫无疑问具有法律学位的要求是一个不成文的规定，非法律工作者被提名的机会几乎没有，不论他或她多么有学识。[②] 因为对抗制诉讼中的裁判职能——纠纷解决和规范创造——决定了裁判角色对于一个知识和业务技能平平的法官来说是难以胜任的。而相比之下，尽管大陆法系国家不要求法官承担创设规范的职能，只要求其严格地解释和适用法律规范，但是大陆法系国家同样重视法官专业知识的训练，可以说获得法学学士学位是一个人进入职业法官队伍的最基本条件。在法国，“未来的法官必须在大学读完 4 年的法律课程，通过大学毕业考试后，还必须通过由政府主持的考试，考试合格者便可进入设在波尔多的国家国立法官学校，进行为期 24 个月的专业培训，包括在法官学校的正式学习和在警察局、律师事务所、监狱以及在巴黎的司法部这些部门中实习，接受细致的指导以深化具体的法律知识”[③]。而且大陆法系国家还通过严格的职业法官在职培训制度，不断提高职业法官的专业知识。例如，在德国，设有德国法官学院以及各州大量的法官培训机构。法官学院不定期但不断地举行专题讲座，每次持续一至二周；各州的培训机构主要承担对青年法官的培训任务。尽管培训从来不是强迫的，但是法官为了尽力使自己所做的判决不犯错误，并经受得住上诉法院的审查，从而维护自己在法官职业群体中的良好声誉，很多都是自愿并经常性参加职业培训的。

法官的非专业知识是法官知识结构中的重要因素，并在很大程度上影响着法官的审判活动。“笼统地说，传统法官的知识主要是关于日常生活的知识，它需

---

① 因为在美国的有些州担任治安法院法官不需要法律学位。

② 宋冰编：《读本：美国与德国的司法制度及司法程序》，中国政法大学出版社 1998 年版，第 145 页。

③ 陈业宏、唐鸣著：《中外司法制度比较》，商务印书馆 2000 年版，第 187 页。

要对事态人心有着深刻的体察。"① 而在现代社会，由于制定法规则的大量出现，法官开始更多地依赖法律专业知识作为裁判形成的依据，但是这并不意味着法官的非专业知识在裁判领域的退出。实际上，随着现代社会的经济和科学技术的高速发展，社会职业分工越来越细，相对而言人们所掌握的知识量越来越少，对自己所从事的职业以外的知识越来越模糊和生疏，俗话说"隔行如隔山"，这是社会分工细化的必然结果。如果说非法官职业群体涉猎不同的学科领域纯属兴趣和爱好的话，而法官职业群体对不同专业知识的学习则是该职业的特殊要求。因为法官所面对的纠纷类型各式各样，并且涉及社会生活的各个领域和不同的行业，作为纠纷的裁判者，如果法官不知晓（并非精通）相关领域和行业的知识，何以作出公正合理的裁判。还有，尽管制定法规则大量出现，但是由于立法的预见性是有限的，而在复杂多变的社会中，我们不能指望任何法典可以囊括所有纠纷及其裁判所适用的规则。这就要求法官必须在宪法所界定的权力场域内运用相应的知识及时作出裁判。另外，"现代法律有一个逐渐向生活化方向发展的趋势，在这一过程中，法官要正确地适用法律，就必须具备生活知识，如法官必须熟悉他生活地区的民族习惯等"②。美国学者 Harry Jones 就认为，尽管"主持青少年法庭、家庭关系和其他专门法庭工作的法官不必是个'通才'，因为他所处理的案件较少涉及其他领域的实体法，而且正式的审判在其工作处于次要的地位，但是，他应像专家一样具有相当的知识水平，充分掌握不断变化的医学和行为科学知识"③。

应当承认，在新中国成立后的很长一段时间里，我国并不要求法官具有法律专业知识，因为当时基本上无法可依，作为裁判依据的主要是政策。1979 年颁布的《人民法院组织法》中仍付之阙如，直到 1983 年修订该法时才增加"人民法院的审判人员必须具有法律专业知识"的规定。与此同时，随着我国立法进程的展开和加速，依法裁判成为司法工作的一项基本原则，面对在职法官普遍缺乏法律专业知识的现实困境，各级法院迫不得已只能通过让法官参加各种形式的继续教育的方式，弥补自身知识结构的缺陷。然而令人不解的是，尽管整个法院系统在职法官的专业知识存在结构性缺陷，但是各级法院仍然在大量地接纳军转干部等非法律专业人才，而经过正式的政法院校法律专业培养的毕业生中，除了

① 左卫民著:《在权利话语与权力技术之间——中国司法的新思考》，法律出版社 2002 年版，第 152 页。

② 左卫民著:《在权利话语与权力技术之间——中国司法的新思考》，法律出版社 2002 年版，第 154 页。

③ 宋冰编:《读本：美国与德国的司法制度及司法程序》，中国政法大学出版社 1998 年版，第 440 页。

司法系统直属院校的毕业生（大部分是中专生）以外，很难直接进入法院系统。从而印证了福柯所谓的“知识——权力”关系，使法官的准入变成了权力交换和彰显的重要场域，裁判的公正被远远抛在了脑后。司法工作的特点决定了法官不是大众化的职业，他们应当是社会的精英。但是当时在具有审判职称的人员中，有相当数量的人员没有经过系统的法律专业的训练，根本不能胜任审判工作，对他们来说，纠纷的裁决是游离于法律规则之外的一种游戏。韦伯曾经用“卡迪司法”的说法指称那种就事论事，完全不考虑规则以及依据规则的判决的确定性的司法。无疑我国长期以来被大量的非精英型法官所操作的司法过程正是“卡迪司法”的例证。这种现状严重地影响了裁判的公正和效率及法院的形象。法官职业的大众化和泛行政化，无疑是制约我国司法体制改革的一个瓶颈，没有法官的职业化就没有司法的现代化。

1995 年《法官法》的颁布，标志着我国法官职业化进程的展开，它重申并强调了专业知识对法官职业的重要性，并将其作为法官准入的一个基本条件，具有重要的现实意义，而且各级法院开始尝试以社会公开招考的形式选拔符合法官条件的人才进入法院系统。但是，各级法院每年必须接收定额的复转军人仍然是一项政治任务，相比之下，每年进入法院系统的法律专业人才却少得可怜。据统计，截至 1997 年年底，在全国法院系统 25 万多名法官中，本科层次只占 5.6%，研究生层次仅占 0.25%。[①] 这种现实的法官准入机会上的不平等，直接导致我国整个法院系统法官专业素质不高，不能完全适应审判工作的需要。鉴于上述问题的存在严重影响了裁判的质量和法院的形象，2002 年 7 月 25 日，最高人民法院出台了《关于加强法官队伍职业化建设的若干意见》，对法官的准入标准作出了严格规定，其目的一方面要确保准入的人员从一开始就具有良好的条件、较高素质；另一方面确保不合格人员进不了法院，当不了法官。同时通过职业培训不断提高法官的职业技能，不断提高法官的法学理论水平，使其对法律知识有广泛的涉猎和深刻的理解；同时不断增强法官的审判实践经验和技能，提高驾驭审判活动的能力；实行审判工作的专业化分工，着力培养法官不同岗位所需要的业务特长，使他们尽快成为一定审判领域的专才。

《关于加强法官队伍职业化建设的若干意见》的出台，构建了我国精英型法官形成机制的基本框架，对于进一步提高法官的素质具有积极的意义。但是，我们应当清醒地认识到，法官精英化建设绝非只意味着法官法律专业知识的提高和最大化，国外法官精英化建设的成功经验告诉我们：现代社会中的法官经常要面对一些独特的、专业性的、不确定的和涉及价值冲突的案件，要胜任审判工作，仅仅有法律专业知识是远远不够的，他需要大量的实践性的、具体的知识或信息

① 李浩：《法官素质与民事诉讼模式的选择》，载《法学研究》1998 年第 3 期。

作为其形成正当性裁判的有益补充，而这些知识可能涉及经济、政治、科学、哲学等专业领域，也可能仅是一些生活的常识或习惯，无论它表现为何种形式，作为法官都必须在平时给予充分的注意。

三、法官的理性

在西方哲学史上，理性有两种解释：一种是指与对神的敬畏、对权威的崇拜相对立，与自发的情感、主观的感觉相对立的人的明智的判断、独立的思考和自我选择的能力；另一种是指作为宇宙之本原和世界之灵魂的一种本体论意义上的实体，是内在于现实中的本质性结构或世界的客观秩序原则，同时又是指人们对客观秩序的反思能力。在法学研究中，人们较多地适用第一种含义，因为这种理解使理性与自由、正义以及人性等范畴紧密联系起来，对于立法和司法有着重要的意义。例如，美国著名法学家博登海默就认为，“理性乃是人用智识理解和应对现实的（有限）能力”①。

透过理性的定义，我们可以看出理性之于法官职业的重要性。因为作为法官的职业，审判及其制度建构的首要任务就是纠纷的解决。② 而纠纷在本质上是作为独立个体的人与人之间的矛盾和冲突，尽管其显性的形式表现为人与人、个人与群体以及个人与国家的冲突。这种冲突是一个永恒的范畴，它伴随人类的始终，亦即只要有人类，就必然有人和人之间基于不同的利益需求而产生的矛盾和冲突。这种冲突在价值观念的变革、经济体制的转轨以及结构的调整、社会形态和结构的型变等重大的社会变革过程中，其存在的范围、表现的形式以及发生的程度尤为突出。尤其是在贫富分化过度、环境污染加剧、民族冲突升级以及政治腐败和生活世界殖民化③ 等一系列问题普遍化的当代世界，矛盾和冲突更成了无所不在而又难以“抹去”的一幅幅图景。矛盾和冲突的普遍化、多样化、激烈化，使得现代社会中的审判活动远非适用“三段论”那么简单。纠纷本身的复杂性及其影响审判因素的多样性，要求法官必须是一个理性的人，具备理性的判断能力。因为“有理性的人能够辨识一般原则并能够把握事物内部、人与事

---

① ［美］E. 博登海默著，邓正来译：《法理学——法律哲学与法律方法》，中国政法大学出版社 1999 年版，第 454 页。

② ［日］棚濑孝雄著，王亚新译：《纠纷的解决与审判制度》，中国政法大学出版社 1994 年版，第 1 页。

③ 生活世界殖民化，是指经济和行政系统侵入生活世界的各种关系中，使生活世界的结构遭到破坏，越来越商品化、金钱化和官僚体制化并由此失去其独特的人性。根据哈贝马斯的理解，生活世界殖民化是当今威胁人类和社会生存的主要原因。参见［德］哈贝马斯著，洪佩郁、蔺青译：《交往行动理论·第二卷——论功能主义理性批判》，重庆出版社 1994 年版。

物之间的某种基本关系。有理性的人有可能以客观的和超然的方式看待世界和判断他人。他对事实、人和事件所作的评价，并不是基于他本人的那些未经分析的冲动、前见和成见，而是基于他对所有有助于形成深思熟虑的判决的证据所作的开放性的和审慎明断的评断。他也不会关注因辨识事实真相而给他个人的物质利益所造成的后果"[①]。

当然，对理性之于法官及其职业重要性的认识，因当代西方后现代法理学对人类理性的批判而受到了一定的冲击。根据后现代法理学的理解，理性是一个虚假的命题，理性的个人和理性本身根本就不存在。例如，西方学者罗蒂认为，"康德把我们分成了两块，一块是理性，我们的理性都是共同的；另一块（经验、情绪、欲望）是盲目、偶然、特异。但是我们应该认真对待这种可能性，即不存在什么被称为理性的东西"[②]。而对于法官而言，理性则是一个没有任何价值的概念。因为"法律是政治的"，法官的选拔归根结底要反映社会上占统治地位的阶层的观念；而且事实上，"法官在判决过程中，有时倾向于个人主义，强调个人自由方面，有时又倾向于利他主义，强调社会的合作和保障方面。他们究竟选择哪一个法律原则作为法律推理的根据，完全是主观的、随意的"[③]。毋庸置疑，西方后现代法理学对理性本身和对于法官及其审判价值的批判未免绝对化。因为它运用解构主义的分析方法，从与传统截然不同的研究视角，以一个显在的矛盾或问题为突破口，把建构在理性基础上的法律制度予以拆解，并揭示其矛盾性和不合理性的同时，旨在否定整个制度。这样一种研究方法和研究过程无疑是有价值的，但是结果未免以偏概全。况且，社会的存续和发展无时无刻不需要法律制度的支撑，以消解影响社会发展的各种矛盾和冲突，旧制度的瓦解和新制度的生成，除非经历革命性的社会变革，否则，是不会在一朝一夕间可以完成的。长期的人类实践证明，现代法律制度的理性建构是与人类社会的文明程度相适应的，是迄今为止最为科学、合理的制度设计。我们承认人类理性的非至上性，但是我们无法否定人的理性及其价值。

长期以来，受严格规则主义的影响，我们对法官素质的要求，过于注重实践能力，即分析问题、解决问题的能力，而忽视了对其理性的要求和培育。而一个缺乏理性基础的法官共同体无论如何是不可能培养出精英型法官的。我国当前正在面临着前现代、现代和后现代三个时代的社会问题，既有前现代社会贫困落后、分配不均、人治模式的问题；也有现代社会工业文明生产出的极其丰富的物

---

① ［美］E. 博登海默著，邓正来译：《法理学——法律哲学与法律方法》，中国政法大学出版社 1999 年版，第 454 页。

② 朱景文主编：《当代西方后现代法学》，法律出版社 2002 年版，第 21 页。

③ 朱景文主编：《当代西方后现代法学》，法律出版社 2002 年版，第 3 页。

质财富和多元价值体系以及环境污染、道德沦丧和物欲横流等消极影响；还有后现代社会的"知识物化"及"知识权力化"现象。[①] 在这样一种特殊的社会背景下进行法官职业化建设，无疑对法官理性提出了更高的要求。因为同以前相比较，由于三种社会形式的同时存在，导致所有制形式、价值体系和社会结构的多元化，我国当代社会的矛盾形式也呈现出多样化和深层次的特点，公民之间的矛盾、组织（社团）之间的矛盾、公民或组织（社团）同以政府为代表的国家之间的矛盾，以及大量发生的涉外矛盾等，不一而论。立法的滞后性和社会的需求之间的矛盾日益突出，能动主义司法的勃兴大势所趋。司法的能动主义要求法官在解决这些纠纷的过程中，必须保持高度的理性：首先，他要积极地和适度地拓展裁判的功能，在立法所不能触及的领域通过裁判充分地发挥对社会的控制和整合功能，以防止由于规范的缺失而在激化原有矛盾和冲突的同时酿造新的矛盾和冲突，从而维护社会秩序的相对稳定；其次，他要清醒地认识到自己作为司法者而非立法者的角色定位，从而使裁判权的行使合理地限制在相对确定的权力场域，以保障裁判的正当性；再次，他应当冷静地分析纠纷的属性，充分认识到判决生效后可能产生的政策效应；最后，他还必须保持高度的自律和中立，妥善处理法与权力、法与人情、法与感情的关系，排除可能影响裁判的各种非理性因素，最大程度地保障裁判的公正性。

四、法官的经验

法官的经验与法官职业的密切联系是不容置疑的。经验是法官对复杂的社会纠纷作出相对客观和理性分析的基础，是他对当事人的是非责任作出公正裁判的保障。因为，一方面，"与社会科学和自然科学的许多其他门类不同，法律与人类社会生活有着千丝万缕的联系，没有社会生活经验的人，对于法律纠纷是难以作出明智而公正的裁判的"[②]；另一方面，审判工作与一般的社会工作相比又有其特殊性，法官无论是对案件事实的认识、确定，还是对证据的审查判断，以及对法律规范的选择适用，都不能不受其司法经验的影响和限制。

对于这种联系，应当说英美法系国家的法官感触是最深的。经验之所以对英美法系国家的法官如此重要，美国联邦最高法院前大法官霍姆斯说过，是因为"法律的生命不在于逻辑，法律的生命在于经验。时代的需要，流行的道德和政治理论，对公共政策的直觉，无论是公开宣称的还是无意识的，甚至是法官以及

① 温晓莉：《后现代主义与转型时期的中国法制建设》，载朱景文主编：《当代西方后现代法学》，法律出版社2002年版，第484页。

② 朱苏力等：《关于司法改革的对话》，载《公共论丛·市场社会与公共秩序》，生活·读书·新知三联书店1996年版，第164页。

他的法律同事们共同具有的偏见，都比在确定人们应当遵守的规则时所采用的三段论起的作用更大”①。韦伯在分析英美法系法律制度后，也指出，“普通法从个别案件中抽象出规则然后运用到个案中的模式，要求富有实务经验的人来操作”。在英国，长期的司法经验和相应的社会经验是担任法官的基本条件。英国法律明确规定，除治安法官以外的所有法官只能从职业律师中任命，且至少有7年的出庭律师的经历，担任高等法院的法官必须曾任10年以上出庭律师，而担任上诉法院法官，必须曾担任15年以上的出庭律师或者曾任高等法院法官2年以上。② 从法学院学生到律师再到法官这样一个漫长的过程，造就了经验丰富的英国法官共同体。在美国，没有人对法官的社会经验提出质疑。但是对于法官是否必须具有司法经验，则存在不同的声音。例如，美国学者 Henry Abraham 认为，尽管一些最高行政长官曾坚持对某些法官的选任应当有司法经验的要求，但是缺少这一条并不构成被提名的障碍。比如1979年到1996年在美国联邦最高法院任职的108位法官中，只有25位在被提名时曾经在下级法院任职10年或10年以上，43位大法官根本没有司法经验。用法兰克福特大法官的话来说，“司法工作经验……根本不应当成为任命法官、即使是任命最高法院法官所应考虑的因素”③。

尽管存在上述疑问，而且立法也没有对法官的经验作出明确的要求，但是，在普通法背景下的美国司法实践中很难想象一个没有一点儿司法经验的人可以胜任法官角色。实际上在美国“大多数法官是律师，具有法学学位和职业律师的经验是成为一名法官最普遍的资格要求”④。即使不是律师，也大都有相关的工作经历。美国的法官遴选制度本身便说明经验是衡量是否授予法官资格的一个重要因素。一般来说，法官在从事这一职业以前，大约要有15年到20年职业律师的经历，有近三分之一的法官在担任法官之前具有检察官的经历。根据一项广泛的调查，典型的刑事法院的法官，是一位“男性，五十七八岁，白种人，中上阶层，在担任现今法官职位前有着比较成功的职业律师经历，大约从事了八年”。上诉法院法官一般比审判法院法官的年龄偏大一些，他们通常有着更为丰富的职业律师经历并且一般具有审判法官的经历。而联邦法官作为一个精英荟萃的群体，只有经验丰富和受人尊敬的法官和律师才有可能担任，尤其是美国联邦

① 宋冰编：《程序、正义与现代化——外国法学家在华演讲录》，中国政法大学出版社1998年版，第331页。

② 陈业宏、唐鸣著：《中外司法制度比较》，商务印书馆2000年版，第189页。

③ 宋冰编：《读本：美国与德国的司法制度及司法程序》，中国政法大学出版社1998年版，第146页。

④ ［美］爱伦·豪切斯泰勒·斯黛丽、南希·弗兰克著，陈卫东、徐美君译：《美国刑事法院诉讼程序》，中国人民大学出版社2002年版，第162页。

最高法院的法官更是如此。另外，从美国司法部司法统计局公布的数据来看，1963 年至 1992 年这 30 年间，被总统任命的 993 位地区法院法官中，没有司法经历或与司法相关的经历的人只有 12 人；而被任命的 268 位上诉法院法官中，没有司法经历或没有与司法相关的经历的只有 5 人。① 由是观之，如果说以前美国法官任命也许较少考虑司法经历的话，那么近 30 年来的实践证明没有司法经历的法官是微乎其微的，而且那些没有司法经历或相关经历的法官的选任，其目的也主要是为了弥补职业法官社会经验不足的问题。

在大陆法系国家，由于制定法的传统和司法运作模式的不同，相对于英美法系国家而言，法官的选任尤其是初级法院法官的选任对于法官的经验并没有特殊的要求。但是这并不意味着经验对于大陆法系国家的法官职业并不重要，透过大陆法系国家的法官遴选程序，我们仍然可以看出他们对经验的重视和培养。比如在德国，正规的法学教育结束后，学生就得参加所谓的第一次国家司法考试，如果考试通过即被称为见习法官，然后开始为期 2 年的实习；实习结束后，参加第二次司法考试，通过后即被称为候补法官，有机会加入法律职业的任何一个部门。之所以要经过两次国家司法考试，并且在这期间还要参加见习，其目的除了保障法官的质量以外，还在于对未来法官司法经验的培养。而由于法官一般只能通过“晋升”进入较高级别法院，所以较高级别法院法官的司法经验更为丰富。例如，据资料显示，德国联邦最高法院的法官中，有 36% 曾在检察官办公室任职；有 36% 曾在联邦最高法院机关内担任律师；有 21% 曾任职于州司法部门；有 7% 曾在联邦司法部任职；还有 7% 曾从事律师职业。② 日本现行的法官遴选模式和德国基本相似。但是近些年来，日本社会基于对司法现状的考虑，普遍地认为应当由具有丰富的社会经验和智商较高的社会精英来担任法官。③ 作为对这一社会要求的积极回应，日本司法制度改革审议会出台的意见书明确指出，改革法曹养成制度，设立法科研究生院，吸收实务法曹和有实践经验者担任教员，使法学理论教育和司法实务教育相结合；以实务研修为核心，改进司法研修内容，培养司法研修生的实践能力。④

在过去的很长一段时间，由于我们在对法院功能和性质的认识上存在偏差，

---

① ［美］爱伦·豪切斯泰勒·斯黛丽、南希·弗兰克著，陈卫东、徐美君译：《美国刑事法院诉讼程序》，中国人民大学出版社 2002 年版，第 162 ~ 169 页。

② 宋冰编：《读本：美国与德国的司法制度及司法程序》，中国政法大学出版社 1998 年版，第 165 页。

③ 潘剑锋：《高薪制：审判公正、廉洁和法官高素质的基本保障》，载《政法论坛》2001 年第 6 期。

④ 孙谦、郑成良主编：《司法改革报告——有关国家司法改革的理念与经验》，法律出版社 2002 年版，第 81 页。

习惯于把法官职业当成大众化的职业，没有把司法活动看成专业化程度极高的专门性活动，所以一直没有重视法官准入标准体系中的经验性因素。[①] 就社会经验而言，《人民法院组织法》第 33 条规定，审判人员应当是年满 23 岁的公民。尽管对年龄的限制透射出立法者对法官经验的一丝关注，但是 23 岁一般意味着一个人刚从高等学校毕业（也有一些人可能早在初中或高中毕业后就参加工作，而后再调到法院来的，这部分人可能缺乏的是司法经历而非社会经历）。他们进入法院后，尽管刚开始是书记员，而后才有可能是助审员、审判员，但是实际上很快就从事着审判员的工作。我们无法想象他们在这样的年龄，在他们有太多太多的事情没有经历和体验的情况下，在他们对社会的认识还没有形成一套现实、深刻、完整的概念的时候，他们在纠纷的解决过程中会是一种什么样的心境。作为纠纷的当事人，渴望着法院能公正地处理他们之间的纠纷的时候，面对即将决定他们权利所属但又如此年轻的裁判者，又会想到什么呢？是信任，还是忧虑？而就司法经验来说，由于立法未作出任何限制，所以各级法院根本就没有将其作为一个准入因素来考虑，这样一来，不管什么工作经历的人都可以进入法院并从事审判工作就不足为奇了。可以说，经验的缺乏，是除了知识缺乏以外影响司法公正和效率的又一个重要因素。

对法官职业中经验性因素价值的认识和立法转变是从 1995 年《法官法》的颁布开始的。该法第 9 条明确规定，“高等院校法律专业毕业或者高等院校非法律专业毕业具有法律专业知识，工作满二年的；或者获得法律专业学士学位，工作满一年的；获得法律专业硕士学位、法律专业博士学位的”，可以担任法官，从而首次在立法上对经验之于法官职业的重要价值予以认可。1999 年 10 月，最高人民法院印发的《人民法院五年改革纲要》规定，人民法院将逐步建立上级人民法院的法官从下级人民法院的优秀法官中选任以及从律师和高层次的法律人才中选任法官的制度；对经公开招考合格的法律院校毕业生和其他人员，应首先充实到中级人民法院和基层人民法院。2002 年 1 月 1 日，修订后的《法官法》将法官的职业准入标准大大提高，明确规定了从事法律工作的年限：（1）高等院校法律专业本科毕业或者高等院校非法律专业本科毕业具有法律专业知识，从事法律工作满 2 年；担任高级人民法院和最高人民法院法官，从事法律工作满 3 年；（2）获得法律专业硕士、博士学位或者获得非法律专业硕士、博士学位具有法律专业知识，从事法律工作满 1 年；担任高级人民法院和最高人民法院法官，从事法律工作满 2 年。上述规定，使得法官职业中的经验性因素的价值得以充分彰显，作为法官职业化建构和精英型法官培养的重要保障，它无疑具有重大

① 当时，就法官整体而言无疑属于一种经验型的法官群体。这里笔者是就当时的法官准入机制而言的。

的历史和现实意义。

但是，毋庸置疑，我国立法对基层人民法院法官和中级人民法院法官任职前工作年限的规定未免太短，没有规定取得司法职业资格后获准参加法官职业选任考试的年限；而对于高级人民法院和最高人民法院尤其是最高人民法院法官任职资格的规定也过于宽松，没有落实《人民法院五年改革纲要》的具体规划。所以，为了保障法官具有更加丰富的经验，笔者建议我们应当借鉴德国、日本等大陆法系国家的成功经验，对参加司法考试的毕业年限予以严格限制，合理规定参加法官职业选任国家统一考试的年限，同时落实改革规划，严格高级人民法院和最高人民法院法官的选拔。

第二章　刑事缺席判决制度

一、问题的提出

在现代社会，公众对政治生活的广泛参与已被视为是现代民主社会的一项制度性优势和结构特征。它根源于这样一个心理学事实，即随着人类文明的进步和人们自由权利的扩展，人们越来越不愿意受到他人的控制或限制（哪怕这种控制或限制从结果上来看对其本人是有利的），而是希望能够由自己掌握自己的命运，自己管理自己的生活。这种新自由主义思潮在政治生活领域中的表现就是公众从未如此迫切地希望参与国家政治事务的管理，作为对这一思潮的回应，政治参与权已经被现代法治国家普遍认同为公民的一项基本政治权利。而对公民参与权的保障，也成为衡量一个国家民主化程度的重要标尺。

从本源上考察，参与权理念的兴起实际上是近代以来国民主权观念勃发的结果。在封建专制时期，政治上崇尚“君主主权”，因此，国家的一切事务都由君主及其代理人来管理，国民只是被管理的对象而非管理的主体，国民没有管理国家事务的权利，当然也就没有办法保护自身权益。近代以来，资产阶级革命打破了封建的君主神话，确认国民才是国家主权的主体，由此实现了由“君主主权”向“国民主权”过渡的国家主权原理的转换。根据“国民主权”的政治原理，必然逻辑地延伸出这样一个结论：既然国家主权属于国民，那么国民就应当家做主、管理国家的事务，就有权参与决定关系自身利益的重大事务，参与权理念由此得以兴起。

诉讼从来就是一个国家政治状况的“反光镜”，政治领域的观念变革和制度变迁必然映射于诉讼程序之上，正如德国法学家拉德布鲁赫指出的，“如果将法律理解为社会生活的形式，那么作为‘形式的法律’的程序法，则是这种形式的形式，它如同桅杆顶尖，对船身最轻微的运动也会作出强烈的摆动。在程序法的发展过程中，以极其清晰的对比反衬出社会生活的逐渐变化”①。近代以来，

① ［德］拉德布鲁赫著，米健等译：《法学导论》，中国大百科全书出版社 1997 年版，第 143 页。

与政治领域的民主化趋势相适应，在诉讼领域也兴起了司法民主化的要求。司法民主化，首先意味着对当事人参与权的保障，“人们至少有理由期望，在作出关系他们的判决之前，法院听取其意见，即他们拥有发言权”①，这被视为是司法民主的底限要求。保障当事人参与权的观念基础是诉讼主体性理念，间接来源于国民主权观念。根据诉讼主体性理念，当事人不再被视为诉讼程序的客体，而是被视为积极参与诉讼程序的、享有各种程序权利和义务的主体，诉讼程序的设计和运作必须保障当事人能够富有影响地参与法院解决纠纷的活动。

诉讼参与性的重要内涵之一是当事人在场原则，即法庭在开庭审判时，原、被告双方当事人必须亲自到庭出席审判，而且在精神上和体力上均有参与审判活动的能力，当事人双方有一方不在场时，即应停止法庭审理，否则审判活动归于无效。对此，《德国刑事诉讼法典》第230条第1款明确规定，对未到庭的被告人不举行审判。

在场原则的价值基础在于诉讼公正：一方面，当事人双方亲自到庭出席审判，参与审判过程，以言词辩论发现实体真实，有利于达成结果公正。原、被告双方的相对辩论，其作用正如美国著名法学家富勒所说，好比把钻石稳定在一个角度，使它单独的一面特别惹目，从而帮助法官从不同角度认识案件，探索它的一切特性和微妙的差别，发现客观真相，正确运用法律。② 另一方面，当事人双方亲自到庭出席审判，参与审判过程，也体现了诉讼主体对诉讼的参与性，有利于保障程序公正。因为作为诉讼主体，他应能富有影响地参与法院作出严重影响自己生活的判决的制作过程。

在刑事诉讼中，对被告人诉讼参与权的保障具有更为重大的意义，因为刑事诉讼以惩罚犯罪分子和保障无辜的人不受刑事追究为目的，不仅涉及国家的稳定、社会的秩序，而且关系公民的财产安全、人身自由甚至生命等重大权益，因此，在程序上必须确保被告人能够有效地参与刑事诉讼过程，并最终影响到法院判决的形成。同时，也正是在这一参与过程之中，被告人的人格尊严才能真正得到尊重，被告人作为诉讼主体的地位才得以凸显，“某人被允许参与诉讼也表明别人尊重他，使他受到了重视”③。

另外，现代刑罚理论的发展，尤其是教育刑理论的兴起也间接凸显了直接审

---

① ［美］迈克尔·D. 贝勒斯著，张文显等译：《法律的原则——一个规范的分析》，中国大百科全书出版社1996年版，第35页。

② 左卫民著：《价值与结构——刑事程序的双重分析》，四川大学出版社1994年版，第189页。

③ 同①。

理原则的重要性。因为根据教育刑理论，刑罚的重心由"行为"转向了"行为人"，对行为人人格的判断成为判处刑罚的重要标准，在这种情况下，被告人出庭就成为刑事审判的前提要件。"对未接受审判之人，不得对其为判决，此为今日刑事诉讼法之重要原则；由此也发展出直接审理原则，此原则要求，审判之法官不只对证人，也要对被告人亲自观察，以对其人格获得真正的认识。因此原则上如被告人未到庭，不得进行审判程序。"①

从理论上讲，由于只有在开庭审理中所作的陈述和答辩才能起到最直接的效果，才能对法院的裁判产生最直接的影响，因而控辩双方为了维护自己的利益总会尽可能地出庭陈述自己的主张和对己有利的事实。但在诉讼实务中，控辩双方主动或被动缺席的情形时有发生。此种情形下，法院便面临着两难选择：是严格按照在场原则的要求审理，还是作为原则之例外，在一方缺席的情况下继续开庭审理并作出判决，以迅速终结诉讼。若进行缺席判决固然会有碍结果公正和程序公正的实现，但若停止审理也会产生诸多弊端：一是会迟延刑事诉讼程序，相应地会延长诉讼周期，增加诉讼成本，导致诉讼不经济；况且，这种迟延刑事诉讼程序的可能性，有时还可能为刑事被告人或其辩护人所滥用，作为其拖延刑事诉讼程序的手段。二是诉讼迟延同样可能有碍于诉讼公正价值的实现，正如英国一句古老法谚所说，"迟来的正义为非正义"。因为随着时间的流逝，有的证据可能灭失，证人对案情的记忆也可能淡化，从而导致案件事实真相无法查明，影响公正判决。同时，诉讼迟延还会制约刑罚威慑功能的发挥。心理学的研究已经表明，制裁的节律直接关系到制裁的效果。冲突行为对行为责任者的制裁过程越短，制裁所产生的威慑功能就越为强烈。②

由此可见，在场原则与缺席判决制度之间存在着价值冲突，两者各有其存在的价值基础。在这种存在价值冲突的情形下，关键是价值观和价值选择。正是基于对缺席判决制度的诉讼价值的清醒认识，经过利弊权衡的价值选择，现代法治国家纷纷在其刑事诉讼法中对缺席判决作出专门规定，从而建立起刑事诉讼缺席判决制度。

二、刑事缺席判决制度概述

所谓刑事缺席判决制度，是指在法院开庭审理之日，控辩双方诉讼主体有一方未到庭出席审判或到庭但不为陈述、辩论的情况下，法院根据到庭一方的陈

---

① ［德］克劳思·罗科信著，吴丽琪译：《刑事诉讼法》，法律出版社2003年版，第570页。

② 柴发邦：《体制改革与完善诉讼制度》，中国人民公安大学出版社1991年版，第83页。

述、辩论对案件进行审理并作出判决的诉讼制度。

刑事缺席判决程序具有以下特征：

首先，缺席判决程序本质上仍然是言词审理程序，系根据一方之辩论而为判决，这是其基本特征。直接言词原则是近现代刑事审判原则之一。言词原则又称为言词辩论原则，是指法庭审判活动，原则上应当采用言词陈述的方式进行。一切诉讼中的程序，包括对刑事被告人的讯问、证据的收集调查、控辩双方的攻击防御以及判决的宣告等都必须以言词陈述的方式进行。只有控辩双方在法庭上以言词陈述所提供的诉讼资料，才能作为法院判决的依据。所有没有在法庭审理中以言词方式提出者，均视为未曾发生或不存在，而不可作为判决之基础。在缺席判决程序中，虽因控辩双方一方缺席而无法进行控辩双方之间的攻击防御，但在场一方仍须以言词陈述的方式进行证据调查，针对对方在起诉状或答辩状中提出的事实和法律观点发表意见，未经以言词陈述方式提出的诉讼资料仍视为未曾发生或不存在，不具有程序上的效力，不能作为法院裁判的基础。因而缺席判决程序仍然贯彻了言词辩论原则，缺席判决程序仍是言词审理程序，而非书面审理程序。所谓书面审理程序，即实行书面审理原则的程序，是指法院直接依据起诉状、答辩状、证据调查笔录等书面材料制作最终的判决，而不再举行任何形式的法庭审判。书面审理原则是中世纪纠问式诉讼模式下的庭审原则，自近代以来，已为直接言词原则所取代。但作为原则之例外，在现代刑事诉讼中仍有一些程序实行书面审理原则，如一些国家规定的非常上诉程序、第三审程序以及作出不受理裁定和驳回起诉裁定的庭前审查程序、庭审中就程序方面的问题（如回避）等所作的审查和决定程序。由于实行书面审理原则的程序不传唤诉讼主体到场，因此，从表面来看，诉讼程序亦是在诉讼主体缺席的情况下进行的，正基于此，有学者将实行书面审理原则的非常上诉程序等也视为缺席判决程序。[①] 我们认为，这种观点是值得商榷的，因为如前所述，缺席判决程序仍是言词审理程序，系根据一方之辩论而为判决，从而排除了实行书面审理原则的程序。同时，缺席判决程序的这一特征也决定了在控辩双方同时缺席的情况下不能进行缺席判决，因为控辩双方同时缺席就不能进行言词陈述和一方辩论，其程序等于书面审理，而违背了缺席判决程序也是言词审理程序这一本质特征。所以，缺席判决程序只适用于控辩双方有一方缺席的情形；对控辩双方同时缺席的，法院不能进行缺席判决，而只能中止审理。

其次，“缺席”一词本有广义、狭义之分，狭义的缺席仅指控辩双方有一方于开庭之日不到庭出席审判；广义的缺席还包括控辩双方有一方于开庭之日到庭但却不为陈述、辩论。各地立法对此也有不同的规定，有的从狭义上解释“缺

① ［台］陈朴生：《刑事诉讼法实务》，第431页。

席”，如《意大利刑事诉讼法典》第487条第1款规定，如果被告人未出席庭审并且不具备法定条件，法官在听取当事人的意见后宣布被告人缺席。有的则从广义上解释“缺席”，如我国台湾地区的“刑事诉讼法”将被告人到庭但拒绝陈述，法院仅凭检察官、自诉人一方之辩论而为判决，也视为缺席判决的一种情形。从我国《民事诉讼法》和《行政诉讼法》中的有关规定来看，我国立法中的缺席判决是从狭义上理解的。但是，我们认为，在场原则之目的在于保障诉讼主体对诉讼的参与，即诉讼主体应能富有影响地参与法院作出严重影响自己生活的判决的制作过程。若诉讼主体虽到庭却不为陈述、辩论，“只是在庭审中始终保持沉默，或者被动地听任法官单方面地进行调查，而不向裁判者陈述观点和论据，那么这种‘参与’是没有任何意义的，因为他们无法通过积极的行为对法官的裁判发挥任何影响，‘参与’不会产生任何效果”①。在此种情形下，法院审理实际上是在控方或辩方陈述、辩论下进行的，法官的判决实际也是根据一方主体提供的诉讼资料而作出的，因而仍然是一方辩论判决，符合缺席判决的本质特征。因此，从广义上解释缺席判决，更符合其本质特征。

最后，但并非最不重要的是，缺席判决程序不带有制裁性质和惩罚性质。“制裁”和“惩罚”对于被制裁者和被惩罚者来说，意味着一种必然的不利益，这种不利益与被制裁的冲突行为之间存在着结果与原因的因果联系。在过去，缺席判决程序往往带有制裁性质和惩罚性质，表现在：法官直接依据控辩双方诉讼主体缺席这一事实本身即作出对缺席一方不利的判决。但现代刑事缺席判决程序，即使一方诉讼主体于庭审时不到庭或到庭不为陈述、辩论，法官仍须听取到庭的另一方的陈述、辩论，对其提供的证据进行审查判断。法官在庭审中有必要调查证据的，还必须依职权调查证据，然后才能在查明事实真相的基础上作出判决，因此该判决是事实真相的查明，而非必然对缺席一方不利，“缺席”这一事实与不利判决之间没有必然的因果联系。缺席判决程序仍然是查明事实真相、发现实体真实的程序，而非制裁和惩罚程序。

三、刑事缺席判决制度的内容

对刑事缺席判决程序可以根据不同的标准进行分类。根据所处的程序不同可以分为一审缺席判决程序和二审缺席判决程序；根据对缺席含义的解释的不同，可以分为不到庭的缺席判决程序和到庭不为陈述、辩论的缺席判决程序；根据缺席的诉讼主体的不同，可以分为对控方缺席判决程序和对辩方缺席判决程序。本章的以下内容即根据后一分类标准展开。同时，由于诉讼主体到庭却不为陈述、辩论的缺席判决程序至为简单，因此本部分内容将集中探讨不到庭的缺席判决

① 陈瑞华著：《刑事审判原理论》，北京大学出版社1997年版，第64页。

程序。

（一）对控方缺席判决程序

在刑事诉讼中，承担控诉职能的诉讼主体在公诉程序中是检察院，在自诉程序中则是自诉人。在刑事公诉程序中，检察院作为国家公诉机关，代表国家行使刑事公诉权，提起公诉和出庭支持公诉是检察院的法定职责，检察院对公诉权并无处分权，因而在法院开庭审理时，都必须由检察官以国家公诉人身份出席法庭支持公诉，检察官不在场即应停止审理，因而在刑事公诉程序中不存在对控方缺席判决的情形。对此，各国刑事诉讼法都有明确规定，如《法国刑事诉讼法典》第 32 条规定，检察院应当出席各个刑事法庭。检察院应当参加审判法庭的审讯，任何裁判的宣布应有检察院在场。《日本刑事诉讼法》第 282 条第 2 款规定，公审庭应当有审判官及法院书记官到庭，并有检察官出席的情形下开庭。有的国家如德国还明确规定，审判是在检察官没有出庭的情况下进行的，应当认为违背法律。我国《澳门刑事诉讼法典》还规定检察官未出庭时，应由法定代任人代替检察官出庭。该法第 311 条规定，在听证开始时，如检察院或辩护人不在场，则主持听证之法官以法定代任人替代检察院及适当之人替代辩护人。否则所进行之程序为不可补正之无效。

在刑事自诉程序中，由于自诉案件自身的特点，自诉人可以全权委托诉讼代理人出席法庭，而本人则可以不出庭，如《德国刑事诉讼法典》第五编第一章（自诉）第 318 条规定，起诉人可以在律师辅佐下出席或者让持有全权委托的律师代理，在后一种情况中，对起诉人的送达可以具有法律效力地向律师送达。我国《澳门刑事诉讼法典》第 312 条第 1 款规定，辅助人、民事当事人、证人或者鉴定人之缺席不引致听证押后，而在一切法律效力上，辅助人及民事当事人均由各自委托之律师代理。此种情形下，在场原则之主体实为诉讼代理人，那么设若诉讼代理人于开庭审理之日未到庭，其法律后果如何？是否可以缺席判决？《澳门刑事诉讼法典》第 311 条第 3 款规定，如辅助人之代理人在非经自诉不得进行之刑事程序中缺席，则听证仅押后一次；无合理解释之缺席或第二次缺席等同于撤回控诉，但嫌犯反对者除外。可见，诉讼代理人缺席在一般情况下应视为自诉人撤诉，而不得进行缺席判决，但若嫌疑人或被告人认为视为撤诉有损自己的利益而反对的，则法院可以进行缺席判决。

倘若自诉人未委托代理人到场，而本人也未到场，或者自诉人虽委托代理人到场，但法官基于查明事实真相之必要，而传唤自诉人本人亲自到场，自诉人仍然缺席的，对此如何处理？各国法律有不同的规定，有的立法例基于自诉人对诉权的处分权而规定，此种情形下只能视为自诉人撤回自诉，不得进行缺席判决，如《德国刑事诉讼法典》第 391 条第 1 款规定，在第一审程序以及在被告人提起上告时的第二审程序中，如果自诉人审理时缺席，也未由律师代理，或者法院已经命令自诉人亲自到庭，他仍然缺席，或者自诉人没有遵守已言明未遵守时将要停止程序的期限的，视为撤回自诉。但有的立法例如我国台湾地区“刑事诉讼法”则区分自诉案件的不同性质，有的以撤回自诉论，有的则进行缺席判决。我国台湾地区“刑事诉讼法”第331条规定，告诉或请求乃论之罪，自诉人经合法传唤，无正当理由不到庭或到庭不为陈述者，以撤回自诉论。其非告诉或请求乃论之罪，得不待其陈述而为判决。前项情形，法院认为有必要者，得通知检察官担当诉讼。据此，对告诉或请求乃论之罪，自诉人缺席的只能以撤回自诉论而不能缺席判决；而对非告诉或者非请求乃论之罪，自诉人缺席的则可以进行缺席判决。但是其司法实务上认为，如果自诉人曾经传唤到庭一、二次，其后虽不到案，纵为告诉或请求乃论之罪，仍应就其陈述而为裁判；即进行缺席判决，不得以撤回自诉论。同时，对自诉人和被告人同时缺席的，也不得进行缺席判决，此种情形应依第331条第2项通知检察官担当诉讼。

（二）对辩方缺席判决程序

在刑事诉讼中，承担辩护职能的诉讼主体是被告人，辩护人只是辅助被告人执行辩护职能，因而对辩方缺席判决程序实际上就是对被告人缺席判决程序。由于在刑事诉讼中，被告人的生命、自由、财产可能被剥夺和限制，因而诉讼参与权对其尤为重要，对被告人缺席判决程序不能随意采用，以免造成诉讼不公，为此各国均通过立法严格限制其适用的情形。综合起来看，对辩方缺席判决程序适用于以下情形：

1. 被告人犯罪后潜逃的。在案件侦查过程中，犯罪嫌疑人可能畏罪潜逃，而侦查机关又无法将之缉捕归案的，只要犯罪事实已经查明，通过侦查获得了足够的证据，符合法定起诉条件的，就应当提起公诉，进行缺席判决。《法国刑事诉讼法典》第270条明确规定，如果被告人未能捕获，或未到庭，应该缺席审判。我国台湾地区“刑事诉讼法”第251条规定，检察官依其侦查所得之证据，足认被告人有犯罪嫌疑者，应提起公诉。被告人之所在不明者，亦应提起公诉。实务上也认为，起诉之案件，不以被告人到案为必要。

2. 被告人违反法庭秩序，妨害诉讼进行的。法庭秩序是庭审正常进行，查明真相解决争执的必要条件；被告人违反法庭秩序、妨碍庭审进行的，法院将运用法庭秩序维护权剥夺其在场资格，如《德国刑事诉讼法典》第231条b规定，因为违反秩序的行为，被告人被带离审庭或拘押的时候，如果法庭认为他继续在场并非必要不可，他的在场对审判进程甚至有影响之虞，可以无被告人的审判。但是需注意的是，此时被告人的在场资格虽被剥夺，但缺席判决本身并不因此带上制裁性质，因为诉讼结果并不必然对缺席之被告人不利。

3. 被告人于庭审中途未经许可而退庭。这在广义上仍然是违反法庭秩序的行为，因此，《澳门刑事诉讼法典》第313条第2项规定，已到场参与听证之嫌犯在听证完结前不得离开；须采取必要及适当之措施防止嫌犯离开，包括在必要时于听证中断期间将之拘留。其第313条第3项规定，即使有上款之规定，如嫌犯离开听证室，听证亦得继续进行直至完结，只要其已被讯问及法院不认为其在场属必要者。但是，《美国联邦刑事诉讼规则》认为这种情况应视为被告人放弃到庭的权利。

4. 被告人故意或过失造成自己无受审能力的。根据在场原则，控辩双方不仅应当亲自出席审判，而且控辩双方在精神上和体力上均要有参与审判活动的能力，即要有诉讼能力，特别是被告人应当有受审的能力，无受审能力的即应停止审判。但如果被告人人为拖延诉讼或躲避审判而故意或过失造成自己无受审能力的，则不应停止审判而应为缺席判决，因为被告人对造成自己无受审能力的状态存在过错，自应承担相应的后果，这类似于刑法理论中的“原因自由行为”。《德国刑事诉讼法典》第231条a规定，被告人故意和有责任地把自己置入排除自己参加审理能力的状态，以此有意识地使得审判不能在他在场的情况下正常进行或者正常继续进行的时候，即使在此之前还未曾对他就公诉予以讯问，但只要法院认为他的在场并非是必要不可的，可以在他缺席的情况下进行或者继续进行审判。《澳门刑事诉讼法典》也规定，对嫌犯出于故意或过失，使其本身处于无能力继续参与听证之状态的，听证亦得继续进行直至完结。

5. 共同犯罪案件审判期间个别被告人不到庭。《德国刑事诉讼法典》第231条c规定，对数名被告人进行审判的时候，依申请法院裁定可以允许个别的被告人，在强制辩护情况中也包括允许他们的辩护人，不参加不涉及他们的个别部分审理活动。裁定应当写明允许不参加的审理活动部分，对允许可随时撤回。作此规定，是因为“参与原则”系指被告人参与作出严重影响自己生活的判决的制作过程，对与自己无关的个别部分审理活动，自无参加之必要。

6. 在准许进行无被告人审判的程序中缺席的。一种情况是被告人是法人或者没有责任能力，如《日本刑事诉讼法》规定，被告人是法人的，由其代理人到庭即可；被告人没有责任能力的案件，其法定代理人到庭即可。[①] 另一种情况是轻微案件。根据《日本刑事诉讼法》的规定，下列轻微案件的被告人可以不到庭：（1）相当于50万元以下罚金、科料的案件，被告人也可以不到庭（第284条，但是应当让其代理人到庭）。（2）相当于拘役的案件，在宣判的日期必须到庭，但在其他审理期间，经法院许可可以不到庭。（3）但是，相当于3年以上惩役、禁锢或者50万元以上罚金的案件，在开庭和宣判的日期必须到庭。另如《德国刑事诉讼法典》第232条规定，对被告人已经依法传唤，在传票中已经言明可以对他缺席审判时，可以无被告人的审判。但这类程序以可能仅是单

① ［日］田口守一著，刘迪等译：《刑事诉讼法》，法律出版社2000年版，第204页。

处或者并罚 180 个日额以下的罚金、保留处刑的警告、取消驾驶资格、追缴、没收，销毁或者废弃处分为限。在此程序中不允许判处更高的处罚或科处矫正及保安处分。在传票中已经对被告人告知有此可能性时，准许剥夺驾驶权。《法国刑事诉讼法典》第 411 条也规定，因可处罚金或 2 年以下监禁的罪行而受传唤的被告人，可以致函审判长要求予以缺席审判，此项函件应附入案卷。可见，这类缺席判决程序都是适用于处罚较轻的案件，其判决不致严重影响被告人的生活，允许对这类案件的被告人进行缺席判决，实是为提高诉讼效益而对正当程序的简化处理。

应当指出的是，诉讼的本性在于公正地解决社会冲突，在刑事诉讼程序所追求的价值目标中，最为根本的目标仍是诉讼公正，即结果公正和程序公正。而缺席判决程序实系对在场原则之背离，在实现诉讼效益的同时难免损及诉讼公正，特别是在对被告人的缺席判决程序中，这种损害更为明显。为了减轻对公正价值的损害，立法者在进行缺席判决程序的设计时，又规定了一系列有针对性的补救措施。

其一，必须由辩护人代理缺席的被告人在场。《澳门刑事诉讼法典》第 53 条规定，在对被告人进行缺席审判时必须有辩护人之援助。该法第 317 条进一步规定，在缺席审判中，在一切可能发生之效力上，嫌犯均由辩护人代理。《意大利刑事诉讼法典》第 481 条第 2 项规定，当审判在被告人缺席的情况下进行时，辩护人在法庭审理中代表被告人。此种情形下，由辩护人代替被告人行使辩护职能，为维护被告人的利益而参与审判，这样就相当于被告人获得辩护防御的机会，公正在一定程度上得到恢复。

其二，被告人应获得向法庭陈述意见的机会。《德国刑事诉讼法典》第 231 条 a 规定，对造成无审理能力的被告人缺席审判，只有在审判程序开始后被告人得到过向法庭、受命法官就公诉表示意见的机会时，才可使用。其第 231 条 b 规定，对违反秩序的被告人缺席审判时，在任何情况中，对被告人都要给予就公诉表示意见的机会。《澳门刑事诉讼法典》第 306 条第 4 项规定，在听证过程中，如嫌犯不给予法庭应有之尊重，则对其作出警告，如嫌犯继续如此，须命令将之收容于法院之附属设施内，但嫌犯仍得在最后讯问时及判决宣读时在场，并有义务在法官认为其必须在场时返回听证室。规定嫌犯在最后讯问时在场，其目的亦在给予嫌犯向法庭陈述意见的机会。

其三，限制剥夺在场资格的效力范围，以给改过自新的被告人重新参与审判的机会。因违反法庭秩序被剥夺在场资格的，并非将其驱逐出法庭，完全禁止他再次参加法庭审判，而是有所限制的。《澳门刑事诉讼法典》第 306 条第 6 项规定，如嫌犯在某次开庭期间被命令离开，则该命令之效力仅限于该次开庭。《德国刑事诉讼法典》也规定，对于因违反秩序行为而被带离审庭的被告人可经准许重新出庭。

其四，对重新到庭的被告人，法庭有告知其诉讼进展情况的关照义务。其目的在于使被告人了解诉讼的进展情况，以尽快地进入角色，更好地执行辩护职能，如《德国刑事诉讼法典》第231条a第2项规定，被告人一旦恢复参加审理的能力，如果此时尚未开始宣布判决的，审判长应当对他告知他缺席时进行审判的主要情况。该法第231条b第2项规定，因为违反秩序的行为，被告人被带离审庭或拘押的，一旦准许被告人重新出庭，审判长亦应对他告知他缺席时进行庭审判的主要情况。《法国刑事诉讼法典》为确保被告人的知情权，第320条规定，对因被告人拒绝到庭而缺席审判的，每次开庭后，重罪法庭书记官应当向被告人宣读其缺席的审判笔录，并且将检察院的要求和一切被告人可能不同意的法庭裁决送达被告人。

其五，法院认为对于查明案件真相有必要时，得强制缺席的被告人到庭。《德国刑事诉讼法典》第236条规定，在任何情况下，法院都有权命令被告人亲自到庭，有权以拘传令或者逮捕令强制被告人亲自到庭。

四、我国刑事缺席判决的立法与实践

我国的《民事诉讼法》和《行政诉讼法》均设立有缺席判决制度，但是，不论是1979年《刑事诉讼法》，还是1996年《刑事诉讼法》，均未对刑事缺席判决制度作出明文规定。

《刑事诉讼法》第171条第2款规定："自诉人经两次依法传唤，无正当理由拒不到庭的，或者未经法庭许可中途退庭的，按撤诉处理。"这一规定与德国立法类似，对自诉人缺席的，一律按撤诉处理，而不得进行缺席判决。第161条第1款规定，"在法庭审判过程中，如果诉讼参与人或者旁听人员违反法庭秩序，审判长应当警告制止，对不听制止的，可以强行带出法庭；情节严重的，处以一千元以下的罚款或者十五日以下的拘留"。既曰"诉讼参与人"，当然包括被告人在内。据此，若被告人违反法庭秩序有不听警告制止的，审判长当然可以指令法警将被告人强行带出法庭，那么在这种情况下，法庭是停止审理，还是在被告人缺席的情况下继续开庭审理，法律没有明文规定。

《人民检察院刑事诉讼规则》第328条规定，提起公诉的案件，除适用简易程序决定不派员出庭的以外，人民检察院应当派员以国家公诉人的身份出席第一审法庭，支持公诉。据此，公诉人未到庭，不得进行审判。《人民检察院刑事诉讼规则》第246条第3款规定，对于犯罪嫌疑人在逃的，应当要求公安机关在采取必要措施保证犯罪嫌疑人到案后移送审查起诉。换句话说，如果不能保证犯罪嫌疑人到案，则不能移送审查起诉，更不能缺席判决。最高人民法院《关于执行〈中华人民共和国刑事诉讼法〉若干问题的解释》第181条第1款规定："在审判过程中，自诉人或者被告人患精神病或者其他严重疾病，以及案件起诉到人民法院后被告人脱逃，致使案件在较长时间内无法继续审理的，人民法院应当裁定中止审理。”这一规定进一步明确了对起诉后被告人脱逃的，只能中止审理，而不能缺席判决；至于被告人患精神病或者其他严重疾病，致使案件在较长时间内无法继续审理的，则不区分是否因被告人自己故意或过失所造成，一律中止审理，即使因被告人自己故意或过失造成无受审能力的，也不能缺席判决。

即使被告人是法人，也必须由代表人出庭，而不能缺席审判。根据最高人民法院《关于执行〈中华人民共和国刑事诉讼法〉若干问题的解释》第208～210条的规定，代表被告单位出庭的诉讼代表人，应当是单位的法定代表人或者主要负责人；法定代表人或者主要负责人被指控为单位犯罪直接负责的主管人员的，应当由单位的其他负责人作为被告单位的诉讼代表人出庭。人民法院决定开庭审理单位犯罪案件，应当通知被告单位的诉讼代表人出庭。接到出庭通知的被告单位的诉讼代表人应当出庭。拒不出庭的，人民法院在必要的时候，可以拘传到庭。

由此可见，对于缺席判决制度，不论是对控方缺席判决还是对辩方缺席判决，我国刑事诉讼立法和司法实践中都是趋向于否定的，这固然在一定程度上能保证诉讼的公正，但从各国设立的缺席判决制度的运作状况来看，其在迅速终结诉讼，提高诉讼效益方面发挥着极大的作用。在刑事诉讼程序效益价值日益得到重视的今天，一味否定缺席判决制度的存在价值是非常不明智的。近年来，有人撰文呼吁修订《刑事诉讼法》时应当增设缺席判决制度的内容，但其视野仅限于对被告人畏罪潜逃、拒不归案的，人民检察院可以提起公诉，人民法院可以进行缺席判决这一种情形。① 笔者认为，在我国当前，经济犯罪和贪污贿赂犯罪猖獗，许多犯罪分子逃往境外逃避刑罚处罚，对此，我国《刑事诉讼法》中因缺乏缺席判决程序而束手无策。② 为此，笔者建议借鉴国外的先进立法例，结合我国的司法经验和具体国情设立缺席审判程序，对于逃往境外的经济犯罪分子和腐败分子，只要主要犯罪事实清楚，证据确实、充分，可以进行缺席审判。其他一些情形如被告人自伤自残以逃避审判的等，也可以缺席审判。这样，既坚持了参与原则，又构建了我国的缺席判决制度，作为原则之例外，以收刚柔并济之效。

---

① 陈小奇：《新刑诉法中应增设缺席判决的内容》，载《法学》1996年第12期。

② 这不仅是指无法追究犯罪分子的刑事责任，还包括对犯罪造成的经济损失的挽回。例如，《联合国反腐败公约（草案）》规定，在腐败资产返还方面，返还腐败资产的请求国应当向被请求国提供已经发生法律效力的终审判决，作为返还已被被请求国没收的腐败资产的条件。但是由于中国没有刑事缺席审判制度，在犯罪分子没有被引渡回国之前，人民法院不能作出终审判决，所以中国在向其他国家请求返还被转移到该国的腐败资产时，可能因没有提供“所请求的资产是腐败资产”的法律依据而被拒绝。参见刘柏纯：《构建刑事诉讼缺席审判制度》，载《政法学刊》2003年第6期。

第三章　刑事评议程序

在我国当代法学研究领域，刑事评议程序长期被冷落。与其他刑事程序相比，我国的刑事评议程序理论研究缺乏理论的深度。在有限的学术成果中，似乎很难发现重大的原创性理论突破，对域外刑事评议程序理论和规则的评价也存在简单化的倾向。这些无疑严重阻碍了刑事评议程序理论的进一步发展。更为严重的是，我国刑事诉讼立法并没有对刑事评议程序作出详尽、具体的规定。我国《人民法院组织法》只是在第 10 条为合议制审判提供了组织法的支撑，而对评议程序则根本没有涉及。而 1996 年《刑事诉讼法》在重申合议庭审判地位及其构成的基础上，对与刑事评议程序有关的问题也仅仅作出了一些粗疏的规定，并没有切实可行的操作性举措。此后，最高人民法院出台了《关于人民法院合议庭工作的若干规定》，以规范合议庭对案件的评议活动。上述立法举措的初衷之一在于对评议程序进行规范，以实现裁判公正的价值目标。但由于条文抽象、模糊、简单、粗疏，极大地限制了刑事评议程序功能的有效发挥。鉴于此，我们拟围绕刑事评议程序的相关问题展开论述，通过梳理域外刑事评议程序、借鉴近年来刑事评议程序研究的最新理论成果，对我国刑事评议程序理论与实践中存在的一些问题进行反思，提出完善我国刑事评议程序的构想。

一、刑事评议程序的基本范畴

（一）刑事评议程序的概念

法律要素质量的优劣是衡量法律科学化、合理化程度的重要标志。法律要素质量越高，法律的可预测性程度就越高，确定性程度就越高，也就包含更多的正义和理性。而法律概念本身就属于法律要素的范畴。刑事评议程序是刑事诉讼活动中一个极其重要的程序，是联系庭审和判决的重要环节，它既是庭审的自然延续，又构成判决的前提和基础；合议庭所面临的重要事项都必须经过评议，判决应严格按照评议结论作出，不得超出或歪曲评议的结论。[①] 因此，对刑事评议程序的概念进行科学、合理的界定，使其清晰化、明确化，不仅是完善刑事评议程序的基本前提，而且是刑事评议程序正常运行的有效保障。

1. 刑事评议的定义

评议是评议程序的内容，评议程序是评议的载体。因此研究评议程序就必须首先对评议的有关问题有所了解。在古汉语中，“评，议论是非高下；议，商量，讨论。评议即评论。”[②] 在现代汉语中，评议一词具有多种词性，多重意义。评议不仅是一个日常用语，同时也是一个法律用语。在法学领域，评议一词作动词用时可以指代评议行为，此时评议为诉讼活动；作名词用时可以指代评议这一诉讼活动本身，此时评议作为一类诉讼活动的名称。对于何谓刑事诉讼活动中的评议，我国学界观点不一。有学者认为，刑事评议是合议庭的组成人员对法庭审理情况进行讨论，根据法庭审理查明的事实、证据和有关法律规定，解决被告人有罪还是无罪的诉讼活动。[③] 还有学者认为，所谓刑事评议，是指审判庭组成人员在听取刑事被告人最后陈述以后，退庭进入评议室，就被告人的行为是否构成犯罪、所犯罪名、应否处以刑罚等进行评议，作出处理结论。[④]

笔者认为，虽然上述刑事评议概念表述不同，但没有实质区别，即刑事评议是合议庭全体成员对案件进行处理的一种诉讼活动。这类概念具有一定的合理性，但缺陷也是明显的，即或者没有完整指出刑事评议客体，或者没有完整指出刑事评议规则，因而都没能全面、准确地揭示评议的含义。完整的刑事评议定义应当包含刑事评议主体、客体、规则等基本内容。其中，刑事评议主体，是指参与刑事评议活动并对案件作出权威性评价的法官和陪审员。刑事评议客体，是指刑事评议主体从事评议行为所指向的对象，即案件事实和被告人的刑事责任。[⑤] 刑事评议规则，是指刑事评议主体参与刑事评议活动所必须依据的准则。更为重要的是，上述定义都是针对庭后评议程序而言的，视角较为狭窄，并没有将庭前评议程序、中间评议程序纳入研究视野，忽视了将案件的程序性事项作为评议的客体。[⑥]

因此，在笔者看来，刑事评议的定义应当分为广义和狭义两种。广义的刑事

① 冯军、张元鹏：《透视中国的刑事评议程序：问题与出路》，载《新疆大学学报》2005 年第 2 期。

② 徐复编：《古汉语大词典》，上海辞书出版社 2001 年版，第 450 页。

③ 王国枢主编：《刑事诉讼法学》，北京大学出版社 1998 年版，第 258 页。

④ 曾庆敏编：《法学大辞典》，上海辞书出版社 1998 年版，第 788 页。

⑤ 樊崇义主编：《刑事诉讼法学》，法律出版社 2004 年版，第 62 页。

⑥ 这虽不能改变把案件实体性事实和被告人刑事责任作为刑事评议程序最主要客体的现实，但显然是不全面的，有待于进一步完善。

评议，是指法定评议主体依据评议规则，对案件实体性事实、程序性事实以及被告人的刑事责任进行分析、讨论和判断，并在此基础上依法对评议事项作出权威性处理意见的诉讼活动。狭义的刑事评议，是指在法庭审理的基础上，合议庭组成人员依据评议规则，对案件事实和被告人的刑事责任进行分析、讨论和判断，并依法对案件作出权威性处理意见的诉讼活动。

2. 刑事评议程序的界定

关于法律程序，我国许多学者都对其下过定义，如法的程序，是指人们进行法律行为所必须遵循或履行的法定的时间或空间的步骤和方式。① 再如法律程序，是指人们进行法律行为所必须遵循或履行的法定的时间或空间上的步骤和方式，是实现实体权利和义务的合法方式。② 而刑事诉讼程序，是指国家法定机关以及诉讼参与人进行刑事诉讼所应遵循的步骤、方式以及原则、规则、制度等。③ 刑事评议程序作为刑事诉讼程序的一种，与刑事诉讼的其他程序有极大的共性。从纵向角度看，评议程序表现为一定的时间区间和时间顺序，如在庭后评议程序中总是要先评议案件事实问题，然后才能评议法律适用问题；从横向角度看，评议程序表现为特定评议主体为了实现一定诉讼目的，按照特定方式，依据评议规则，针对评议客体进行评议活动的状态。值得注意的是，虽然刑事评议程序与刑事诉讼的其他程序在追求诉讼目的上并无本质区别，但刑事评议程序有自己的诉讼任务、程序主体、行为规则和特定的法律关系。

刑事评议程序是评议主体依据法律规范与案件事实（包括实体性事实和程序性事实）对被告人的行为进行评判的过程。“徒法不足以自行”，法律规范需要审判机关按照审判程序进行诉讼活动才能发挥其应有的功能。正是审判人员在评议程序中的这种评议行为使法律规范与具体案件事实相结合，从而使抽象的法律规范的功能和价值在社会生活中得到实现。所以，刑事评议程序是发挥法的功能、实现法的价值的诉讼程序。刑事评议程序是连接法律与案件事实的纽带，在发挥法的功能和实现法的价值方面起着不可替代的作用。

根据前述评议程序的界定，刑事评议程序也可以分为广义和狭义两种。广义的刑事评议程序，是指在刑事诉讼过程中，评议主体按照特定评议规则，对案件的实体性事实和程序性事实以及被告人的刑事责任进行全面分析、讨论和判断，并最终对评议事项作出结论性处理意见的程序。狭义的刑事评议程序，是指法官和陪审员在法庭审理的基础上，按照特定评议规则，对案件事实和被告人的刑事责任进行全面分析、讨论和判断，并最终作出结论性处理意见的程序。本章主要

① 樊崇义主编：《刑事诉讼法学》，法律出版社 2004 年版，第 77 页。

② 葛洪义主编：《法理学》，中国政法大学出版社 1999 年版，第 386 页。

③ 彭海青著：《刑事诉讼程序设置研究》，中国法制出版社 2005 年版，第 4 页。

研究狭义的刑事评议程序。

3. 刑事评议程序的特点

刑事评议程序有许多自己的特点和属性，正确认识这些特点和属性，有助于我们加深对刑事评议程序的认识，准确理解刑事评议程序的概念。

（1）评议主体的特定性。评议主体的范围是特定的，即只有参与庭审的法官和陪审员才能成为评议主体。因为只有亲历了庭审程序，才能从内心深处形成对案件真实、确切的看法。只有建立在这种亲历性基础之上的评议，才能使各评议主体更容易发现彼此评议结论的差异以及造成这种结论差异的原因，促使各评议主体重新审视自己所认定的证据和推理过程，并经过充分的交流、磋商以及相互的质疑、辩驳，最终形成裁判结论。另外，评议程序主体与其他程序主体的显著区别在于评议主体都是由行使国家公权力的法官和陪审员组成，其他人员即使参与评议程序，也不能进行实质性的表决活动，更不能对案件的处理产生实质性影响，当然不属于评议主体。

（2）评议主体间相互关系的特殊性。评议程序的构造不同于庭审程序。从理论上讲，在庭审程序中，诉讼主体一般为三方，是典型的三角形构造。他们的权利与义务有较大差别，而且追求各自不同的诉讼目的。在评议程序中，参与评议的只有作为评议主体的法官和陪审员（当然也包括其他辅助人员，但这些人员不对评议程序的结果产生实质性影响，因此一般情况下不予考虑），评议主体间的权利与义务基本相同，评议目的完全一致。评议主体间更多地表现为相互交流与合作，来自评议主体间的相互制约和紧张关系远不如庭审程序那样强烈。

（3）评议主体心证过程的公开性。心证是指审判人员在案件审理过程中对案件事实和证据形成的一种主观性认识。这里所谓心证过程的公开性是针对单个审判人员而言的，即通过庭审程序，每个审判人员对案件事实和法律适用等问题都会形成一定程度的内心确信。在刑事评议程序中，各个审判人员应当将自己的这种内心确信及其形成的整个过程毫无保留地向合议庭其他审判人员公开。公开心证的目的是为了便于各评议主体就整个案件交流意见，发现问题，并对其进行推敲和质疑。这样，一方面可以对评议主体审判权的行使进行制衡，起到一定的监督作用，抑制司法专横，防止司法腐败；另一方面可以发挥合议庭全体成员的集体智慧，确保评议结果的准确性和合理性，维护司法正义。

（4）评议活动的秘密性。秘密评议是刑事评议程序的一般规定。一般来说，规定了刑事评议程序的国家和地区都对秘密评议作了规定，如在《俄罗斯联邦刑事诉讼法典》中，法律要求审判员的评议秘密进行，评议时不作笔录，表决情况不得公布。[①] 又如，在美国刑事诉讼中，法律也规定陪审团的评议秘密进

① 卞建林、刘玫著：《外国刑事诉讼法》，人民法院出版社 2002 年版，第 75 页。

行，内容保密，不准任何人进出评议室，连法官也不例外。[①] 而且不管结果如何，此后不能对评议活动进行法律调查。[②] 在实践中，英美法系国家法院的评议室是同法院的其他部分分离的。陪审团进入评议室进行评议时，通常要有法警守候在门外，以确保无人打扰和防止评议人员随意出入。

（5）程序总结性文件的特定性。庭审程序的总结性文件为庭审笔录，评议程序的总结性文件是评议笔录。几乎所有法治发达国家和地区的刑事诉讼法都对评议笔录作了明确规定，即要求对整个评议活动进行记录，并以评议笔录的形式固定下来。与庭审笔录不同，评议笔录是合议庭内部对案件处理意见的一种记录。评议笔录应当另行制作，并订入审判卷宗的副卷，没有法定事由，禁止任何人查阅或复制。评议笔录不仅是对案件作出最后处理结果的依据，还可以作为对审判人员进行考核和总结审判经验的依据，而且还能在一定程度上起到监督作用。

4. 刑事评议程序的分类

对刑事评议程序分类的意义在于，通过分类使人们掌握同种类刑事评议程序的共同属性和不同种类刑事评议程序之间的差异，从更深层面上认识和理解刑事评议程序。采用不同的标准，可以对刑事评议程序作不同的分类。

首先，根据审级不同，刑事评议程序可分为一审案件评议程序、二审案件评议程序、再审案件评议程序和死刑复核案件评议程序。如前文所述，由于各个国家和地区实行不同的审级制度，有的实行两审终审制，有的实行三审终审制，所以不同国家和地区按照这个标准分类的结果是不同的。我国实行两审终审制，所以我国刑事评议程序按审级不同可以分为一审案件评议程序、二审案件评议程序、再审案件评议程序和死刑复核案件评议程序。一审案件评议程序与其他案件评议程序最大的区别在于一审评议主体包括人民陪审员。由于一审案件评议程序较之其他案件评议程序最为完整、具体，因此本章集中对一审案件评议程序进行研究。

其次，根据评议活动发生的时间不同，刑事评议程序可分为庭前评议程序、中间评议程序和庭后评议程序。庭前评议程序，是指在案件起诉到法院后开庭审理前，法定评议主体对案件的起诉条件进行审查和评议，以确定是否对案件开庭审理的诉讼程序。庭前评议程序发生在开庭审理前，它所要解决的对象是诉讼条件等问题，如果这些问题不解决将会影响审判的合法性。中间评议程序，是指在案件庭审过程中，合议庭对与案件裁判相关的程序性事项进行评议以作出结论性意见的诉讼程序。中间评议的对象是需要合议庭在审判过程中及时作出决定的程序性事项，它们影响甚至决定审判活动能否继续进行，如回避问题。庭后评议程

① 李义冠著：《美国刑事审判制度》，法律出版社 1998 年版，第 129 页。

② 卞建林、刘玫著：《外国刑事诉讼法》，人民法院出版社 2002 年版，第 215 页。

序，是指在庭审程序结束后，由审判长宣布休庭，合议庭全体组成人员对案件有关事项进行评议的诉讼程序。庭后评议程序是目前为各国所采用的比较普遍的评议程序。我国现行法律对庭后评议程序也有明确规定，如《刑事诉讼法》第162条规定："在被告人最后陈述后，审判长宣布休庭，合议庭进行评议……"庭后评议对象主要是需要通过审判最终解决的实体性事项，即对被告人的定罪量刑等问题。庭后评议对象一般限于起诉方的诉讼主张，其范围相对明确、固定。相对于庭前评议程序和中间评议程序来说，庭后评议程序关涉案件事实和被告人刑事责任的认定，而实践中这一程序存在问题又较多，因此，本章主要研究庭后评议程序。

最后，按照实行陪审制度的模式不同，刑事评议程序可分为陪审团制评议程序和参审制评议程序。陪审制度，是指审判机关依法吸收职业法官以外的普通民众参加诉讼案件审理的一种司法制度。从世界范围来看，陪审制度主要存在两种形式：一种是以英美为代表的陪审团制。陪审团制要求双方当事人在法庭上出示各自所掌握的证据，相互举证、质证，而陪审团成员始终居于旁观者地位，不组织、协调诉讼进程，更不需要进行调查取证。他们只能被动地听取双方当事人的辩论意见。在陪审团制中，陪审团与法官之间有明确的分工，陪审团主要负责定罪，法官则负责量刑。总之，在庭审程序结束后，由陪审团就案件的事实问题进行分析、讨论，并最终作出是否有罪的判决，而由法官具体量刑的诉讼过程便是陪审团制评议程序。另一种是以法德为代表的参审制。实行参审制的国家由具有一定任期的陪审员与职业法官共同组成合议庭对案件进行审理。这种由陪审员与职业法官共享权利义务，共同参与案件事实和法律适用的诉讼过程就称为参审制评议程序。与陪审团制评议程序不同，参审制中的陪审员与法官并无明确分工，他们共同审理案件并共同对案件进行裁判。也就是说陪审员对案件事实和法律问题都要发表评议意见。值得注意的是，法国刑事诉讼法律还有合议庭评议和独任庭评议之分。合议庭评议，是指审判人员相互交换意见，并进行辩驳、讨论，最后以投票方式作出评判的评议方式；独任庭评议，是指审判人员对案件进行仔细思考，并独立作出评判的评议方式。笔者认为这种分法是值得商榷的。因为在独任庭评议中只有一个审判员，"评"自然可以，但"议"就不存在了。因此本章所探讨的评议程序仅针对合议庭评议，并不涉及独任庭评议的问题。

（二）刑事评议程序的功能

刑事评议程序作为刑事诉讼中较为重要的程序，必然具有其他程序所不具有的功能。其功能发挥的强弱，直接影响着刑事诉讼价值的实现程度。然而，在刑事评议程序的实际运作过程中，常常出现"名为合议、实为独任"，"一人办案、三人署名"等违背合议制立法精神的做法。与此相对应，合议庭评议案件也往往流于形式。出现这种现象的重要原因在于对刑事评议程序所具有的功能认识不清，因此，有必要对此加以系统阐释。

1. 促进案件事实认定的正确性

案件事实的认定是评议主体通过法定程序并遵循证据规则，在查证属实的证据基础上，对案件事实所作的一种认定或推定，但这种认定或推定的结论可能符合客观事实，也可能违背客观事实。因为在刑事审判中，评议主体对案件事实的探知主要源于控辩双方对案件事实的陈述及其提供的证据材料，并以此为依据来对事实进行判断。这种判断是间接的，对其认定具有很大的复杂性，而且控辩双方对案件所作的陈述及提供的证据由于各种原因也极易出现疏漏，不能真实反映案件客观事实，评议主体在此情况下对事实所作出的评判结论就容易欠缺充分性和完整性。正如有学者指出的，"法院认为什么是事实，什么就是事实。过去实际发生的事情，它们没有进入法庭。法院通常是通过证人证言来了解过去发生的客观的、真实的事实，而证人是可能出现错误的，所谓的裁判事实仅仅是对实际事实的猜测。"

虽然这种说法有些绝对，但其毕竟在一定程度上反映了评议主体对所谓案件事实的认定，主要是在已有证据的基础上，通过主观推理和判断来完成的。"我们对事实审理者合理期盼的，也是事实审理者能做到的，就是在条件有限的情况下作出最佳的判定。"而且，评议主体对案件事实认定的真实程度越高，裁判的公正性也就越高，裁判结果被被告人认可和赞同的可能性也就越大。因此，在评议主体认定事实的过程中，我们的制度设计要尽量保障其作出的判定最大限度地接近案件的客观真实，使裁判客观化。设置评议程序可以很好地实现这一目的，因为在评议过程中，合议庭全体成员对案件事实共同进行认定，每个评议主体在认定的过程中，内心都会形成一种确信，这种确信有正确的也有错误的，有主观的也有客观的。通过评议程序，评议主体的内心确信得以充分表达，各种意见经过充分辩论、整合后，最终得出案件事实的认定基本都是正确的。正如张永泉先生所言："由于客观的东西更具有内在的合理性和逻辑性，因而在合议庭进行评议时，法官认识案件事实中所包含的客观成分会相互重叠、补充，从而强化对案件事实认识的客观化。与此同时，法官认识案件事实中所包含的主观成分则相互'碰撞'，从而抵消。"①

2. 保障法律适用的准确性

法社会学的先驱者们告诉立法者，起码有两件事是国家权力不可企及的：一是制定出逻辑严密、条理清晰并且囊括人类社会各种各样社会关系的法律大全；二是保证这部法律大全与社会的发展同步而行。② 上述问题表明，任何法律制度

① 张永泉：《论合议庭制度》，载《法律科学》2001 年第 5 期。

② 郭华成著：《法律解释比较研究》，中国人民大学出版社 1993 年版，第 3 页。

都难免存在缺陷，要以有限之法律，应付社会之无穷事态，就必然要依赖评议主体发挥其主观能动性，运用自身的理性与智慧来消除或减轻制度的刚性所可能产生的不足。就此而言，评议主体的个人因素对司法审判的影响既成为必然，又是一种必要。但是由于评议主体所受教育的程度、各自的思想境界、思维方式、价值观、潜在的好恶心理等诸多不同个人因素的影响，导致评议主体在理解、适用法律过程中，会存在不同的意见，甚至得出大相径庭的裁判结论。美国大法官霍姆斯以实用主义为理论指导，指出了法律的不确定性，提出"法律不是逻辑，而是经验"①。由于评议主体拥有自由裁量权，其在理解和适用法律并作出裁判过程中，一定程度上也具有主观性，这种主观性随着案件复杂程度的增加而趋强，由此使得判决结果具有很大的不确定性。据此，在刑事评议程序中由多名评议主体参加评议，合议庭每一成员均可根据自己的经验剖析和挖掘案件，各种意见充分交流，对案件进行全面客观地分析，将错误、偏颇的裁判意见摒弃，从而得出比较客观、公正的裁判结果。因为每位评议主体个体差异的存在，同一案件被多角度地加以审视、比较，起到了集思广益的效果。由此，在设置合理的刑事评议程序中，评议主体的主观偏见得以抑制，裁判结果的不确定性被减少或限制，法律适用的准确合理有所保障。

（三）刑事评议程序的理论基础

要构建完整、细密、合理的刑事评议程序，就必须探究程序背后的理论基础。否则必然难以把握程序合理运行应有的方向，缺乏超前性和适应性，也必然导致该程序在实践中难以得到认同和贯彻实行。因此，对刑事评议程序理论基础的探究是完善这一程序必不可少的前提。

1. 司法公正（正义）

公正（正义）是人类社会所追求的首要价值目标。罗尔斯认为，"正义的主要问题是社会的基本结构，或更准确地说，是社会主要制度分配基本权利和义务，决定由社会合作产生的权益之划分的方式。"② 因此，在各种社会公正中，社会体制即社会基本结构的公正无疑起决定性作用。司法公正则在社会公正中占有十分重要的地位，它是维护社会正义的最后一道屏障，是体现社会正义的窗口，是司法机关的灵魂和生命线。③ 在现代法治社会中，司法应当以公正作为其价值取向。司法公正作为现代司法制度的基本要求，包括审判结果公正和诉讼程序公正两个方面，也即实体公正和程序公正。

---

① 刘全德主编：《西方法律思想史》，中国政法大学出版社 1996 年版，第 211 页。

② ［美］约翰·罗尔斯著，何怀宏、何包钢、廖申白译：《正义论》，中国社会科学出版社 1988 年版，第 7 页。

③ 陈光中主编：《刑事诉讼法学》，北京大学出版社 2002 年版，第 11 页。

第一，实体公正。实体公正即裁判结果的公正。它要求司法机关在处理案件时，必须准确裁判，要使合法权益受到有效保护而使违法行为受到应有追究。只有做到实体公正，才能维护正常稳定的社会秩序，才能实现安全、秩序、效益等实体价值目标。实体公正揭示了刑事诉讼制度的实体目的和社会理想，成为刑事诉讼活动存在的正当性和合理性根基，成为推动刑事诉讼制度发展的巨大动力。在刑事诉讼中，由于诉讼各方与案件的利害关系不同，决定了其认识出发点的差异。因而不同的诉讼主体，就会形成多个不同的诉讼认识，然而诉讼认识的目的是调适与消除冲突，因此在众多的不同认识中，只有中立的裁判者对案件事实的认识才具有决定性意义。① 因此，在刑事评议这一特殊的诉讼阶段中，能否使法官在程序的规制中形成对案件较为正确的认识、得出准确的裁判结论就成为刑事评议程序的首要问题。在这里需要特别注意的是，刑事评议程序中的认知主体是对案件事实和证据已经有了相当程度了解的评议人员，他们通过参与庭审形成了对案件的直接感受，在部分案件中甚至已经形成了个人对案件的基本看法。至于通过对案件的评议所形成的合议庭评议意见，则完全可以看做是法官之间对案件态度的外化和理性碰撞的最终结果。因此，在这样一个短暂的过程中，合理的刑事评议程序是实现刑事诉讼实体正义的关键。

第二，程序公正。程序公正源于古希腊著名思想家柏拉图的正义观。斯多噶学派的自然法思想进一步发展了正义观，并成为自然正义论的理论基础。到了古罗马和中世纪时期，自然正义作为一项程序公正的标准。② 而到了近代，程序公正通常被表述为“正当法律程序”或“正当程序”。在英国，人们称程序正义为“自然正义”（natural justice）。③ 它关注的焦点是过程本身，并认为通过一定过程实现好的结果固然可取，但若这一过程本身是不正当的、不合理的，那么即使实现了正当的结果，也是不值得的，因为这一正当结果牺牲了正当的程序价值。

自然正义原则是司法审判活动中的最低标准，这一原则的违反会导致该司法审判活动归于无效。程序公正理论具有重要的现实意义，其不但能使当事人的人格尊严和自主意志得到保障，而且能够抑制公权力的恣意。另外，正当程序还可以吸收公众的不满，确保裁判的可接受性。当然，评议程序也应当满足程序正义性的要求。首先，评议主体必须遵守法律，依法评议。其次，法律的规定都比较原则，在这种情况下，要求评议主体在处理案件时具有理性，对案件形成合理的评议意见。同时，公正的刑事评议程序是评议主体产生合理、正确评议意见的前

---

① 葛洪义主编：《法理学》，中国政法大学出版社1999年版，第46页。

② 谢佑平主编：《刑事诉讼国际准则研究》，法律出版社2002年版，第505页。

③ 自然正义原则的内容包括：（1）任何人不得做自己案件的法官；（2）应当听取双方当事人的意见。参见陈瑞华著：《刑事审判原理论》，北京大学出版社1997年版，第55页。

提条件。如果程序不公正，那么由此产生的评议意见就很可能失去应有的公正性。再次，任何评议主体都必须参与到刑事评议程序中，程序本身要给评议主体提供充分的免受干扰的环境，禁止任何评议主体进行形式上的评议和实质上的走过场。最后，评议主体之间是平等关系，没有任何人可以凌驾于其他主体之上，每一个评议主体的意见都具有同等效力。不仅如此，合议庭评议案件还要照顾弱势评议主体，使他们的评议意见得以真实外化。

2. 合法性理论

法官一系列的裁判行为具有终结刑事诉讼程序的作用，而其裁判的可接受程度必将对裁判的权威性、稳定性产生强烈影响。裁判的合法性也应当主要来自于裁判的可接受性。[①] 因为单纯依靠外部的强制力确立行为模式，并不能够真正使人们守法，相反，法律确立的行为模式不仅没有被真正吸收，而且由于压迫的存在，使人们普遍处于压抑的愤怒状态。因此，一个司法制度要想正常运转，就必须强化其裁判的合法性。而被告人之所以接受法官的裁判，除了国家强制力外，主要来自于对裁判的认同和接受。从本质上讲，法的合法性乃至于任何政权的合法性都是一种内心信念，而内心信念是不可能仅仅通过听听统治者的宣传就能树立的。它必须以自己的亲身感受或经验为条件，并且要与自己原有的社会道德信念相一致。从个体角度看，对某种法律的合法性信念的树立，表现在内部心理和外部行为两个方面，即内心的接受和行动的遵守，或内心对其权威性、正当性、尊严性的认可和外部行为的服从。[②] 从需求的角度来说，当事人和社会公众对刑事诉讼的期望不仅仅是获得最终的胜诉，更希望得到一个公正的判决。因此，诉讼公正的价值不仅体现在通过查明案件事实真相，实现实体正义，更重要的是从心理上或行动上解决纠纷，这就要求程序本身必须具备形式理性，才能使建立在评议基础上的裁判具有合法性。在具体的刑事评议程序中，法官是在当事人和社会公众无法参与和知晓的情况下进行评议的，若使受到不利裁判的一方接受裁判以及社会公众认同裁判，那么刑事评议程序的设计就要更多地体现出合法性的要求，强调在评议的语境中评议主体的平等对话与交流。

3. 群体决策

群体决策的历史最早可以追溯到原始氏族社会的民主大会，参加会议的每一

---

① 在政治社会学的视野中，合法性是同一种政治制度联系在一起的要求，即该政治制度被社会公众承认是正确的和合理的，即获得社会公众的认同和服从。

② 这种法律的合法性信念包括当法律的惩罚加之其身时也自认为“应当”或觉得“不冤屈”，认为当局有权和有理作出此决定。参见严存生：《法的合法性问题研究》，载《法律科学》2002 年第 3 期。

个成年男子和女子都对他们所讨论的一切问题有发言权。[①] 在古罗马，集体决策制度也得以广泛使用，如在王政时期，古罗马的元老院就是集体决策的机构。随着社会、经济结构的日趋复杂和管理、决策任务的艰巨，仅凭个人的知识和能力很难对所面临的问题作出准确的决策和判断，而群体决策可以集合不同人的知识、经验和信息，借助集体的智慧弥补个人才能、经验上的不足。群体决策往往在决策效果上具有个体决策所无法比拟的优越性。这是因为在一般情况下，由于参与群体决策的个体较多，群体有更多的信息来源和备选方案，不同个体之间可进行较为深入的交流和探讨。只要能够发挥集体智慧，就容易找到正确的解决方案，从而获得理想的决策效果。因此，在作最终的选择和判断时，群体比个体更加理性和客观。另外，由于群体身份而使成员产生的安全感以及因为共同参与决策所具有的权威性，使最终的决策结果更具备合法性。在刑事诉讼中，案件审理进入评议程序后，每个法官在庭审中所获得的对案件的印象、认识，对证据效力的评估，对被告人犯罪事实存在与否的判断，以及作出判断的心证强弱程度都存在一定的差异。在对案件进行评议过程中，合议庭成员通过展示其作出判断的评议意见，相互会产生整合作用。相同或相近的心证、评议理由会得以强化，而相互矛盾的心证和评议理由会促使评议主体重新审视其意见的正确性，那些弱的心证，或欠缺合理性的评议意见，将在评议过程中基本上被修正或排除，促使正确的评议意见得以形成，[②] 从而有利于实现裁判的公正。

二、域外刑事评议程序之比较

在法治发达国家和地区，一般通过立法对刑事评议程序作出详尽的规定，以保证司法裁判的合法有效，使程序的正当性得以维护，从而保障裁判的权威性。我们拟以评议主体、评议客体以及评议规则等评议程序要素为切入点对各国刑事评议程序进行分类比较与评价。[③]

（一）刑事评议主体之比较

刑事评议主体，是指在刑事评议程序中参与案件实体或者程序问题的分析、

① ［美］摩尔根著，杨东莼、马雍、马巨译：《古代社会》，商务印书馆1977年版，第82页。

② 与个体决策相比，群体决策也有弱点，如群体决策所花费的时间较多；群体成员的责任感降低等。但在刑事评议程序中，这些弱点可以通过系统、完善的评议规则加以克服。参见左卫民、汤火箭、吴卫军著：《合议制度研究——兼论合议庭独立审判》，法律出版社2001年版，第10页。

③ 实际上，世界上规定较为完善的大多数国家（地区）中的刑事评议程序基本上都是按照评议主体、评议客体（评议标的）、评议规则分别来进行表述，如我国台湾地区的“法院组织法”、我国澳门地区的刑事诉讼法以及法国的刑事诉讼法就是如此。

研究和讨论并作出具有法律效力裁判的个人或集体。刑事评议主体首先是一个集合概念，另外还指能够积极主动地参与案件评议并通过与其他主体的交流与合作、充分表达自己评议意见的独立个体。

1. 刑事评议主体的构成

法官代表国家行使刑事裁判权，一般情况下是当然的评议主体，这一点无论在英美法系国家还是大陆法系国家并无二致。由于有些案件实行陪审制，所以陪审员也成为评议主体。因此，评议主体包括法官和陪审员。但是，由于法官之间以及法官和不同制度下的陪审员之间存在不同组合，从而使评议主体间的相互影响产生极大差异。

（1）非陪审制审判组织中的法官。在不实行陪审制的刑事案件中，[①] 而单纯由法官组成的合议庭评议案件，法官就成为评议主体，这一点通行于大陆法系和英美法系国家。例如，意大利的普通法庭由 3 名职业法官组成。[②] 而在法国，审判轻罪案件的法庭由 3 名法官组成，其中 1 人任审判长，2 人任审判员。[③] 再如，美国联邦上诉法院审理案件通常由巡回法官 3 人组成合议庭，特别重大的案件也可以由本院全体巡回法官一起开庭审判。[④] 值得一提的是，美国联邦最高法院的大法官人数由国会确定，几经增减，至 1896 年才固定为 9 人。在 9 名法官中，其中 1 人为首席大法官，负责全院的行政工作，但在案件审判过程中，与其他大法官一样，只有一票表决权。[⑤] 上述国家刑事合议庭的共同之处在于，合议庭全部由法官组成，因此庭审结束后进行评议的主体当然就是参加过庭审的合议庭组成人员——法官。在评议过程中，法官地位是平等的，每位法官都拥有平等表决权，即使是审判长或首席大法官也不例外。一般而言，各个国家和地区的立法都规定法官之间在评议问题上享有平等表决权，强调法官间平等参与、相互独立。

（2）陪审团制审判组织中的法官和陪审员。在实行陪审团制审判的案件中，法官和陪审员成为当然的评议主体。在这样的审判组织中，一般由陪审团负责被追诉者的定罪问题，法官负责量刑问题。例如，在美国联邦地区法院，除成文法或法院规则另有规定的以外，联邦地区法院审理案件一般由 1 名法官和陪审团进

① 此处不是仅指不实行陪审制的国家和地区的审判组织，而是针对某一具体刑事案件而言，没有陪审员参加而单纯由法官组成的审判组织。这种审判组织既存在于实行陪审制的国家和地区，也存在于不实行陪审制的国家和地区。

② 王以真主编：《外国刑事诉讼法学》，北京大学出版社 2004 年版，第 256 页。

③ 宋英辉、孙长永、刘新魁等著：《外国刑事诉讼法》，法律出版社 2005 年版，第 244 页。

④ 宋英辉、孙长永、刘新魁等著：《外国刑事诉讼法》，法律出版社 2005 年版，第 342 页。

⑤ 王以真主编：《外国刑事诉讼法学》，北京大学出版社 2004 年版，第 149 页。

行，当事人放弃接受陪审团审理的权利时，由1名法官独任审判。[①] 我国香港地区高等法院原讼法庭审理刑事案件实行陪审团制度。在审理提起公诉的重大刑事案件时，由1名按察司会同7至9名陪审员组成的陪审团一起审理，由陪审团决定被告人是否构成犯罪，法官根据陪审团的定罪依法量刑。[②] 在陪审团评议案件时，法官不能参与陪审团的评议工作。这样法官就不能凭借其法律知识和审判经验的权威对陪审员的评议活动施加不当影响。但由于陪审员是普通民众，缺乏应有的法律知识和经验，因此实行陪审团制的国家和地区一般都要求在陪审团进行评议前，由法官对其进行指示，这几乎是实行陪审团制国家和地区的一致做法。例如，在我国香港地区，陪审团评议前，法官总结指导完毕，陪审团没有疑问，将退庭讨论对被告人的裁定。一旦陪审团退庭，他们就必须独自保持在一起，不允许任何人与他们交流……陪审团退庭后，不能与外界接触。在评议过程中，如果陪审团有问题，应该将问题记下来，通过指定人员送交主审法官。另外，当陪审团讨论案件时，该法院官员也必须待在陪审团评议室外面，除非经法官明确同意，不允许任何人同陪审团接触。[③] 值得注意的是，在陪审团评议过程中，即使遇到问题需要法官帮助，也应由法律特别规定的人员与法官联络，以防止法官借助问题干扰其评议活动，这样就保证了陪审员在评议过程中能够独立发表评议意见。从上述实行陪审团制国家和地区的刑事评议活动中可以看出，由于陪审团有独立定罪权，法官不能参与这一阶段的评议活动，因此不会给陪审员造成干扰，这促成了陪审员内心真实意思的表达，从而保证其在评议活动中作为评议者的独立地位。同时，立法出于对陪审员法律素质的考量，一般要求在陪审团评议前由法官对一些评议问题予以说明，从而保证评议的顺利进行。

（3）参审制审判组织中的法官和陪审员。与陪审团制的认定事实和刑罚裁量相分离的做法不同，参审制中的陪审员与职业法官一起进行事实认定和量刑的评议活动。法官和陪审员就成为当然的评议主体。例如，在德国的州法院，初审案件由3名专业法官和2名陪审员组成的大刑事法庭审理，[④] 法官和陪审员享有相同的裁判权，共同参与对案件定罪和量刑的评议活动。意大利的陪审法庭由2名职业法官和6名陪审员组成，负责审理严重犯罪案件。陪审员与职业法官共同审判案件，在审判中，他们与职业法官有相同职责。[⑤] 值得注意的是，法国的重

① 王以真主编：《外国刑事诉讼法学》，北京大学出版社2004年版，第341页。

② 周伟主编：《中国大陆与台港澳刑事诉讼法比较研究》，中国人民公安大学出版社2001年版，第104页。

③ 甄贞主编：《香港刑事诉讼法》，河南人民出版社1997年版，第297页。

④ 王以真主编：《外国刑事诉讼法学》，北京大学出版社2004年版，第217页。

⑤ 王以真主编：《外国刑事诉讼法学》，北京大学出版社2004年版，第256页。

罪法庭实行陪审团制，由 12 人组成，其中包括 3 名职业法官和 9 名陪审员。参与审判的陪审员与法官共同参与对案件的定罪和量刑，他们在案件的评议中享有相同的表决权。在这样的陪审团制评议程序中，由于法官具有相对较高的法律知识和经验，常常对非职业陪审员产生影响。因此，法国重罪法庭所实行的陪审团评议制与英美的陪审团评议制有着严格的区分，其效果更类似于参审制评议程序。

2. 刑事评议主体之同一

评议主体同一，是指评议主体必须是参加了庭审的法官与陪审员，除法定情形外，这种主体排斥对其随意变更①及外不适格主体的介入。如果中途发生变更的情况，应由始终在场的替补法官或陪审员接替继续评议，否则原来的程序归于无效，程序应重新开始；如果发生不适格主体介入的情况，则评议程序同样归于无效而需重新开始。坚持评议主体同一有利于贯彻直接言词原则，使评议主体对案件事实以及所掌握的证据形成直接印象，从而保证评议结果的准确性；有利于防止其他主体对评议主体的不当干扰与压制，进而保障评议过程和结果的正当性。

为了确保评议主体同一，域外国家和地区的刑事诉讼程序均设置了相关的保障制度。一方面，针对可能出现的对评议主体随意变更的情形，设置了一定的限制条件和候补机制。例如，在实行陪审团制的我国香港地区，虽然解散陪审团是法官的权力，但是法官在行使该权力时受到一定限制，即对于影响公共利益较大的案件，其审判活动一旦开始，审判和评议主体就应当是同一的，只有在确实需要或公正审判已不可能继续进行的特殊情况下，法官才可解散陪审团，程序则重新开始。② 在美国陪审团审判的重要案件中，除了符合法定人数的陪审团成员之外，还有数名“候补陪审员”参与庭审全过程，但不参加评议和裁决。如果陪审员中有人因故不能继续听审或者被开除，同样数量的候补陪审员便成为陪审团的正式成员。这样，庭审便可以继续进行，无需从头开始。③ 另一方面，为了排

① 法庭成员（包括法官和陪审员）不可随意更换。法庭成员必须始终在场参加审理和裁判。对于法庭成员因故不能继续参加审理和裁判的，应由始终在场的候补法官、候补陪审员替换之。如果没有足够的法官、陪审员可以替换，则应重新审判，这也是直接言词原则的要求。因为参与裁判制作的法官、陪审员必须参与案件的全部审理活动，接触所有证据，全面听取法庭辩论，否则难以对案件形成全面认知并作出公正的裁判。参见程荣斌：《不中断审理和延期审理》，载蔡敦铭主编：《两岸比较刑事诉讼法》，台湾五南图书出版公司 1996 年版，第 321 页。例如，《法国刑事诉讼法典》第 248 条规定：“后补陪审官应该出庭。他们只在正式陪审官无法履行职务时，由重罪法庭审判长当庭裁定其参加审理。”参见余叔通、谢朝华译：《法国刑事诉讼法典》，中国政法大学出版社 1997 年版，第 109 页。

② 甄贞主编：《香港刑事诉讼法》，河南人民出版社 1997 年版，第 285 页。

③ 王以真主编：《外国刑事诉讼法学》，北京大学出版社 2004 年版，第 368 页。

斥非法主体介入评议程序，法律上往往明确规定了参加评议程序的具体人员，以防止可能出现的外来不适格主体对评议人员的不当影响。如我国台湾地区法院组织法要求对案件的评议，由原来参加审判的法官进行。[①] 在我国澳门地区刑事诉讼活动中，不论是否立即进行评议，在评议时，都必须由组成审判组织的全体法官参与……[②]

从域外各个国家和地区的司法实践来看，评议主体和参与庭审之法官、陪审员是同一的，从而排斥对其随意变更及不适格主体的介入。从理论上看，评议主体同一及其相关规则的重要价值还在于它从一个方面保证评议主体具有充分的独立地位，强调评议主体应当得到外界的尊重。这也就是说，为了保障评议主体之独立，一方面，合法的评议主体不能被任意排除在评议程序之外，即使有法定情况需要更换评议主体，也需由参与庭审的合法的评议主体来替代或者重新开始程序；另一方面，要防止不适格主体介入评议程序，避免可能造成的不必要干扰。反之，评议主体个人受制于外部力量，在其心理上就有可能担心被剥夺应有的评议权或者畏惧不适格主体而不敢表达其真实的评议意见。

（二）刑事评议客体之比较

评议客体，又称评议对象。一般来说，评议客体包括先前问题、[③] 定罪问题、量刑问题以及附随问题等方面。由于本文只研究庭后评议程序，因此不在此处讨论先前问题。域外部分国家和地区将评议程序划分为定罪和量刑两个阶段，按顺序分别进行评议活动，同时在这两个阶段中又可能产生附随问题。因此，笔者考察刑事评议客体时，按照定罪问题、量刑问题和附随问题分别论述。

1. 定罪问题

在刑事评议程序的定罪阶段，评议客体包括与定罪相关的事实、证据和规范适用问题。在我国香港地区，法官必须提示陪审团哪些是他们将要决定的主要问题……法官可以向陪审团表达他对证据的看法……不能告诉陪审团必须接受某一证据。……法官应将证据的意义告知陪审团和提示陪审团只能根据证据作出裁定。[④] 在美国，陪审员进入评议室评议前，法官就该案件的有关法律问题向陪审

---

① 在我国台湾地区，不但参与本案言词辩论之推事均应出席，且以参与本案言词辩论之推事为限。其参与言词辩论之推事如中途有变更者，应更新审判程序，这是采取言词及直接审理主义的当然结果。参见管欧著：《论法院组织法》，三民书局 1979 年版，第 398 页。

② 周士敏著：《澳门刑事诉讼制度论》，国家行政学院出版社 2001 年版，第 201 页。

③ 先前问题，是指构成诉讼条件的各种问题，如果不解决将会影响审判的合法性，如控辩双方是否合法、法院有无管辖权等。参见周士敏著：《澳门刑事诉讼制度论》，国家行政学院出版社 2001 年版，第 177 页。

④ 罗德立、赵秉志主编：《香港刑事诉讼程序法纲要》，北京大学出版社 1997 年版，第 111 页。

员作出总结指示，内容主要包括：界定被告人被指控犯罪的所有构成要素，对案件可以适用的法律，案件的争论点，证据的可适用性等。[①] 域外有些国家和地区将评议客体进一步细化，如在俄罗斯联邦刑事诉讼程序中，法庭在评议室作出刑事判决时，应解决以下问题：（1）受审人受到指控的行为的实施是否得到证明；（2）行为确系受审人实施是否得到证明；（3）该行为是否构成犯罪，《俄罗斯联邦刑法典》的哪一条、哪一款、哪一项对它作了规定；（4）受审人对该犯罪的实施是否有罪过；（5）受审人对他所实施的犯罪是否应该受到刑罚……[②] 又如，我国澳门地区刑事评议程序分成定罪和制裁两个阶段，定罪阶段的评议内容包括：A）罪状之构成要素是否成立；B）嫌犯是否实施犯罪或参与犯罪；C）嫌犯作出的行为是否有罪过；D）是否有阻却行为的不法性或罪过的事由及原因……[③] 从上述国家和地区刑事诉讼立法对刑事评议客体的上述规定可以看出，定罪阶段评议客体细化有利于评议主体在这一阶段有针对性地进行分项评议和表决，从而避免了实践中的“估堆”现象和笼统评议所造成的评议结论的不精确性，这也为量刑阶段的评议创造了条件。

2. 量刑问题

经过对案件事实和证据进行评议和表决后，一旦合议庭认为被追诉人构成犯罪，随即就进入量刑阶段。此时，合议庭评议的对象主要集中在被告人刑事责任的轻重、实现方式以及具体适用的刑罚等问题上。为此，域外一些国家和地区将评议客体分项表决，以保证刑罚裁量的准确性。例如，《俄罗斯联邦刑事诉讼法典》第299条规定了就如下与量刑有关的事项进行评议和表决，“……（6）是否存在减轻或加重刑罚的情节；（7）对受审人应该处以何种刑罚；（8）是否有理由作出不判处刑罚或免除刑罚的刑事判决……”[④] 从《俄罗斯联邦刑事诉讼法典》关于量刑程序的规定可以看出，他们非常重视评议程序中的量刑问题。明确与细化评议程序中的量刑问题，不但可以防止量刑所应考虑因素的缺失，还有利于防止法官在量刑中的恣意，从而保证裁判的合法性。

由于大陆法系国家的刑罚理论认为刑罚裁量应当兼顾犯罪的社会危害性与人身危险性，因此在量刑阶段，评议主体选择适用刑罚应当同时考虑犯罪的社会危害性和犯罪人的性格特征，平衡地考量刑罚所应当实现的威慑、报应以及被追诉

① 李学军主编：《美国刑事诉讼规则》，中国检察出版社2003年版，第442页。

② 黄道秀译：《俄罗斯联邦刑事诉讼法典》，中国政法大学出版社2002年版，第206页。

③ 周士敏著：《澳门刑事诉讼制度论》，国家行政学院出版社2001年版，第203页。

④ 黄道秀译：《俄罗斯联邦刑事诉讼法典》，中国政法大学出版社2002年版，第207页。

人的再社会化问题。这样，有些大陆法系国家和地区在量刑阶段的评议中十分重视被告人的人格因素，强调量刑前的人格调查制度。例如，在我国澳门地区，当法院判定嫌犯的行为构成犯罪，并认为需要对嫌犯科处刑罚或保安处分后，并不立即决定处罚，而是还要进行下列工作：宣读载于卷宗内的关于嫌犯前科、人格鉴定及社会报告书① 等与决定处罚有关的文件；如果没有社会报告书，法官可以要求制作社会报告书；如果报告书已经载于卷宗内，还可以要求补充和更新报告书的资料。② 究其原因，"因为一方面，此对量刑之理由说明有其重要性，此外，也因为对其整体人格上之认识对执行刑罚之人员而言，亦即重要，且在其于后来又犯罪时，此在对其整体人格作判断时亦为不可或缺。"③

3. 附随问题

尽管刑事评议客体主要是案件事实和被告人的刑事责任问题，但是在刑事案件评议过程中，合议庭还要对附随问题作出处理。④ 笔者在考察了域外部分国家和地区的刑事评议程序后发现：一方面，域外多数国家和地区的立法都给予刑事评议程序中的附随问题以一定程度的重视，使其成为刑事评议的客体。另一方面，由于各个国家和地区对附随问题的理解不同，其刑事诉讼法对这一问题的规定也有一定差异，如《俄罗斯联邦刑事诉讼法典》第 299 条就评议所涉及的附随问题规定如下，"如何处理为了保全民事诉讼和可能进行的没收财产而被扣押的财产；如何处理物证……"⑤《澳门刑事诉讼法典》也规定了附随问题。该法典把回避等程序性问题作为附随问题规定在第 36 条，其第 2 项规定："回避之声明及声请，以及声请拒却及请求自行回避，须向负责审理当中出现该附随事项之诉讼案件之法官为之，且由该法官审查，并立即作出确定性裁判而无须经任何特别手续。"⑥ 同时，该法典把与罚金有关的事项也作为附随问题规定在法典中。

① 根据我国《澳门刑事诉讼法典》第 1 条的规定，社会报告书是指在科处及执行刑事制裁方面，由有权限向法院提供技术辅助的社会重返部门所制作的文件。该文件的目的是协助法院认识嫌犯的人格，以及有需要时认识被害人的人格，包括他们融入家庭和从事职业上的社会生活方面的问题。下文所提及的"社会技术员"，是在社会重返部门工作的专门人员。参见周士敏著：《澳门刑事诉讼制度论》，国家行政学院出版社 2001 年版，第 204 页。

② 周士敏著：《澳门刑事诉讼制度论》，国家行政学院出版社 2001 年版，第 204 页。

③ ［德］克劳思·罗科信著，吴丽琪译：《刑事诉讼法》，法律出版社 2003 年版，第 466 页。

④ 附随问题，是指诉讼中偶有出现，可能影响审判的问题。参见周士敏著：《澳门刑事诉讼制度论》，国家行政学院出版社 2001 年版，第 178 页。

⑤ 黄道秀译：《俄罗斯联邦刑事诉讼法典》，中国政法大学出版社 2002 年版，第 207 页。

⑥ 中国政法大学澳门研究中心、澳门政府法律翻译办公室：《澳门刑法典》、《澳门刑事诉讼法典》，法律出版社 1997 年版，第 147 页。

该法典第456条规定："具执行权限之法官须就关于刑罚与保安处分之执行及责任之消灭之任何附随问题作出裁判，尤其是关于罚金之延迟缴纳、罚金之分期缴纳、以劳动代替罚金或将罚金转换为监禁等问题。"① 从域外国家和地区对刑事评议程序中有关附随问题的规定来看，这一问题尽管不直接涉及被追诉人的刑事责任问题，但是对附随问题的处理会影响到诉讼程序的公正性以及当事人权益的保障等诸多问题，因此有必要给予充分关注。

（三）刑事评议规则之比较

刑事评议规则是评议主体进行评议活动时应当遵循的准则，它直接指引评议主体如何进行评议活动，对评议程序的顺利进行起着重要作用。因此，各个国家和地区都相当重视评议规则的合理建构，从而形成了较为精细的评议规则体系。

1. 秘密评议规则

秘密评议规则指评议活动以不公开的方式进行，并且不得向外界透露与评议相关的任何信息。大陆法系国家的法学理论认为，秘密评议规则包括两项内容：一是评议过程不公开；二是事后每位参与评议的法官和陪审员都应就评议与表决结果保密。这两项内容相辅相成、缺一不可。

首先，关于评议过程不公开。法国刑事诉讼法要求，"在所有法庭，评议都秘密进行。法庭进行案件评议时不得有任何外人在场，其中包括检察机关的人员与法庭书记员。但是，后来法律允许'司法旁听人员'（未来司法官）列席审判法庭对案件的评议，目的是对他们进行职业培训。但是这些旁听人员必须严格遵守其列席案件的评议秘密。另外，法庭裁判决定一经作出，列席与参加案件评议的法庭任何成员均不得泄露任何情况。"② 我国澳门地区对刑事案件进行评议表决时，除法官以外，法院的书记长参与审判的，也当然必须在场；如果书记长不参与审判，则由主持审判的法官指定的书记员（司法公务员）在场，其他人不允许在场。但是，书记长或书记员只是在场，并无评议、表决权。

其次，参与评议活动的主体有保密义务。该义务要求参与评议、表决的人员以及评议、表决时在场的人员不得透露评议及表决中发生的与案件有关的任何事情，即既不得透露案件事实的评议及表决意见情况，也不得透露案件事实以外的与解决案件有关的其他情况。此外，在其他场合，也不得就所作的评议表达任何意见。例如，《德国法官法》第43条规定，"法官即使在其职务关系终止后，仍应就评议及表决过程保密。"我国台湾地区"法院组织法"第106条规定："评

① 中国政法大学澳门研究中心、澳门政府法律翻译办公室：《澳门刑法典》、《澳门刑事诉讼法典》，法律出版社1997年版，第301页。

② ［法］卡斯东·斯特法尼、乔治·勒瓦索、贝尔纳·布洛克著，罗结珍译：《法国刑事诉讼法精义》，中国政法大学出版社1998年版，第768页。

议时各法官之意见应记载于评议簿，并于该案确定判决后三年内严守秘密。”[①] 保守评议秘密不仅是评议主体的职业道德问题，也是一项法律和纪律规则。《澳门刑事诉讼法典》第348条明确规定，对违反保密规定者，“处以《刑法典》第335条所规定之制裁，但不影响可能引致之纪律责任。”[②] 合议庭评议及表决的记录在判决书作成后，书记员就此所作的记录，必须立即予以销毁。可见，我国澳门地区的审判笔录仅保存法庭审判及宣判的笔录，而不得保存合议庭评议及表决的任何材料。违反这一规定的，同样属于违反司法保密行为。[③]

秘密评议规则在大陆法系国家向来被看做是法官独立的守护神，它有利于防止各种社会力量对合议庭审判的不当甚至非法干预，保持合议庭的独立性和司法权威。同时秘密评议还有利于保证合议庭成员的人身安全。如果某合议庭成员对案件持否定性意见，于被告不利，假设利害关系人得知此情况，则可能影响该成员的安全。因此，秘密评议可减轻合议庭成员的顾虑，使其能真正畅所欲言，充分讨论、辩驳。

2. 及时评议规则

及时评议规则，是指在法庭审理终结后，合议庭应当立即且不间断地对案件进行评议，没有特殊情况，不得拖延。关于及时评议规则，我国澳门地区刑事诉讼法要求，案件在法庭讨论终结后，作为原则一般应立即进行评议，使法官以法庭审理时获得的信息立即成为形成内心确信的基础。如果因案件特殊而不能进行立即评议，须由法官批示。[④]《意大利刑事诉讼法典》第525条也规定了立即评议规则，“1. 判决在法庭审理结束后立即评议作出。…… 3. 除第528条的规定外，只有在非常必要的情况下才能中断评议”[⑤]。对于简单案件，评议时间一般较短，对于重大、复杂或疑难案件，或适用法律有较大分歧的，则视具体情况作多次评议，评议时间往往较长。评议既可以一次完成，也可以经过多次。但无论如何，评议应连续进行，且不能过分拖延。在美国，陪审团评议案件时，对于简单案件，评议时间一般为2至3小时；如果案件较为复杂，则评议的时间往往较

① “因法院合议裁判案件，应确实依照法院组织法第一百零一条至第一百零六条之规定办理，并应尊重受命法官及陪席法官之意见……如有不同意见，应记载于评议簿……足见评议保密之重要性。”参见管欧著：《论法院组织法》，三民书局1979年版，第399页。

② 《澳门刑法典》第335条为违反司法保密罪，最高刑罚为2年徒刑或科最高240日罚金。参见周士敏著：《澳门刑事诉讼制度论》，国家行政学院出版社2001年版，第202页。

③ 周士敏著：《澳门刑事诉讼制度论》，国家行政学院出版社2001年版，第203页。

④ 周士敏著：《澳门刑事诉讼制度论》，国家行政学院出版社2001年版，第201页。

⑤ 黄风译：《意大利刑事诉讼法典》，中国政法大学出版社1994年版，第186页。

长，有的甚至需耗时几天。[①] 从上述规定可以看出，合议庭在庭审结束后应立即进行评议，但对于评议期限各国都没有具体规定，而是视具体案情而定，但应符合及时原则。为了促使有关刑事评议主体及时行使评议权利和履行评议义务，防止出现评议延误，刑事评议行为应连续进行。评议主体过分迟延行使评议权利的行为，除具有法定原因并经司法机关同意外，应视为无效。

3. 资历浅、年龄小先发表评议意见规则

资历浅、年龄小先发表评议意见规则，是指在刑事评议过程中，应首先由资历浅的评议主体发言和表决，如果资历相同，则由年龄较小的评议主体先发言和表决。在刑事评议程序中，如果资深年长的法官——特别是审判长先行陈述评议意见，那么资历浅且较为年轻的法官因经验有限，或对案情了解不够而不敢阐明自己的主张，这与评议之本意有悖。我国澳门地区刑事诉讼法要求在评议表决中，由主持审判的法官负责收集意见，通常是先听取服务年资最短的法官的意见，主持审判的法官最后发表表决意见。[②]《意大利刑事诉讼法典》第 527 条规定，庭长从资历较浅的法官开始收集意见，庭长最后表态。在陪审法院的审判中，人民陪审员首先表态，并从资历较浅者开始。[③] 我国台湾地区“法院组织法”要求，“评议时推事应各陈述意见，其次序资浅者为先，资同以年少者为先，直至审判长为终”[④]。《法国刑事诉讼法典》要求“最年轻的”陪审官首先发言，庭长最后发言。[⑤]《德国法院组织法》第 197 条规定，制作判决书之法官最先投票表决，之后为陪审法官（且为年轻的较年长的先投票）；其后为第二位陪审的职业法官；最后才轮到审判长。如尚有其他职业法官共同审判时（联邦高等法院，联邦最高法院），则依在职年资长短决定之，如为同年资时，则由年纪较轻者先为投票表决之。审判长则均为最后之投票表决者。此项规则之意义为，要维持较年轻的、层级较低的或较无经验的法官在表决时之独立性。[⑥] 从总体来看，在合议庭评议案件时，每个法官都必须陈述自己的意见，首先由年龄较小或资历较浅

---

① ［美］F. J. 克莱因著，刘慈忠译：《美国联邦与州法院制度手册》，法律出版社 1988 年版，第 76 ~ 79 页。

② 周士敏著：《澳门刑事诉讼制度论》，国家行政学院出版社 2001 年版，第 202 页。

③ 黄风译：《意大利刑事诉讼法典》，中国政法大学出版社 1994 年版，第 186 页。

④ 吕丁旺著：《法院组织法》，三民书局 1984 年版，第 157 页。

⑤ ［法］卡斯东 · 斯特法尼、乔治 · 勒瓦索、贝尔纳 · 布洛克著，罗结珍译：《法国刑事诉讼法精义》，中国政法大学出版社 1998 年版，第 774 页。

⑥ ［德］克劳思 · 罗科信著，吴丽琪译：《刑事诉讼法》，法律出版社 2003 年版，第 454 页。

的法官投票，然后由年龄较大或资历较深的法官投票，审判长最后发言。[①]

从上述国家关于评议顺序的规定可以看出，他们关心合理发言顺序对于评议活动的影响。合理的发言顺序可以避免评议主体在发言时受到其他成员意见的不当干扰。就一个资历浅的年轻法官而言，在资深法官事先展示了与自己不同心证的情况下，难免出于敬重或人情世故、顾虑或盲从等原因，迎合前者的意见，不敢或不愿展示自己的真实心证，而以虚假的评议意见来应付合议庭评议。反之，资历较深的法官受这种影响的可能性较小。如此，刑事评议顺序的设置能够保障每一个成员畅所欲言，真实展示自己的心证形成过程，充分阐述自己对案件事实、证据和法律适用等问题的看法和意见，除自身的自由意志外，评议主体免受其他合议庭成员的不当干扰。

4. 禁止弃权规则

禁止弃权规则，是指评议主体必须履行对案件的评议职责，不得放弃对案件的评议。在我国澳门地区，对一个案件要进行多次表决。对任何一个问题的表决，每一个法官都不得弃权。[②] 我国台湾地区“法院组织法”要求，“评议时，各个推事均应陈述意见，不许缄默，以防其推诿卸责。”[③] 在法国，轻罪案件评议时，每一司法官均表明自己的意见与看法。[④] 通过上述规定可以看出，评议主体的权利与义务是统一的，放弃自身权利即意味着不履行其应尽的法定义务。因此，在刑事评议活动中，评议主体是不能弃权的。另外，由于法官的个体因素存在差异，即使出于法官的良知和正义的信念，其对证据采信、事实认定和法律适用也会出现不同见解，其中可能包括不当的、甚至错误的看法，况且还不能完全排除个别法官的不正当行为。而合议庭评议案件时，每个法官积极行使审判权，就能抵消这些消极的后果。如果允许法官弃权，就极大减弱了这一功能的实现程度，有悖于合议制和案件评议制度设计的价值取向。综上所述，在合议庭评议案件时，合议庭成员不能以任何方式放弃对案件进行表决的权利。

5. 心证展示规则

心证展示规则，是指合议庭评议案件时，评议主体必须说明对案件的评议理由，使其他评议主体了解自己的观点及其理由。关于心证展示规则，在我国澳门地区的刑事评议活动中，每个法官发表的评议意见，都必须说明理由。如果是对

---

① 左卫民、汤火箭、吴卫军著：《合议制度研究——兼论合议庭独立审判》，法律出版社2001年版，第66页。

② 周士敏著：《澳门刑事诉讼制度论》，国家行政学院出版社2001年版，第201页。

③ 吕丁旺著：《法院组织法》，三民书局1984年版，第157页。

④ ［法］卡斯东·斯特法尼、乔治·勒瓦索、贝尔纳·布洛克著，罗结珍译：《法国刑事诉讼法精义》，中国政法大学出版社1998年版，第774页。

认定事实问题发表意见，则尽可能指出其用作形成心证的证据根据。[①] 在我国台湾地区，审判长主持评议时，应遵守法院组织法之规定，由参与审判之法官，充分陈述意见后，再进行评决。[②] 展示心证、说明理由是刑事评议行为合法性的内在要求，而说明理由是展示心证的直接结果，展示心证是说明理由的外化过程。同时，只有在刑事评议过程中展示心证、说明理由才有利于实现刑事评议程序的功能，防止评议主体隐藏真实意思。合议庭的功能并不仅仅是以获得多数意见为满足，在每个法官对案件进行评议表决的过程中，通过展示其作出判断的心证及其支持心证的评议理由，会促使评议主体间在评议程序的隔音空间内展开讨论，相同或相近的心证、评议理由与相互矛盾的心证和评议理由之间的激烈碰撞会促使法官重新审视其心证过程及评议理由的充分性，并经过相互探讨、悉心推敲得出确定性结论。

6. 依优势评议意见决定规则

依优势评议意见决定规则，是指案件的评议结果应由占优势地位的评议意见来决定。就域外的立法例来看，这个规则有两种情况，一是依绝对优势评议意见决定规则，如 1990 年《美国联邦刑事诉讼规则》第 31 条（A）规定，“陪审团裁定必须一致通过”。二是相对优势评议意见决定规则，即评议结论由过半数的评议意见决定，如我国澳门地区刑事诉讼法要求评议以简单多数票形成决定。我国台湾地区“法院组织法”第 105 条规定：“评议以过半数之意见决定之。”[③]

在一般情况下，多数评议意见的确定较为简单，如我国台湾地区“法院组织法”第 105 条规定：“如为法官三人之合议庭，以二人之同意为过半数，法官五人之合议庭，以三人之同意为过半数决定之。”[④] 其实，法律在设立合议庭制度的时候，要求合议庭的组成人员必须是 3 人、5 人的单数，不得由双数人员组成合议庭，其目的无非是在合议庭评议案件进行表决时，能够形成多数意见。但是，在不能形成多数意见时，如何确定呢？对此问题，我国澳门和台湾地区的立法规定了详尽的确定规则。在澳门，出现两种以上的意见时，则将赞成较重制裁的票数算入赞成次重制裁的票数。具体而言，在确定制裁的表决中，应遵循以下规则：第一，以多数票制作判决；第二，以对嫌犯较为有利的意见的多数制作判决，在有 3 名法官而出现三种制裁意见时，最重制裁意见一票，计入次重意见的票数，便形成多数票制作判决。[⑤] 在我国台湾地区，“如法官之意见，分为三种，

---

① 周士敏著：《澳门刑事诉讼制度论》，国家行政学院出版社 2001 年版，第 201 页。

② 管欧著：《论法院组织法》，三民书局 1979 年版，第 401 页。

③ 同②。

④ 同②。

⑤ 同①。

各不过半数时，则其决定之方法如此：……关于刑事之决议，如法官之意见分三说以上各不达过半数时，以最不利于被告之意见，顺次算入次不利于被告之意见，至达过半数为止”[①]。上述计票规则非常有效地防止了出现三种以上意见时不能形成多数票以至于无法有效作出刑事评议意见的情况发生。

（四）域外刑事评议程序的总结与评价

通过对域外上述国家和地区有关刑事评议立法的比较，我们可以得出以下结论：

第一，从域外各个国家和地区对刑事评议程序的规定看，无论是刑事诉讼法还是法院组织法，其内容都涵盖了评议主体、评议客体和评议规则。相对而言，大陆法系国家和地区大都在立法中明确规定刑事评议的主客体以及评议规则，如我国台湾地区“法院组织法”和我国《澳门刑事诉讼法典》。而英美法系国家一般将评议主体、评议客体隐含于评议规则之中，并不明确分开，如《美国联邦刑事诉讼规则》即是如此。另外，大陆法系国家的刑事评议程序更注重理论性和实务性的结合，而英美法系国家更注重评议程序的实际运作。

第二，因为评议活动是在评议主体间进行的沟通与对话，因此，如何保证评议主体表达真实意思是各个国家和地区评议程序所关注的首要问题。为此，大部分域外国家和地区都规定了发言顺序限定规则。在有陪审员参与评议的案件中，一般由陪审员先发言；在没有陪审员参与评议的案件中，一般由资历浅、较为年轻的法官先发言。在实行陪审团制的国家和地区中，强调法官对陪审团评议不能产生不应有的压力，如法律对于法官给予陪审团指示的限制。这样可以确保评议主体发表意见的平等性，保证其在评议过程中免受其他主体的不当干扰。我国台湾地区“法院组织法”、澳门地区刑事诉讼法以及法国法院组织法都规定了发言顺序限定规则，要求资历浅而年轻的法官先发言，资历深而年老的法官后发言。这一规定体现了上述国家和地区的立法者对评议主体之独立的实质关怀。从过程上看，如此程序安排有利于保障法官的平等发言权，防止评议程序异化为实质上的一言堂；从评议结果看，这样评议符合集体评议的要求，在法官之间评议意见相互碰撞的过程中，评议结果的全面性与准确性得以彰显。

第三，法国、意大利、我国澳门和台湾地区的立法都要求参加刑事评议的人员必须是已经参加过法庭审理程序、了解案情的合议庭组成人员，由其他人员参加评议程序得出的评议结果无效。但如果个别合议庭成员具备法定事由，确实无法参加评议或继续评议，则应由始终在场的替补法官和陪审员继续进行评议活动或者重新开始审判程序。这些规定的重要价值之一在于有利于预防不应参与评议的人员参与评议，干扰评议活动的顺利、公正进行，使评议主体免受外界压力，

① 管欧著：《论法院组织法》，三民书局1979年版，第401页。

从而在评议活动中发表自己较为真实的评议意见。

第四，域外立法对刑事评议客体的规定较为一致，即都把被告人的刑事责任问题作为刑事评议的主要对象。不仅如此，法国、我国澳门地区的刑事诉讼立法都较为明确地规定，评议客体应包含以程序性事项为重要内容的附随问题。这无疑使评议客体更加全面。同时，俄罗斯、我国澳门地区刑事诉讼法都对评议客体进行了细化，使评议主体更能有序地进行评议活动。这样，评议主体在评议程序的规制下，针对明确、全面的评议客体进行卓有成效的评议活动，所产生的评议结果就满足了实体正义与程序正义的双重要求。如此得出的评议结论必将具有合法性而被社会公众所认同和接受。

第五，除意大利外，许多国家和地区的刑事诉讼法都规定了较为严密、明确的评议规则，如我国台湾地区与澳门地区都比较详细地规定了评议票数的计算规则以及发言顺序限定规则等评议规则，使合议庭的评议活动有章可循。特别是对于秘密评议规则，各个国家和地区都作了专门规定。然而秘密评议是把“双刃剑”。首先，对案件的评议秘密进行，审判人员怎么评议，当事人无从知晓，因此对审判人员评议的制约和监督就弱化。其次，在秘密评议情况下，由于监督机制的弱化，不能避免有些案件的评议活动走过场。除主审法官外，其余合议庭成员往往合而不议、议而不决，很难发挥合议庭的作用。最后，由于评议活动的秘密进行，即使是面对一个富有良知的裁判，诉讼中利益受损的一方当事人和公众仍可能怀疑其裁判的公正性，更谈不上心悦诚服地接受裁判。当事人对本来公正的裁判结果仍可能申请检察机关抗诉或申诉，从而造成不应有的缠讼发生。裁判的公正性仅仅由审判人员自己相信是不够的，还必须让当事人甚至社会公众相信。从各国的评议规则看，他们都坚持评议的秘密性，而且设计出克服秘密评议之缺陷的评议规则体系。因此我们有理由相信，只要规则设计的科学合理、程序井然有序，再加上评议人员对评议理由的说明，就可以抑制秘密评议所带来的弊端。

三、我国刑事评议程序的现实考察

（一）我国刑事评议程序的立法现状

在我国，有关刑事评议程序的规定散见于《人民法院组织法》、《刑事诉讼法》和最高人民法院的司法规则中。

从我国《人民法院组织法》的规定来看，其第 10 条仅仅为合议制审判提供了效力层级较低的组织法上的支撑，但是对于评议活动的内容及其运作机制则没有涉及。只是现行《刑事诉讼法》在重申合议庭审判地位及其构成的基础上，对与刑事评议程序有关的问题作出了一些规定。《刑事诉讼法》第 148 条规定：“合议庭进行评议的时候，如果意见分歧，应当按多数人的意见作出决定，但是少数人的意见应当写入笔录。评议笔录由合议庭的组成人员签名。”此外，该法第149条还规定：“合议庭开庭审理并且评议后，应当作出判决。对于疑难、复杂、重大的案件，合议庭认为难以作出决定的，由合议庭提请院长决定提交审判委员会讨论决定。审判委员会的决定，合议庭应当执行。”

为了规范合议庭的评议活动，最高人民法院出台了《关于人民法院合议庭工作的若干规定》，以补充《人民法院组织法》和《刑事诉讼法》的立法缺陷。其对合议庭评议程序的规定主要涉及以下内容：第一，对案件评议程序启动期限的规定，即合议庭评议案件应当在庭审结束后5个工作日内进行。第二，对评议时发言顺序的规定，即合议庭评议案件时，先由承办法官对认定案件事实、证据是否确实、充分以及适用法律等发表意见，审判长最后发表意见；审判长作为承办法官的，由审判长最后发表意见。对案件的裁判结果进行评议时，由审判长最后发表意见。合议庭成员进行评议的时候，应当认真负责，充分陈述意见，独立行使表决权，不得拒绝陈述意见或者仅做同意与否的简单表态。同意他人意见的，也应当提出事实根据和法律依据，进行分析论证。第三，对评议异议的处理规定，即合议庭进行评议的时候，如果意见分歧，应当按多数人的意见作出决定，但是少数人的意见应当写入笔录。评议笔录由书记员制作，由合议庭组成人员签名。第四，其他评议规则，即合议庭应当按照规定的权限，及时对评议意见一致或者形成多数意见的案件直接作出判决或者裁定，但是对下列案件，合议庭应当提请院长决定提交审判委员会讨论决定：（1）拟判处死刑的；（2）疑难、复杂、重大或者新类型的案件，合议庭认为有必要提交审判委员会决定的；（3）合议庭在适用法律方面有重大意见分歧的；（4）合议庭认为要提请审判委员会讨论决定的其他案件，或者本院审判委员会确定的应当由审判委员会讨论决定的案件。合议庭对审判委员会的决定有异议，可以提请院长决定提交审判委员会复议一次。合议庭一般应当作出评议结论或者审判委员会作出决定后的5个工作日内制作出裁判文书。

（二）我国刑事评议程序存在的问题

由于刑事评议程序立法不完善，致使形式评议活动在实际运作过程中出现独立评议困难、评议走过场、评议活动无法有效进行等突出问题。

1. 合议庭难以独立进行评议

我国《刑事诉讼法》规定，合议庭开庭审理并且评议后，应当作出判决；只有对那些疑难、复杂、重大的案件，合议庭认为难以作出决定的，才可以由合议庭提请法院院长决定提交审判委员会讨论决定。最高人民法院《关于人民法院合议庭工作的若干规定》界定了“疑难、复杂、重大”案件，但仍然过于原则和抽象，难以操作。特别是该规定第12条第4项“合议庭认为需要提请审判委员会讨论决定的其他案件，或者本院审判委员会确定的应当由审判委员会讨论决定的案件”的规定，更是存在明显的不确定性。审判委员会评议案件违背直接言词原则，并直接妨碍合议庭独立审判。而且法院内部管理模式具有极强的行政色彩，法官等级地位、权限职责的行政划分在一定程度上会使法官在进行案件评议时瞻前顾后，有所顾忌。另外，审判委员会通常由院长负责召集，在实践中有些审判委员会讨论案件时不能排除受院长个人意志的左右，导致评议活动程序的正当性和结果的准确性受到一定的影响。同时法院内部实行错案追究制，即使法官有良好的品质，但是趋利避害的心理也使合议庭或承办案件的法官乐于将评议案件的风险转移，而审判委员会便成为这种风险转移的最好对象。这样，合议庭在一定程度上就会遵照院长、审判委员会指示进行评议，并作出裁判，从而使合议庭独立评议很难在我国刑事诉讼中完整得以体现。

2. 评议功能难以实现

在刑事评议活动中，要求每个法官都如实、充分地陈述自己对案件裁判的意见。但在我国司法实践中，刑事评议活动一直存在这样的不正常现象，即名义上是合议庭进行评议活动，而实际上由于每个具体案件只有一个承办人，其他合议庭成员虽然在形式上参与审判活动，但是往往敷衍了事，并不真正履行职责，以致成为庭审的陪衬，而主审人却要独自一问到底，致使在评议阶段，主审法官的评议意见“一枝独大”，而合议庭其他法官消极评议的态度使得主审法官的评议意见最终决定评议结果。我国《刑事诉讼法》关于评议程序的规定仅有第148条，即“合议庭进行评议的时候，如果意见分歧，应当按多数人的意见作出决定，但是少数人的意见应当写入笔录。评议笔录由合议庭的组成人员签名”这样简单、粗糙的规定，使合议庭评议的随意性很大，加之法院内部对审判人员的考核主要以个人承办案件和办理情况作为考核指标，与合议庭其他人员关系不大。因此，在无具体评议程序的制约下，合议庭评议案件往往只剩下表决。合议制度的关键在于通过充分的讨论参与，体现合议庭制度相对于独任审判的优越性。而在我国诉讼实践中，由于合议庭实际上是以案件承办人为中心运作的，加之法官们往往时间紧、工作量大，致使合议庭对案件的评议机制简单化，且缺乏主体间有效的交流。表现在：一是案件承办人往往是讨论过程的主持者或主要的评议意见的发表者，他的观点、意见在相当程度上决定着案件的最终评议结果；二是合议庭讨论的广度不够，即合议庭往往只对一些关键证据、主要案件事实及适用法律问题进行讨论研究，对其他问题一般视而不见，并不进行有效的评议；三是合议庭讨论的深度不够，即合议庭一般只就案件本身所涉及的事实或法律问题进行简单交流，缺乏激烈的探讨和辩论。因此，合议庭评议机制的简单化、随意化已是不可避免的。另外，由于我国《刑事诉讼法》没有对刑事评议程序进行明确的阶段划分，导致表决一次完成，也由于评议客体没有被细化，这样，评议主体往往综合、笼统评议，从而加剧了评议的形式化。

3. 评议规则欠明确

我国《刑事诉讼法》只是规定了案件评议出现分歧时，如果能够形成多数意见，则按照“少数服从多数”的原则确定评议结论，但是如果出现三种以上意见时，合议庭便难以有效选择评议结论，致使这种简单的程序问题衍变成复杂、疑难问题而交由审判委员会讨论决定。而根据司法审判活动的基本规律，合议庭结束审理活动后，应迅速、不间断地进行评议活动。只有这样，裁判者以公开、直接、言词进行的法庭审理活动，才会对合议庭评议发挥应有的作用。法庭审理过程中形成的对案件事实的切实的感性和理性判断才能成为评议的基础，也只有这样，才能防止来自新闻媒体、社会舆论以及各种势力对评议活动的不当侵扰，保障裁判的公正。我国《刑事诉讼法》并未明确规定评议应及时、不间断地进行，导致评议主体在庭审中形成的对于案件事实和证据的印象受到一定程度的削弱，而且难以防止各种不当因素对合议庭评议的干扰，在客观上为各种势力的非法干预打开了方便之门。[①] 另外，由于评议保密制度的缺失，司法实践中常有合议庭成员或书记员向有关或无关人员任意谈论或有意透露评议内容的情形，这不但造成对司法权威的贬低，而且使合议庭其他成员面临极大的潜在风险。

（三）我国刑事评议程序现状的成因分析

1. 立法原因

我国1996年《刑事诉讼法》修改之前，法院在庭审前要对案件进行实质性审查。具体而言，公诉案件由检察院全案移送案卷，法官常常积极、主动地调查核实案情。在法官认为案件事实清楚、证据确实充分时才能开庭审理案件，这就容易形成法官对案件的预先判断。同时审判委员会常常对案件如何判决提出意见，合议庭根据审判委员会意见进行评议表决，以至于开庭审判完全流于形式，合议庭独立裁判异化为审判委员会和院长独立裁判，在此基础上的刑事评议程序也就无足轻重了。对合议庭评议主体、客体和规则的具体立法，以及保障规范合议庭正当行使评议权的制度自然无足轻重。修改后的《刑事诉讼法》顺应现代刑事诉讼理念，借鉴外国先进经验，并根据我国国情进行本土化改造，其中重要的改革举措是检察院提起公诉时只移送起诉书和主要证据复印件等相关材料，法院进行程序性审查，防止法官在庭审前对案件形成预断。但是，由于我国法官整体素质不高、案件疑难复杂等原因，致使合议庭当庭认证出现极大困难，其结果是评议阶段部分地承担了本应由庭审阶段所应承担的认证功能，而评议程序自身的功能则因无法承受如此沉重的现实压力而难以得到有效实现。更为严重的是，1996年《刑事诉讼法》对合议庭评议程序的规定过于简略、粗疏。程序间的体

① 虽然最高人民法院出台的《关于人民法院合议庭工作的若干规定》对于及时评议有所涉及，但是在司法实践中往往得不到很好的执行。

系化建构缺位，致使庭审与评议相互脱节，审与判之间得不到刑事评议程序的有力支撑，严重制约着合议庭功能的正常发挥。众所周知，评议是评议主体运用理性和智慧把抽象的法律运用于具体案件的过程，是对案件进行综合评价并最终作出确定性结论的过程。评议程序设计的优劣直接影响着实体正义和程序正义的实现。因此完善我国的刑事评议程序，使之成为连接庭审和裁判之间的稳固桥梁是我国刑事诉讼制度不断走向成熟的一个重要标志。

2. 现实原因

合议庭功能难以发挥、职权不能有效行使以及审判管理机制运行不合理是我国现行刑事诉讼立法和司法实践中暴露出来的突出问题。审判方式改革本意在于强化合议庭功能，其结果必然使得刑事评议程序的有效运作得以强化。但从目前的实施现状看很不理想。一方面，案件的最终裁判权集中在院长、庭长及审判委员会层面，事实上合议庭的裁判权被分割，加之缺乏合议庭内部的有力支持，致使整个评议活动流于形式。2000 年 7 月，最高人民法院颁布实施《人民法院审判长选任办法（试行)》后，指明审判长可以依照规定权限签发法律文书，以求逐步取消由庭长、主管院长审批案件的做法，改变“审、判分离”的现实状况。实践中，审判长选任制实施以后，庭长、副庭长对案件行使审批权的现象在一定程度上得到制约，与此相应，各级法院的庭长、副庭长出庭担任审判长审理案件的数量也有所增长。但从最高人民法院《关于人民法院合议庭工作的若干规定》第 12 条来看，所谓“还权于合议庭”是有条件的，长期以来盛行于法院内部的行政化审判管理模式并没有因此而发生实质性变化，院长、庭长仍然保留着对案件处理的实际决定权。而合议庭自身“合而不议”的不良现象依旧严重，还权于合议庭的目标难以实现。现实司法运作使得合议庭在法院审判管理架构中的地位较为渺小。按照现行法律规定，合议庭虽然是基本的审判组织形式，却并不拥有足够的司法权力。审判委员会作为法院内部最高的审判组织形式，其所形成的结论不管与合议庭的意见是否相同，合议庭必须执行。司法实践中现实存在的院长、庭长列席合议庭评议，或者通过召开庭务会或审判长联席会议的形式来影响案件评议意见的实际做法在一定程度上也影响合议庭独立评议。另一方面，合议庭成员对案件的参与程度不同，对案情的了解掌握程度不一，这导致在评议程序中讨论事实认定和法律适用时拥有的发表评议意见的机会不同。合议庭组成后，一般要指定一人作为案件承办人，由其负责阅卷、拟订调查提纲、确定庭审重点、提出对案件的处理意见、起草裁判文书等，承办人几乎包揽了案件的绝大部分实质性审理活动，因而在合议庭评议时，主要由其发表评议意见，以至于对案件的最终处理拥有较大的影响。而其他人员一般是在庭审过程中才在一定程度上对案情有所了解，在评议时大多发言简略，不能充分展示自己的心证，在评议意见的形成上往往主要依赖案件承办人，这使得实践中合议庭的评议活动往往只是本来的评议主体根据承办人的意见进行轻描淡写的表态。又由于当前法院对法官的不合理考核制度影响评议主体的积极性，弱化其责任感，使评议流于形式。合议机制要求合议庭审理案件时，应由全体成员共同、积极、有效参与，即从庭前准备到案件结束，全体成员共同决定审理方案，共同参加法庭审理，评议中共同确认事实、适用法律并作出裁判。这种自始至终各个成员责任均等的审判机制，要求在对合议庭审结的案件进行考核和责任追究时平等的分担错案责任。但是，在实践中，大多是案件直接分配给承办人，其作为案件最主要的审理者，在承担案件绝大部分审理工作的同时，也要对案件处理不当等问题负有最主要、最直接的责任。一旦出现错案，除非承办人证明自己没有过错，否则，他要承担不应有的、几乎是全部的责任。合议庭其他成员虽然参与了案件审理，但一般不会被追究。总而言之，承办案件的数量和质量与承办人实际利益密切相关，而与合议庭其他成员关系不大，这导致合议庭其他成员缺乏审理案件的积极性，在刑事评议活动中更是缺乏责任感。上述两个方面互为因果，形成恶性循环，造成审判管理机制运行不合理，既违背了司法的客观规律，又不利于实现刑事评议程序的有效运行。

3. 观念上的原因

考察我国刑事评议程序可以发现，观念因素也是影响该制度健全与完善的重要因素。首先，法学界与实务界还未充分认识到评议程序在整个刑事诉讼中的重要地位以及对案件程序公正和实体处理的影响。随着检察官提前介入案件的立法规制，加上对案件证据的综合认定，刑事评议程序越来越承担起对案件事实和法律评价的关键作用。如果说刑事评议程序的关键作用还未得到应有关注的话，那么刑事诉讼的实体和程序正义的实现几乎是不可能的。其次，一些保守观念根深蒂固，如认为合议庭无需独立、评议程序多余的思想仍然存在。在这种观念影响下，院长、庭长以及审判委员会实际拥有案件的最终裁判权。当他们对案件处理有不同意见时，即使是承办人的意见也可能会发生变异。在案件被提交审判委员会讨论的情形下，承办人的意见一般也仅具有参考价值，其对审委会委员的有限影响仅在于案件的事实方面。在这种观念指导下建构起来的合议庭及其评议程序的虚置是必然的，这也使得评议人员乐得其所，因为这样他们就可以将责任推到实际的案件裁判者身上，对职业风险的规避是顺理成章的。最后，对刑事评议程序的正当性缺乏足够的认识。正当性是指：“对行使权利而产生的结果，人们作为正当的东西而加以接受时，这种权利的行使及其结果就可以称之为具有‘正当性’或‘正统性’（legitimacy）”[①]。然而，法律运行过程中客观存在的诸多不

① ［日］谷口安平著，王亚新译：《程序的正义与诉讼》，中国政法大学出版社 1996 年版，第 10 页。

确定性，如法律条文的不确定性、事实认定的不确定性和法律以外的其他社会和个人因素（甚至非理性的因素）的不确定性等。[①] 妄图对每件案件都找到一种完全确定的结果作为衡量评议程序是否合乎正义的外在标准是相当困难的。王亚新先生也认为："把对处理结果在实体内容上的正确性的理解相对比，将纠纷处理着眼点移向程序本身，强调为当事者自主秩序的形成努力提供秩序的框架或程序的保障就成为一种必要的正当化策略。"[②] 总而言之，实现裁判结果的过程本身所具有的正当性，当然也包括案件评议过程的正当性已被提到了非常重要的位置，具有十分重要的价值，如果认识不到这种价值或对这种价值认识不够，必然影响形式评议程序的建构和运作。

四、完善我国刑事评议程序的构想

纵观域外刑事评议程序，我们可以发现，许多国家和地区都仅仅将评议客体单列出来进行说明，而将评议主体和评议规则掺杂在一起，导致条理不够清晰。笔者从评议主体、评议客体和评议规则三方面分别展开论述，努力为完善我国刑事评议程序提供具体的可行性方案，并力求完整勾勒出我国刑事评议程序的基本蓝图。

（一）评议主体的平等、同一

首先，评议主体平等要求评议组织内部的评议人员，无论知识、经验以及职务的高低，在评议活动中有平等的表决权，不允许资历深的评议者对资历浅的评议者造成压制。因此，针对我国法官和陪审员都参与案件定罪和量刑以及为数众多的法官都有相应级别的现状，立法应明确规定评议主体无论职务高低，每人均有一票表决权，且效力相同。同时，在评议规则的设置上要保护弱势评议主体的独立评议权，使其充分、真实地发表其评议意见。此外，从长远看，建议改革案件承办人制度和错案追究制度，使每一个评议主体平等参与到案件的审理和裁判中，从而拥有实质上的平等表决权，加强对案件评议的责任心。

其次，评议主体同一要求参与刑事评议程序的主体不可随意变更、增减。欲实现评议主体同一，笔者认为，第一，针对更换法官、人民陪审员随意性大的现状，[③]《刑事诉讼法》应明确规定，有权参与评议活动的主体只能是直接参加案

---

① 王晨光：《法律运行中的不确定性与"错案追究制"的误区》，载《法学》1997 年第 3 期。

② 王亚新：《论民事、经济审判方式的改革》，载《中国社会科学》1994 年第 1 期。

③ 在我国目前的刑事诉讼程序中，更换法官、人民陪审员没有法定的程序可供遵循，具有很大的随意性。参见陈卫东、刘计划：《论集中审理原则与合议庭功能的强化——兼评〈关于人民法院合议庭工作的若干规定〉》，载《中国法学》2003 年第 1 期。

件审理的合议庭全体成员，且不能随意更换。立法应明确规定更换评议主体的具体情形，一般包括：因回避、患病等身体原因、因被追究法律责任而停职以及其他致使法官、人民陪审员不能继续参加审理、履行审判职责的情形等。并且建议设立候补法官、候补陪审员制度，如遇到法定必须更换的情况，则需由参与庭审的候补评议主体替代，否则程序应重新开始。同时，取消院长、庭长不参与庭审而列席评议会议的实际做法，防止对法定评议主体造成不当干扰。当然，参考国外做法，实习的司法人员也可列席，但对评议内容要保守秘密。第二，评议主体应全体参与，而非部分成员参与，如果有人缺席，则不能进行评议。实践中，有的合议庭在评议案件时，只有两人参加，另一人在外地出差，两人“评议”后制作评议笔录。应当指出，这种做法并非全体成员参与，背离了合议庭评议的目的，立法应当予以禁止。另外，需要补充说明的是，从长远的发展方向来看，要将案件的最终裁判权从院长、庭长及审判委员会手中还给合议庭，以保证完整意义上的审判同一。

（二）评议客体的明确、细化

评议活动所要解决的是被告人是否构成犯罪，应否处刑以及如何处刑的问题。而犯罪与刑罚均由刑法规定，且刑法奉行相对不确定刑主义，若确保对被告人准确定罪量刑，主要依靠评议主体遵循明确、严格而富有刚性的诉讼程序把若干抽象的刑法规范以及各种复杂情节转换设定为评议的具体内容，并凭借自身的经验、理性对其作出准确评价，从而使评议客观、全面、规范，以限制恣意、专断，防止非法任意裁量。因此要保证评议活动的顺利完成，立法就必须明确评议活动的客体，并按照评议的步骤和顺序将评议客体进行细化。

针对我国刑事评议程序没有明确阶段划分、表决一次完成的综合性评议状况，笔者认为《刑事诉讼法》应对评议过程作出具体的阶段性划分，明确各阶段的评议内容，即将刑事评议程序分为两个阶段，就每一阶段的刑事评议事项分别进行评议表决：第一阶段是与案件有关的事实和证据，即定罪问题的评议及表决；第二阶段是关于量刑问题的评议及表决。而且必须先解决前者，才能进入对后者的评议、表决。在上述每一阶段上，还要对可能出现的附随问题进行评议和表决。笔者认为，有关评议客体的细化至少应注意以下几个方面的问题。

首先，在定罪问题的评议中，需要评议的事项包括三个方面。第一方面是对证据合法性、客观性和相关性的审查。例如，如果非法证据没有在庭审阶段被依法排除，那么在评议程序中，就应对这一问题进行评议，以决定是否将这些证据排除出去。第二方面是对案件构成要件事实的评议，要求每一构成要件事实都应有相应证据予以证明。从客观要件方面看，评议事项包括是否有危害社会的行为、犯罪的时间、地点和方法、危害社会的结果、刑法上的因果关系等问题；从主体要件方面看，评议事项包括被追诉人的刑事责任年龄、刑事责任能力以及精神状态等问题；从主观要件方面看，评议事项包括认识因素、意志因素和罪过类型等问题；从客体方面看，评议事项指犯罪行为侵犯了何种社会关系。第三方面是对案件是否构成犯罪的综合性评议，包括据以定案的证据之间有无矛盾，全案证据是否达到了有罪的证明标准，得出的结论是否具有排他性；被告人作出的行为是否属于排除社会危害性的行为；确定该行为是否构成犯罪，构成何罪，《刑法》哪一条、哪一款、哪一项对它作出规定；是构成一罪还是数罪以及形态等。

其次，对定罪问题进行评议后，如果合议庭经过表决确定被告人无罪，那么，合议庭只需对重要的附随问题进行评议；如果确定被告人有罪，评议主体就要对有关量刑的问题进行评议。具体内容是：第一，合议庭应考虑影响量刑的各种情节（包括法定情节和酌定情节），必要时就案件所涉及的每个从重情节进行表决。需要说明的是，我国法律并没有将人格调查作为量刑的前置性程序，因而评议主体在量刑阶段主要考虑的仅是被告人所犯罪行大小、影响量刑的法定或者酌定情节等，而对人格调查很少给予应有的重视。尽管在司法实践中法官可能对犯罪前科的关注较多，但这更多的是为了从重处罚的需要，而非针对被告人的个人情况进行个别化的刑罚处理。因此，对量刑问题进行评议时，评议主体要着重考虑被告人的人格对所要适用刑罚的影响。从长远看，针对我国刑事诉讼中缺乏对被告人进行人格调查的现状，笔者建议设立相应的人格调查机制，使人格问题真正成为影响量刑的重要因素。第二，根据影响量刑的各种情节权衡刑事责任的轻重，确定对被告人是否判处刑罚或适用某种非刑罚处理方法，应当给予被告人的量刑档次、刑种、刑度以及是否现实执行某种刑罚。第三，如是数罪，还要考虑数罪并罚的问题。

最后，在庭后评议程序中，评议主体既要对案件事实和被告人刑事责任作出评议结论，还要处理附随问题，如怎样处理被扣押的财产，如何处理物证等。重要的附随问题也要进行评议。

（三）评议规则的系统、完善

实践证明，只有设计出科学、全面、切实可行的刑事评议规则，评议主体才有章可循，从而确保评议活动的顺利进行。另外，也只有在评议规则的约束下，评议主体才不致随意评议，妨碍评议程序功能的实现。

1. 确立秘密评议规则

秘密评议要求合议庭在对案件进行评议的整个过程中都应当秘密进行。评议活动的这种秘密性是必要的。第一，秘密评议可以减少甚至杜绝各种非法因素介入评议活动，影响评议主体对案件的评议意见和最后的评议结果，更能避免权力滥用，防止司法腐败。第二，在秘密评议的状态下，裁判者可以镇定、从容地整理通过庭审所形成的认识，自由发表自己的意见，防止控辩双方以及社会各方面因素对裁判结论的非理性影响，保证合议庭的相对独立性。第三，秘密评议可以避免将合议庭成员的个人观点暴露于公众面前，既维持了决定的一致性，加强了司法权威，也有利于保护审判人员，防止不满诉讼结果的当事人对裁判者进行打击报复。

针对我国刑事评议程序中普遍存在的评议主体不分时间、地点和场合较为随便的谈及评议事项以及评议笔录保管欠妥善的现状，立法应明确规定，当事人、其他诉讼参与人等非评议主体不得参加或者旁听评议活动；评议环境相对封闭，在评议活动进行过程中没有法定事由，任何人不得与外界有任何形式的联系，外界更不得中途介入评议程序；审判机关不得任意更换既定的参加评议的审判人员，参加评议的审判人员也不得随意离开评议地点或者退出评议；参与评议的评议主体在案件审理过程中和审理结束后，都必须对评议活动的时间、地点、评议的内容和评议的结果等情况保密，特别要求对评议记录即评议笔录严格管理，非经合法授权，任何人不得查阅或复制。

2. 确立及时评议规则

及时评议是提高审判效率的需要，也是合议庭独立行使审判权、免受不当干扰的保护机制。因此，立法应明确规定，案件在法庭审理终结后应立即进行评议，使法官以法庭审理时所获得的信息作为形成内心确信的基础。如果因案件特殊而确实不能立即进行评议，须经批示。评议既可一次完成，也可经过多次。应当评议几次才能作出最后判决取决于合议庭内部是否已充分讨论案件。对于较为简单的案件，往往只需评议一次。但案情复杂、疑难或对适用法律有较大分歧、不能统一意见的，则视具体情况作多次评议，但应符合及时评议规则的要求，不可过分拖延。当合议庭经过多次评议后，评议主体间仍旧存在重大分歧时，可视为复杂、疑难、重大案件，由合议庭提请院长决定提交审判委员会讨论。在目前情况下，对于审判委员会的讨论结果，合议庭还要执行。

3. 确立资历浅、年龄小先发表评议意见规则

在我国，由于现行司法体制以及传统文化等诸多因素的影响，导致资历浅的评议主体易受到资历较深的评议主体的影响，因此合理规定评议的步骤和顺序就显得尤其重要。我国立法应明确规定，合议庭评议案件时，每个评议主体都必须陈述自己的意见；在评议时发表评议意见的顺序依次为：陪审员、法官、审判长。在具体进行评议活动时还应考虑下述情况：第一，在没有陪审员参加的评议活动中，由资历最浅的法官先发表评议意见，资历相同的，以年龄小者为先，审判长最后发表评议意见；第二，在有陪审员参加的评议活动中，由陪审员先发表评议意见，然后由法官发表评议意见。法官发表评议意见的顺序与第一种情况相同。

4. 确立禁止弃权规则

从理论上讲，绝大多数刑事裁判都是合议庭发挥集体力量、集体智慧最终形成的理性成果。但就个体而言，任何裁判实质上都包含着单个评议主体以个人的

独特视角并依据自己的知识、经验和理性对案件作出的个别性评判。裁判的最终生成就是诸多特定的个别性评价相互整合的结果。这种整合既是群体智慧的凝结，又是特定评议主体对案件进行评价的最终结论。在刑事评议活动中，每一评议主体的评议活动都是行使审判权的职权性行为。弃权就意味着评议主体主动终止审判权的运行，就是拒绝裁判，这与基本的诉讼法理相悖。诉讼法学中的一句谚语“法官无拒绝裁判的权力”正是说明了这个道理。因此，针对我国刑事评议程序中“合而不议”的弊端，立法中应明确规定合议庭每名成员都要参加评议活动，对任何一个问题的表决，任何评议主体都不得弃权。

5. 确立心证展示规则

心证是法官在案件审理过程中通过推理、分析，对争议事实所形成的印象、认识、判断或评价，以及法官对有关法律的见解。[①] 合议庭成员应当充分陈述意见形成的理由，公开心证形成过程。展示心证、陈述理由是合议庭成员之间进行观点交锋、相互影响、形成理性互动的前提和基础，也是裁判文书能够充分说明理由的前提，还是制约个别法官敷衍塞责的有效手段。因此，我国《刑事诉讼法》应明确规定，在评议时，每个法官发表的评议意见都必须说明理由。如果是对认定事实问题发表意见，则尽可能指出其用作形成心证的证据根据。《刑事诉讼法》应禁止仅仅作出结论性意见，或者对他人裁判意见的简单同意或否定。

6. 确立依多数评议意见决定规则

如果合议庭法官存在两种不同意见，无疑应按多数意见对案件作出裁判。但是，并不是对任何案件的评议结果都会存在超过半数的多数意见，如由三名法官组成的合议庭，在评议案件时有三种处理意见，或者由五名法官组成的合议庭有四种或五种意见等。在这种没有过半数意见的情况下，又该采纳何种意见对案件进行裁判？笔者认为，在不能形成多数意见的情况下，我国未来修订《刑事诉讼法》应作出如下规定：在刑事案件中若审判员或陪审员之意见形成三种以上、均没有达到过半数时，以最不利于被告的意见顺次算入次不利于被告的意见，直至达到过半数时为止。比如，在三人合议庭审理杀人案件时，案件经过评议，甲审判员认为应判处被告人有期徒刑 10 年，乙审判员认为应判处被告人无期徒刑，丙审判员认为应判处被告人死刑。那么丙审判员的死刑为最不利于被告的意见，乙审判员的无期徒刑为次不利于被告的意见，甲审判员的有期徒刑 10 年为最有利于被告的意见。按照上述规则，则以丙审判员最不利于被告的死刑意见，顺次算入次不利于被告无期徒刑的意见，即已过半数，那么，合议庭最终的评议结果为无期徒刑。

---

① 丘联功等：《心证公开论——注重于阐述心证公开之目的与方法》，三民书局 1998 年版，第 207 页。

第四章　刑事判决理由

一、问题的提出

刑事判决理由是不是一个问题？当然，这里不是说从理论上这一标题能不能成为研究课题，那是毋庸置疑的。这里的意思是说，在我国司法实践和社会层面上，刑事判决理由是不是一个社会公众关注和司法实践中矛盾突出的问题、什么时候成了一个问题及成为问题的原因。这一问题明确后，我们一般会追问下一个问题，即刑事判决理由在过去是个问题吗？如果过去不是问题，而现在为何成了一个问题呢？换句话说，是什么因素使这一原来不是问题的问题现在却成了一个突出的问题呢？这部分我们试图通过法律社会学的分析给出比较务实的回答；问题说到这里显然还不够，因为我们的研究不是仅仅为了满足好奇心，而是要解决问题的。所以我们将继续追问我们研究这一问题的意义何在，或者说是研究这一课题有助于帮助我们解决什么实际问题；最后，我们要说明研究的主要思路及方法。

（一）刑事判决理由成了问题

从政治学角度讲，刑事判决理由从近代以来一直是一个重要问题。刑事判决理由相关理论是近代依法治国理论的重要组成部分，与司法民主化、公开化有着密切的关系，是近代诉讼法中理性裁判、自由心证、心证公开等原则的要求。但我们分析的重点并不在于此，因为政治学说很多情况下并不能对社会问题的原因作出解释，而只是为其提供正当性。而且，政治学说也并不一定是普适的真理性认识，因此，我们在本章中将更多地采取一种社会学分析的角度来研究问题，更多地对中国的现实给予关注。

我国的社会情况是怎样的呢？从立法上看，新中国成立后我国不仅长期没有刑事诉讼立法，而且即使在 1979 年《刑事诉讼法》和 1996 年《刑事诉讼法》中也没有对判决理由的专门规定。20 世纪 80 年代之前的中国司法实践中则只是在规定诉讼文书格式时对刑事判决理由作了规范,[①] 长期以来，判决理由并不是一个社会和司法界关注的问题，理论界更是对这一问题极少研究。

但是同样是这一问题，在20世纪80年代以后，尤其是世纪之交前后成了中国一个十分突出的社会问题和颇有影响的学术问题。实践中，刑事判决书被说成是“不说理的判决书”，问题百出，如结构呆板、模式僵化、多数裁判文书呈现千案一面、千篇一律的程式化倾向；审判公开原则体现不足，主要表现为查明案件事实的过程过于简化，叙明各种证据和法院认定事实的关系过于概括，让人难以从中详细了解证据的采信情况；说理过于简单，在说理部分即“本院认为”中通常是一般性地陈述法院的意见，缺乏为什么作出和怎样形成这样意见的全面详实明确叙述，而只有法条数码的简单引称。看不到适用法条的具体内容，看不到控辩双方就相关法律适用的意见和理由，看不到法官在认定事实和选用法条之间逻辑关联上的阐明，更看不到法官采纳或不采纳哪一方意见及其下判的精致的法理分析。使人只知其“应然”，却不知其“所以然”。[②] 而且由于不服这种“不说理”的判决，许多被告人甚至被害人不服法院裁判、误解承办法官，上诉、申诉或四处“告状”。在学术上，关于刑事判决理由的研究也突然“走红”。据统计，从1999年到2004年，涉及刑事裁判说理性的专著有：左卫民著《刑事程序问题研究》（中国政法大学出版社1999年8月）、张志铭著《法律解释操作分析》（中国政法大学出版社1999年1月）、刘永章著《诉讼文书解析》（人民法院出版社1999年2月）、唐文著《法官判案如何讲理——裁判文书说理研究与应用》（人民法院出版社2000年9月）、龙宗智著《刑事庭审制度研究》（中国政法大学出版社2001年11月）、许兰亭著《刑事一审程序理论与实务》（中国人民公安大学出版社2002年7月）等，另有论文百余篇。仿佛一夜之间，刑事判决理由成为一个炙手可热的社会问题和学术课题。

（二）问题形成的原因

从上面的概述中我们可以看到，刑事判决理由在过去并不是个问题。过去不是问题的问题如何现在却成了一个问题呢？仅仅从观念、政治的角度来解说是不够的，当然我们并不是否认这方面所起的作用。但我们应当认识到，中国正在发生着巨大的社会变迁，这一变迁过程始于20世纪80年代的改革开放，始于计划经济向市场经济的转变，始于对经济体制的改革。这一过程造成了社会生活各方

① 新中国成立后，最高人民法院先后4次对判决文书样式作了内部规范，并以内部文件下发全国各级法院执行。其中20世纪50年代至80年代初，长期执行的是1951年《诉讼用纸格式》，规定刑事判决文书格式为“首部+法院认定事实+法院认定理由+法院判处结果+尾部”，其“法院认定理由”部分专指法律理由，即对判决所作的法理分析。

② 程志：《对裁判文书改革与深化的研究》，载《当代法学》2002年第11期。

面的巨大变化，这些变化对我国的刑事司法产生了重大影响。社会公众和学者对判决理由的关注与这些变化则有着不可忽视的关系。

1. 刑事纠纷数量激增和类型多样化

建立市场经济的过程中并不必然带来高犯罪率，但却往往伴随着犯罪的激增和类型的多样化。在西欧和美国19世纪下半叶社会工业化和现代化的进程中，社会的违法犯罪现象大量增加。[①] 我国从计划经济向市场经济的转变过程中，社会治安和社会秩序不好是一个无法否认的事实。据法社会学研究，这是由于社会的急剧变化改变了社会结构，使原来的社会中制约违法犯罪的机制打破，并没有功能上可以替代的新机制产生而引发的。一方面是社会的变化带来了冲突的社会规范，令人们无所适从进而“无法无天”，从而促使人们冒险违法和犯罪。特别是在现代化和市场经济化的过程中，物质利益具有极大的诱惑力，传统的道德和习惯的力量都难以与之抗衡，为了经济利益铤而走险的行为到处可见。[②] 另一方面是经济类型的转变、国家干预的增加和对经济秩序的保护也使新的罪名迅速增加，保险犯罪、金融票据犯罪、涉毒黑私犯罪、环境犯罪等新型犯罪是农业社会和计划经济中从来没有的，这类犯罪大多不是自然犯，用以往的社会知识和经验无法解释。这会带来两个结果：一是刑事司法系统处理案件数量大大增加，意味着司法系统能否公正地解决这些案件将涉及更多人的利益，其公正性引起社会的普遍关注就不足为奇，作为说明判决结论公正性的判决理由重要性的提升也就成了必然；二是案件新类型无法用过去的常识和经验来解释，这就要求法院对追究犯罪的正当性给予解释和说明，这也使判决理由变得越来越重要了。

2. 社会关系的陌生化与非同质化

中国20世纪80年代开始的市场经济化进程正把中国社会尤其是城市由一个熟人社会变成一个陌生人社会。市场经济的发展是以利益最大化为原则的，要求资源的最佳配置。20世纪80年代后，一方面农村出现了大量剩余劳动力，另一方面是城市中工业和商业对劳动力的需求，土地束缚的减弱及城市中较高收入的吸引引起了农村人口向城市的大规模流动。据统计，20世纪90年代跨省流动人口从80年代的不足3000万激增到超过8000万，此外还有1亿人在省内流动。[③] 21世纪初，中央开始关注农民工问题，更说明了这一流动人口的规模。对于城市来讲，大量外来人口的加入使城市的同质化大大降低，同时由于经济体制的改革也使城市人口的流动增加，最明显的是现在一辈子在一个单位上班的人已经大大减少了。这样，在城市中尤其是大城市中就逐渐形成了社会的陌生化。

① 苏力著：《法治及其本土资源》，中国政法大学出版社2004年版，第115页。
② 苏力著：《法治及其本土资源》，中国政法大学出版社2004年版，第117页。
③ 苏力著：《法治及其本土资源》，中国政法大学出版社2004年版，第119页。

熟人社会和生人社会、社会的同质化与非同质化对司法的需求是不同的。由于大部分知识具有地方性[①]，在不同的社会小群体中更容易产生共同的行为和道德规范，而处于不同空间的社会群体间产生共同行为、道德规范的可能性就大大降低了。这就是说在一个熟人社会中人们由于分享了大量共同的知识和经验，其同质化程度就高，对同一问题的认识能更大程度地趋向一致，而生人社会中则恰恰相反。因此，对于司法判决来讲，在熟人社会中由于大家更多地共享了大量共同的知识和经验，对判决的理解就更为容易和趋同，很多判决的合理性论证是不必要的。而在生人社会中，人们之间知识和经验的不同则导致对判决的理解更容易出现冲突，这就有必要在判决中给予判决结论以更多的支持，判决理由的重要性也就不言自明了。这一原理同样适用于刑事司法领域。

3. 司法机关的作用提升与角色转变

市场经济的社会分工细化和社会复杂化引起更多的社会纠纷，包括刑事纠纷，这些纠纷的处理使司法机关在社会中的作用得到提升。一方面刑事纠纷数量的增加使司法机关得以影响更多人的利益；另一方面司法机关的判决也越来越具有指引人们行为的规范效应。这就是说，在市场经济中，由于市场主体要对自己的行为要求有合理的预期，因此司法机关的案件处理过程就不单单是在解决当事人之间的纠纷，同时也是确立公共规则的一个过程，将对更多的人的行为产生影响。因此，社会要求司法判决确定的规则更具有合理性、正当性，而对此提供支撑的刑事判决理由的充分性、理论性的要求就成为必然。同时，由于社会的非同质化，法律多元现象不可避免，[②] 市场经济的利益最大化原则又要求市场主体在发生纠纷时将从更有利于自身利益的角度来选择纠纷解决途径，如果刑事司法不能更有利于被害人的利益保护，那么他们就可能有意地规避国家的刑事制定法而更乐于选择“私了”，从而导致刑事制定法在大量社会纠纷处理上作用的弱化。[③] 从理论上讲，“私了”损害了国家刑罚权的实现。但市场经济条件下，减少“私了”现象并不能通过国家强制力来完全实现，那样同样会带来新的法律规避，而且成本很高。因此，更人性、更经济的途径是提高刑事司法的服务质量。如果对于刑事案件当事人来说，选择司法途径相对于“私了”更有利于自身利益的实现，他们有什么理由不报案和不参与诉讼呢？而提高刑事司法的服务质量中很重要的一环就是判决的公正性，其支撑点恰恰是判决理由。

---

① 苏力著：《法治及其本土资源》，中国政法大学出版社 2004 年版，第 19 页。

② 其实，任何社会都存在法律多元现象，只是在市场经济社会中这种现象更为突出罢了。参见苏力著：《法治及其本土资源》，中国政法大学出版社 2004 年版，第 52 ~ 53 页。

③ 弱化不等于不起作用，其实在“私了”中，国家刑事制定法往往成为双方当事人讨价还价的标准和筹码，刑事制定法是以一种曲折的方式发挥作用的。

（三）研究的意义及思路

通过上述的分析我们可以看出，从社会学的角度来讲，对刑事判决理由的要求并不主要是由于政治制度变革，而是我国社会从计划经济向市场经济类型的转变中所凸显出来的一个社会公众需求问题。实际上这一问题在欧美社会的资本主义上升时期都是存在的。法国学者勒内·达维德研究表明：判决要说明理由的做法，在意大利从16世纪起，在德国于18世纪逐步确立起来；法国只是在1790年，德国只是在1879年才作为一项普遍义务强使法官接受。① 从政治学角度来解释，更多的是为法官的裁判提供了正当性，而从社会学的角度来讲，这实际上是一个社会经济文化问题，是社会经济文化的转变对司法提出的一个新需求，司法展示判决理由的做法只是适应了这一社会经济文化转变的需求罢了。这种需求客观上要求刑事司法提高服务品质，提升自身工作的公正性，为社会提供更为合理的司法判决。其对刑事司法提出的最根本的要求是要根据市场经济的逻辑塑造一种理性的刑事裁判过程。因为只有理性的裁判过程才能更大程度上产生可预期的结果，产生更具有合法性的判决结论。因此，刑事判决理由与理性裁判是表里关系，理性裁判是社会公众选择通过判决理由对刑事司法提出的根本需求，刑事判决理由则是理性裁判的结果之一，其目的在于满足社会公众的需求。我们研究判决理由问题，除了要对以上关系进行解读之外，更为关键的是关注社会通过判决理由对刑事司法提出了什么要求，以及刑事司法系统如何应对这一要求。这才是我们研究的落脚点和意义所在。

我们正是试图应用法社会学的方法，分析刑事司法与社会互动关系中社会对刑事司法的需求及刑事司法对社会的回应来解读刑事判决理由的表现、内容、功能，以及在中国现有的市场经济条件下，应如何定位刑事判决理由、如何塑造理性裁判过程。

二、刑事判决理由基本范畴的界定

范畴是对某事物本质的描述，是理论研究的起点。对刑事判决理由的系统研究离不开相关范畴的科学界定。但是社会科学相对于自然科学来讲，其概念界定也有自身特点——容易受到社会经济类型、意识形态、价值体系及文化因素的影响而出现多样性、时代性特征。以“法”的概念为例，在西方社会的历史流变中就出现了众多学说和解释。这些学说无法用谁对谁错的简单二元划分法来判断，而只能从不同的社会历史经济文化发展变化中来解读。一种学说的出现，既是那个时代社会各因素对法学提出的需求，也是法学家对社会主动观察和创造性

① ［法］勒内·达维德著，漆竹生译：《当代主要法律体系》，上海译文出版社1984年版，第132页。

思维的反作用结果。但一种范畴的界定除必须适应当时的社会经济文化历史的条件外，还应当具有一定的涵盖性、普适性，方能存在并有理论意义。笔者在这里将以更为广阔的视野对刑事判决理由的概念、分类和功能进行合理界定。

（一）刑事判决理由的概念

当今世界，要求刑事判决说明理由已经成为不争的事实。这种要求还被规定在多国的立法文件中，尤其在以成文法为主要法律渊源的大陆法系国家，这种做法更为普遍。法国是最先确立自由心证制度的国家。《法国刑事诉讼法典》第485条规定，任何判决均应包括理由和主文。理由是判决的基础。其刑事判决理由指作出判决结论的“法律上的原因”或“事实上的原因”①。1877年《德国刑事诉讼法典》明文规定了自由心证制度。为了有效地限制法官的自由裁量权，经过多次修改后的现行《德国刑事诉讼法典》对判决理由作出了更为详细的规定。②《日本刑事诉讼法》第335条对判决理由的规定为，在作出有罪的宣告时，应当指明构成犯罪的事实、证据的目录及适用的法令。《意大利刑事诉讼法典》第546条规定了判决书的六要件，其中第5点为“说明判决所依据的事实根据和法律根据，指出判决所依据的证据，说明法官据以认为相反证据不可相信的理由”。

1. 刑事判决理由概念诸说

从理论上界定刑事判决理由，中外学者们认识不一，大致可归纳为四类观点：

（1）最狭义说。持这一观点的论者主张对刑事判决理由作最为狭义的限定，即认为刑事判决理由就是刑事判决文书中对裁判决定的法理分析。这也是我国刑事法学界的通说，并为刑事司法实践所认可。例如，有学者论到：“理由是判决的灵魂，是将事实和结果有机联系在一起的纽带，是判决书说服力的基础。其核心内容是针对具体案件的特点，运用法律规定、犯罪构成和刑事诉讼理论，阐明控方的指控是否成立，被告人的行为是否构成犯罪，犯什么罪，情节轻重与否，依法应如何处理。”③ 其支撑主要来源于我国最高人民法院历次通过的刑事诉讼

① 卞建林、刘玫著：《外国刑事诉讼法》，人民法院出版社2002年版，第142页。

② 李昌珂译：《德国刑事诉讼法典》，中国政法大学出版社1995年版，第108～110页。

③ 陈光中主编：《刑事诉讼法》，北京大学出版社2002年版，第319页。

判决文书格式（样式）。[①] 从新中国成立到现在，我国刑事裁判文书样式虽然几经变化，但对理由部分，各阶段的刑事判决文书样式都明确限定在了“对裁判决定的法理分析”的范围之内。

（2）较狭义说。持这一观点的论者主张刑事判决理由不应只限定对判决结论的法理分析上，而应分为两大部分，即判决书中有关证据运用、事实认定的理由和适用法律的理由。[②] 这是目前我国部分主张加强刑事判决文书说理性的中青年学者努力倡导的观点。持该论者认为：从一般意义上来概括，法院的审理和判决所要解决的无非是两大部分，即认定事实和适用法律。认定事实又需要以证据为基础和根据。[③] 另外，考虑到我国法院判决中事实认定和法律适用都由专业法官来进行，事实认定是适用法律的基础，因此对两方面的判断均须说明理由，因此主张刑事判决理由为认定事实及适用法律这两方面的理由。[④]

（3）广义说。持这一观点的论者主张把刑事判决书中所有支持判断之根据都叫做刑事判决理由。这一观点为德、日和我国台湾学者所力倡。作为大陆法系典型代表的德国和日本，立法将刑事判决书结构明确规定为“主文＋事实＋理由”。例如，《法国刑事诉讼法典》第485条规定，任何判决均应包括理由和主文。在德国司法实践中，初审法院的刑事判决书中理由部分能占整个文书篇幅的2/3以上，有的初审刑事判决书的判决理由所占篇幅更为惊人，如不考虑刑事判决书的其他附带部分，整个判决书几乎就是判决理由的展示文件。[⑤] 主要因袭于德、日刑事诉讼理论的我国台湾地区的刑事判决书的格式同样是“主文＋事实＋理由”。由此，台湾著名学者陈朴生认为：“裁判，一般应记载主文及理由。

① 从新中国成立到现在，我国刑事裁判文书样式大致经历了雏形、改革、发展三个阶段。雏形阶段从1951年《诉讼用纸格式》确立到1980年《诉讼文书样式》的出台，这一时期的刑事裁判文书从注重说理转向了强权型；1992年《法院诉讼文书样式（试行）》的出台到1999年《法院刑事诉讼文书样式》的订立为改革阶段，说理性得到了重视和增强；此后为发展成熟阶段，与审判方式改革相对应，刑事判决的说理性得到进一步强调。参见侯兴宇：《从刑事裁判文书的发展看司法公正的塑造》，载《贵州警官职业学院学报》2003年第1期。

② 许兰亭著：《刑事一审程序理论与实务》，中国人民公安大学出版社2002年版，第229页。

③ 同②。

④ 龙宗智著：《刑事庭审制度研究》，中国政法大学出版社2001年版，第419页。

⑤ 如在汉斯—乌尔里克·卡尔·马克思·布拉奇故意伤害（致死）一案中，卡尔斯鲁厄地区刑事法庭的判决书在结构上分为主文、理由两部分。其中理由部分分别对罪名、事实认定、被告辩护词、刑罚、诉讼费等作了说明，共8000余字，占到该判决书总字数的90%以上。载宋冰编：《读本：美国与德国的司法制度及司法程序》，中国政法大学出版社1998年版，第471～491页。

主文，乃判断之结果；理由，系记载主文所由生之根据。惟判决，并应记载事实。”[①]

（4）先例说。在英美法系国家，判决理由不同于大陆法系国家和我国学者的一般阐释，而是与判例法有着极为密切关系的一种司法判决理由阐释。在这个法律体系中，判决理由的含义正如约翰·萨尔蒙德爵士与埃德蒙·摩根所说，“一个先例……是一种本身就含有一项原则的司法判决。因此，作为它的权威性要素的根本原则，就往往被称为判决理由”。摩根将判决理由概念界定为：司法意见中那些提出了为法院所适用的法律规则的部分，而且适用它们也是裁决当事人提出的问题所要求的。也就是说，一个刑事判决中所作的支持裁判结果的理由并非都是一种应当在呈现相似情形的日后案件中予以遵循的权威性渊源，而只有那些在以后的判例中可以被遵循的“理由”的陈述，才能称之为“判决理由”，并对日后的案件具有约束力。当法官在裁定一个日后的案件时，他可以完全不考虑那些不具有“判决理由”性质的主张。法院在司法意见中所陈述的各种法律主张——即使它有可能是该判决的基础——并非都具有属于判决理由的那种权威性。[②]

2. 评价

立法表述和学术上的四类观点存在着一定的差别，但也有一定的相似性，即他们都以刑事判决书为基础来说明刑事判决理由，认为刑事判决理由是刑事判决书的一部分。笔者把这种观点称为刑事判决理由“文书论”。刑事判决理由“文书论”具有一定的合理性，它揭示了刑事判决书的内部结构，指出了刑事判决理由的功能在于说明刑事判决结论的合法性，为刑事裁判文书格式、内容的科学化提供了理论支撑。但是这种观点的缺憾也是明显的：

首先，认为刑事判决书中展示的理由就是刑事判决理由的全部不符合刑事裁判司法实践。现代刑事裁判是一种理性裁判过程，判决理由的形成是以一系列诉讼制度和程序规则的动态运作为基础的。在刑事审判程序中，裁判者在各种程序中对证据、事实进行认定，对法律作出选择和解释，并最终作出裁判结论。这一过程是裁判结论的形成过程，也是刑事判决理由的形成过程。这一过程首先是裁判者以一定的依据对自己进行说服的过程，这一过程形成了裁判者内心的刑事判决理由；其次在评议过程中，单个裁判者表明自己的裁判依据又形成了外化的判决理由，这些刑事判决理由经过相互的协调后只有一部分写进了刑事判决书。因此，刑事判决理由“文书论”不能对刑事判决理由问题作出全面的说明。

---

① ［台］陈朴生：《刑事诉讼法实务》，第 246 页。

② ［美］E. 博登海默著，邓正来译：《法理学——法律哲学与法律方法》，中国政法大学出版社 1999 年版，第 546 ~ 547 页。

其次，认为刑事判决书中展示的理由就是刑事判决理由的全部不符合刑事裁判历史实践。从理论上讲，有犯罪就有刑事裁判，有刑事裁判就必然有支持裁判合法性的依据。因此，刑事判决理由的历史应当是相当久远的，但是刑事判决书的历史则相对较短，在刑事判决书中展示刑事判决理由的历史更短：大陆法系始于近代；[①] 英美法系历来有展示刑事判决理由的做法，但其法系本身的历史才始于12～14世纪；[②] 中国的判词传统虽较悠久，也仅始于周。[③] 因此，刑事判决理由"文书论"不可以涵盖无刑事判决书时代和不展示刑事判决理由历史时期的刑事判决理由。

所以笔者主张在刑事判决理由的概念界定上打破刑事判决理由"文书论"的框架，以实现刑事判决理由概念的普适性和涵盖性。

3. 刑事判决理由概念的重新界定

根据上面的分析，笔者主张的刑事判决理由概念为：刑事判决理由，指刑事司法裁判者作出刑事判决结论的合法性依据。在理解这一概念时应注意以下几点：

第一，刑事判决理由的提供主体只能是刑事司法裁判者。刑事司法裁判者可以是古代社会中的帝王、执政官、司法官，也可以是现代社会中的法官、陪审团、陪审员，其身份可以多样化，但提供刑事判决理由者必须是刑事司法裁判者，任何其他主体提供的合法性依据都不能称为刑事判决理由。在前现代社会，由于社会分工和专业化程序较低，刑事司法裁判者以非专业法官为主；现代社会要求的社会分工、专业化和政治民主使司法得以独立，出现了更专业化的刑事司法裁判职业群体。

第二，刑事判决理由的作用在于为裁判结论提供合法性。合法性是社会公众对刑事判决结论的一种普遍认同。公众对刑事裁判结论的普遍认同既可以来源于结果正当，也可以来源于过程正当。刑事判决理由为裁判结论提供的合法性包括形式正当性和实质正当性两个方面。在不同的社会历史条件下其侧重不同，前现代社会更重视结果和实质正当性，而现代社会则偏重过程和形式正当性。

第三，刑事判决理由的内容是多方面的。具体而言，刑事判决理由既包括法

① 关于刑事判决理由的起源，我国学者的通行观点认为是始于近代。权威论据是法国学者勒内·达维德的著名论断："判决要说明理由的做法，在意大利从16世纪起，在德国于18世纪逐步确立起来；在这一点上，在法国只是在1790年，在德国只是在1879年才作为一项普遍义务强使法官接受。"参见［法］勒内·达维德著，漆竹生译：《当代主要法律体系》，上海译文出版社1984年版，第132页。

② 冯军、冯惠敏、孙学军著：《刑事一体化理论研究》，河北人民出版社2003年版，第187～188页。

③ 马建石：《两周判词》，载《司法文书与公文写作》1985年第3期。

律理由，也包括证据和事实理由；既包括刑事判决书展示的判决理由，也包括刑事司法裁判者形成于内心而没有展示的判决理由；既包括同一案件多个刑事司法裁判者的相同意见，也包括他们的不同意见。刑事判决理由的权威来源既可以是国家制定法、刑事判例，也可以是社会的主流价值、观念和宗教教义；既可以来源于诉讼程序之中，也可能来源于诉讼程序之外。不同社会经济类型、历史文化背景下，刑事司法裁判者所采用的刑事判决理由来源和内容是不同的。前现代社会更多地表现为内心的刑事判决理由、相同意见的展示、刑事判决理由来源的非程序化和多元化，而现代社会更偏重于展示的刑事判决理由、不同意见的展示、程序规则的加强、对诉讼外因素的严格制约等。

第四，刑事判决理由的形成具有过程性。刑事裁判是一个过程，刑事判决理由的形成则孕育在这一过程中。刑事判决理由的形成开始于裁判者对案件的接触，形成于审判过程的结束。在合议制裁判体制下，单个裁判者的理由在评议过程中经过相互交流、调适而形成多数意见，一部分裁判者所持的理由变为少数意见或不同意见，在刑事判决书的撰写过程中多数意见一般作为正式的刑事判决理由写入了刑事判决书，而少数意见或不同意见则很少进入刑事判决书，只是作为内部文件保存。

这一概念的优点在于其具有较广的涵盖性。在此框架下我们可以对古今中外的刑事判决理由进行广泛的考察，也可以对刑事判决理由的形成过程进行深入的剖析。刑事判决理由研究的深化将得到一个宽阔的理论平台。

（二）刑事判决理由的分类

分类法是理论研究的一种基本方法。刑事判决理由的分类是指以不同的依据对刑事判决理由所作的具体类型划分。笔者将借鉴现有的对刑事判决书中判决理由分类的成果，在重新界定概念的基础上对刑事判决理由进行基本的类型划分：

1. 事实理由与法律理由

按刑事判决理由的说明对象划分，可以分为事实理由与法律理由。事实理由是指刑事司法裁判者对犯罪事实认定的说明，包括如何取舍证据、对证据证明力的认定、如何运用证据认定案件事实及心证的形成过程等方面；法律理由是指对判决结论所依据的法律原则或规则的说明，包括适用的法律条文或先例、罪名的确定、刑罚的裁量等方面的理由，解决的是为何认定被告人有罪或无罪、此罪非彼罪、及何以科以一定数量的刑罚等问题。

由于刑事裁判必然是一个认定犯罪事实、适用法律定罪处刑的过程，由此古今中外的刑事判决理由都可以适用此种划分，但不同社会类型、不同的法律传统会使事实理由与法律理由的分量不同。现代社会的专业化和社会分工趋向要求初审法院与上诉审法院之间相对区分事实审与法律审，相应的初审法院的理由就会侧重于事实理由，上诉审法院的理由则主要关注法律理由，这种划分有利于提高刑事司法审判质量和回应社会中的重大问题；不同的法律传统也会影响事实理由与法律理由在刑事裁判中的分量，大陆法系国家一般认为法律是明确的，刑事裁判者着重于事实理由，英美法系国家由于陪审团的存在，刑事法官更多地关注法律理由。因此，这一分类不仅能为各国刑事判决理由内容的不同提供说明，也可以为审级制度的科学化提供支持。

2. 形式理由与实体理由

根据刑事判决理由的规范依据，可以分为形式理由与实体理由。形式理由是指产生于权威法律渊源的理由。这种权威法律渊源的范围在不同法律传统的国家中有所不同，大陆法系国家一般仅限于国家刑事制定法，英美法系国家还可以包括相关判例、法律原则、法律概念的逻辑关系、所在领域的权威性政策及官方的立法准备材料等。实体理由是指属于道德、政治、经济和社会内容的理由，其效力大小取决于它们自身的重要程度，而非与法律渊源的联系。①

前现代社会由于刑事司法更多关注具体纠纷的解决，所以倾向于用各种理由来为刑事裁判结论提供合法性说明，像西方历史中以宗教教义来支持刑事裁判结论、中国历史上的“春秋决狱”，都不是仅用国家制定法来说明刑事裁判结论的合法性，而是综合运用法律、道德、宗教等各方面的规范来支撑其刑事裁判结论；现代社会的民主法治原则要求刑事裁判过程的理性化，罪刑法定原则要求对司法造法予以严格限制，因此现代刑事判决理由主要是形式理由，以国家的制定法和犯罪构成要件来说明刑事裁判结论的合法性，实体理由的采用仅限于具有刑事判例或司法规则创制权的上诉审法院。

3. 相同意见与不同意见

根据刑事裁判者个人所持的理由对最终确定的刑事裁判结论是否支持，可以分为相同意见和不同意见。现代刑事司法裁判一般实行合议制，是多数人参与的裁判过程，由于裁判者个体的差异性，裁判者之间形成裁判结论、理由的不同意见在所难免，这就需要一种合议机制来统一各个刑事裁判者的意见，但通过合议并不能完全使众裁判者的意见达到统一，往往形成多数意见和少数意见。多数意见一般作为最终的裁判结论和判决理由写入了刑事判决书，这种理由我们称为相同意见；少数意见一般难以进入刑事判决书，而只是作为内部文件保存下来，我们称之为不同意见。不同意见又称为判决异议，是指不同意多数方形成的判决结论的理由部分，这一部分从判例法角度来讲一般被称为“附带意见”，不同于判决理由。但是附带意见和判决理由的区分不是绝对的，两者在后来法官的解释中可能相互转化，因此仍有学者把它作为判决理由的一个构成部分。英美法系国家上诉审法院有展示不同理由的习惯做法，如在美国联邦最高法院的刑事判决中就

① 张志铭著：《法律解释操作分析》，中国政法大学出版社 1999 年版，第 212 ~ 219 页。

有并存意见书与反对意见书之分，不同意见是允许在刑事判决书中公开的。大陆法系国家的情况比较复杂，传统上司法判决只展示一种意见，但如今情况已然变化，除了法国、德国和意大利，部分大陆法系国家的刑事判决书中开始出现了不同意见。

4. 初审法院理由与上诉审法院理由

以作出刑事判决理由的法院类型为依据，可以分为初审法院理由与上诉审法院理由。出于对下级法院审判活动的监督目的，无论中外，自出现专门的司法机构以来，一般都设置一定的审级制度，存在着初审法院与上诉审法院的划分，自然也就存在着刑事判决理由在初审法院与上诉审法院之间的区别。在前现代社会，这种区别意义主要在于满足当事人的审级利益和国家自上而下的权力控制；在现代社会，则具有全新的社会学意义。以韦伯的观点来看，现代社会是一种“理性的资本主义”，这种理性的经济类型要求政治权力运作的理性化，以便为社会主体的活动提供合理的预期。由此要求刑事司法是一种可以预期的司法，是一种通过刚性因素规制的、可以一定原则进行精确计算的司法，同时要求刑事司法遵循罪刑法定原则，严格以国家刑事制定法和诉讼程序来进行。但另一方面，现代社会的高速发展使立法往往滞后于社会更新，刑事司法严格适用国家刑事制定法经常使其无法回应社会中的重大问题，无法为其裁判结论提供充足的合法性，因此又需要刑事司法具有“能动”趋向。一方面是要求刑事司法的确定性，另一方面则要求刑事司法的能动性，两者间矛盾的解决是通过初审法院与上诉审法院的功能划分来实现的。上诉审法院的功能重在回应社会，初审法院的功能重在解决纠纷。上诉审法院针对社会变动情况可以适当引入程序外因素，以社会中的主流价值来支持刑事裁判结论的合法性，创制司法规则或刑事判例；初审法院则应进一步加强程序的刚性，严格遵循制定法、刑事判例，尽力消除程序外因素的介入，使刑事司法更具有可预测性。由此决定了上诉审法院理由多侧重于实体理由、法律理由、不同意见，初审法院理由则侧重于形式理由、事实理由、相同意见。

5. 内心理由与展示理由

以刑事判决理由是否展示为标准，可以分为内心理由与展示理由。内心理由指单个裁判者作出判决时形成于内心的支撑其个人主张的判决结论的理由，但它并没有被该裁判者表达出来为他人所感知；展示理由则指裁判者为了说服其他人而把形成于其内心的理由以一定方式表达出来的形式。展示理由既可表现为单个裁判者在评议过程中对内心的展示，也可表现为经过评议后成为多数意见而写入刑事判决书或成为少数意见而写入内部文件等形式。这一分类对刑事判决理由的历史研究有重大意义。内心理由是任何刑事裁判形式都具有的，无论是独任裁判制还是合议裁判制，也不论是在刑事判决书中是否展示判决理由。因此，内心理由的提出可以大大扩展我们对刑事判决理由历史的考察，有助于从刑事判决理由的历史演进来发现不同社会历史类型对刑事判决理由所提出的不同需求。

6. 个别理由、综合理由、整合理由、实定化理由

从刑事判决理由的形成过程来分析，还可以分为个别理由、综合理由、整合理由、实定化理由。这一分类可以展现判决理由的形成过程，可以为理性刑事裁判过程的塑造提供理论支撑。个别理由指单个裁判者在裁判过程中对个别事实或法律问题作出判定所持的理由；综合理由指单个裁判者在裁判审理程序结束时所形成的对整个案件性质的结论性认识的综合性理由；整合理由指在集体裁判组织内裁判者之间就各自形成的综合理由进行交流、调适后所形成的整个裁判组织对案件判决结论的整体性理由；实定化理由则指把裁判者内心形成的理由或集体裁判组织形成的整体性理由用书面或口头形式固定下来的理由。

从个别理由、综合理由到整合理由再到实定化理由，是刑事判决理由由个别到综合的过程，他们之间存在层层包容的关系，但一步步又是有机结合的过程，而非上一层理由的简单相加。这诸多理由的划分，可以向我们明白地展现刑事判决理由的层级。同时，从信息传递方面来分析，这个逐层递进的过程则表现为一条信息量的抛物线，即在由个别理由向综合理由转变的过程中，信息量逐步上升并在综合理由时（所有裁判者的综合理由信息量之和）达到最高峰，之后经过整合理由再到实定化理由，由于裁判者相互间的妥协、文书制作者个人因素及语言文字表意的有限性，信息量逐步减少并在实定化理由时达到最低点。

（三）刑事判决理由的功能

所谓“功能”，即事物的功效和作用。[①] 在哲学范畴中，功能是指事物作用于他物的能力，即系统作用于环境的能力。功能与作用从不同角度来表述同一个过程，就事物本身而言，是指它具有什么能力；就一事物与他事物的关系而言，是指它具有什么作用。作用正是在事物影响中的表现。事物的功能总是在与环境的作用过程中表现出来的。所以，也可以把系统对环境的作用称为系统的功能。[②] 对于刑事判决理由来说，作为一种社会事实或社会行动，它既与诉讼内的各种因素发生关系，对诉讼其他因素产生影响和作用，也与诉讼外即社会环境中的因素产生互动和交流，并产生各种影响。

1. 证明功能

证明功能是针对刑事判决理由对判决结果的论证和支持来讲的。刑事裁判的过程，是认定案件事实、适用法律和逻辑推导的过程，也是运用事实理由、法律理由和推理来对裁判结论进行正当性证明的过程。这一过程既表现在刑事判决理

① 《辞海》，上海辞书出版社 1989 年版，第 580 页。

② 李秀林、王于、李淮春主编：《辩证唯物主义和历史唯物主义原理》，中国人民大学出版社 1995 年版，第 231 页。

由的形成阶段，也表现在其外化过程中。

刑事判决理由的形成阶段，裁判者以一定的理由对法律作出解释、对证据作出取舍，并以一定的逻辑把所有对案件事实争议点和对法律的个别解释综合起来，形成对案件的综合性认识和评价；刑事判决理由的外化阶段，裁判者把形成的对案件的综合性认识和评价以一定的形式展示出来，如作出刑事判决书，并在这一外化过程中对结论的正当性进行权威性的论证。我们知道，当今世界各国的判决书风格纵有千差万别，但其基本结构却相差不大，基本上都是由主文（即判决结果）、事实和理由三大部分构成。这三大部分之间有着特定的结构关系。事实是推理的基础，当然不可缺少，主文是推理的结果更是必然存在的。而理由为主文提供了正当性即合法性和合理性证明，则更不能缺少，因为，“判决理由是判决的灵魂，查阅一个不写理由的判决等于使用没有灵魂的躯体”①。这里的灵魂就是判决理由的本质，即司法正义。如何使正义成为一种能“看得见的”东西呢？通过推理的方法是无法推导出正义的。只有通过判决理由这个载体去不断地证明、说服和评论，法律和判决中的正义才能变成具体化或实在化的东西，才会成为当事人用感官可以直接感知到的东西。因此，只有从判决理由中，当事人才能看到正义的生动形象。缺少理由至少意味着司法功能的改变或司法品质的丧失，因此，法国1810年法律已规定，“不包括理由的判决无效”。② 在当今世界各国，判决理由已经成了判决结构中不可缺少的有机组成部分。

2. 抑制功能

在刑事诉讼过程中，存在裁判者与刑事判决理由的互动过程。刑事判决理由是由裁判者作出的，但同时刑事判决理由又会对裁判者产生各种反作用。其中最为主要的反作用是对法官刑事自由裁量权的抑制。

何为司法裁量权？英国法学家戴维·M. 沃克认为：“自由裁量权，指酌情作出决定的权力，并且这种决定在当时情况下应是正义、公正、公平和合理的。法律经常授予法官以权力或责任，使其在某种情况下可以行使自由裁量权。有时是根据情势所需，有时则仅仅是在规定的限度内行使这种权力。”③ 刑事自由裁量权是法官自由裁量权的一个方面，包括定罪和量刑两个方面，指在法律没有规定或者规定有缺陷时，法官根据法律的授权，在有限范围内按照公正原则裁判刑

① 沈达明著：《比较民事诉讼法初论》，中信出版社1991年版，第246页。

② 同①。

③ ［美］戴维·M. 沃克著，李双元等译：《牛津法律大辞典》，光明出版社1988年版，第261页。

事案件的权力。[①] 法官刑事自由裁量权的存在是立法的滞后性、司法的主观性无法完全排除的必然结果，是实现个别正义的手段，能够保证法律的灵活性，具有避免突变性立法等诸多价值。[②]

但是，没有约束的法官自由裁量必然成为司法专断的温床。孟德斯鸠曾精辟地指出，任何有权力的人使用权力都要到边界时才停止。没有边界的权力便是一种无休止的任意性的权力，必然弊害无穷。为此，必须对法官行使刑事自由裁量权的行为进行控制。而刑事判决理由就是一种制约刑事自由裁量权滥用的有效手段。从动态意义上讲，司法运作过程中对法官的自由判断要求其有正当、合理的理由，可以直接促使法官自己纠正偏差；从静态意义上讲，外化在刑事判决书中的理由成为当事人评价刑事判决是否公正的一个重要因素，也是上诉审提起的一个基本理由。初审法官出于对上诉中判决可能被推翻的考虑，要求其自身在行使刑事自由裁量权时持审慎态度，另外由于判决理由的展示，也为上级审判机关对下级裁判者自由裁量权滥用的有效纠正提供了根据。同时，刑事判决理由也是社会公众抑制司法裁量滥用的一个重要工具，从而使裁判者的行为不仅置于上级和同事的监督之下，而且置于广泛的社会监督之下。这就使各种不良行为难以隐瞒，从而得到最大限度的监督。

3. 劝导功能

在刑事诉讼中，由于侦控机关力量强大、当事人权利受限和诉讼中控辩的实际不平衡等因素，某种程度上存在着法院与当事人的对立关系。当事人，尤其是刑事被告人对刑事判决的正当性必然会采取不信任的态度和存在抵触情绪。在化解这一对立关系、促进当事人尤其是被告人息诉服判问题上，刑事判决理由发挥着强大的劝导功能。法官为何阐明判决理由？表面上看，法官要通过判决理由证明判决的正当性，解释法律和判决根据。但实质上，法院进行这些活动的目的最终在于使当事人、尤其是被告人和平地、自愿地接受刑事判决结果，并从内心深处认罪服判。也就是说，法院通过判决理由追求的是判决的合法性这个结果。在有关判决理由的新闻报道中，我们不难发现，媒体都在反复地强调加强判决书说理的重要性，隐含的目的就是为了劝说当事人接受判决，认罪服判。这就是刑事判决理由的劝说功能或说服功能。说服功能是刑事判决理由的传统功能，也是其最基本的功能之一。然而，这种功能在古代专制社会中往往是一种压服，一种暴力威胁。这种压服是一种非和平、非自愿的强制，它总是浸透着一方或双方当事

① 唐毅、吴鹏飞：《论刑事自由裁量权的价值蕴含及法律监控》，载《湖南公安高等专科学校学报》2001 年第 6 期。

② 李燕芳：《法官自由裁量权的赋予及阻却》，载《福建政法管理干部学院学报》2002 年第 2 期。

人的屈辱和血泪。而在现代民主社会里，这种劝说或说服功能是一种和平的、自愿的对话过程，它通过显现正当性所产生的权威来影响当事人，最终使其心悦诚服。

4. 沟通功能

在国家与社会系统中，存在着两个特定的关系结构，即国家（法院是其代表）与刑事判决理由的关系、社会与刑事判决理由的关系。在这个系统中，刑事判决理由承担着在国家与社会之间进行信息沟通、秩序促进和确立司法公信力等功能。

在国家（法院）与刑事判决理由的关系结构中，法院通过判决理由把国家的法律、政治意识形态、道德和文化精神输入社会，以便使国家与社会实现价值上的沟通和交流，并最终达到相互理解的目的，而判决理由以文字符号形式为国家提供了充分表意的场域。在司法过程中，法院在每个刑事判决中都将国家意志不断地输入刑事判决理由，这些刑事判决理由又随着刑事审判的公开活动向社会传播。如果裁判活动缺失理由部分，这种功能便无从产生，国家与社会的信息交流就发生了障碍，所谓法的统治（rule of law）将无法实现。

在社会与刑事判决理由的关系结构中，社会与刑事判决理由不断互动，形成了一种特定的关系。从权利角度讲，社会需要刑事判决理由是知情权的表现。从社会学角度看，刑事判决理由又是一种社会参与行动。因为民主社会要求人人都应有平等参与的机会。而“正义不仅要得到实现，而且要以人们看得见的方式实现”①。判决理由在展示法官心证的同时，也为社会公众了解刑事司法过程和刑事法律提供了窗口。这样，通过刑事判决理由，社会与国家就实现了某种沟通。

沟通功能的理论基础是哈贝马斯的“沟通理性”。“所谓‘沟通的合理性’，是指在不受利益和强制的干扰的完全自由的状况下，当事人通过互相提出论据的方式达成合意的对话过程中所实现的合理性”②。“哈贝马斯的沟通理性的一个证立点，是在人的交往或语言使用里显示出人希冀着相互的真诚了解。也就是说，不用任何内在或外在的压力加诸对方身上，而只是用论证来说服对方达成共识或了解。这种以‘最佳论据’作为人相互沟通的准则，具有深远的道德和政治上的意义。此种人际交往意味着人类放弃了用武力或其他内外的制约来协调人的行为，以沟通和对话去处理人际间的冲突。”③ 总之，社会通过刑事判决理由所承

---

① 陈瑞华：《走向综合性程序价值理论——贝勒斯程序正义理论述评》，载《中国社会科学》1999 年第 6 期。

② 季卫东著：《法治秩序的建构》，中国政法大学出版社 1999 年版，第 113 页。

③ 杨善华主编：《当代西方社会学理论》，北京大学出版社 1999 年版，第 183 页。

载的信息了解国家或法院对犯罪的态度，而国家或法院也通过判决理由促进其刑事法律精神和刑事法治目标的实现。

三、刑事判决理由的起源与流变

关于刑事判决理由的起源，我国学者的通行观点认为是始于近代。权威论据是法国学者勒内·达维德的著名论断："判决要说明理由的做法，在意大利从16世纪起，在德国于18世纪逐步确立起来；在这一点上，在法国只是在1790年，在德国只是在1879年才作为一项普遍义务强使法官接受。"[①] 从表面上看这一观点没有问题，但实际上却存在着概念上的含糊与混淆。首先是这一观点并没有弄清什么是刑事判决理由及其主要类型；其次是这一观点还混淆了判决理由和展示理由的区别。以此为基础而得出的结论是否符合历史就值得思考。

（一）刑事判决理由的起源

从刑事判决理由形成过程分析中我们可以看出，刑事判决理由并不仅限于对刑事判决书中理由部分的理解，而是指广义的刑事判决理由。由此我们可以超越学界一般认为刑事判决理由始于近代的说法，而把刑事判决理由的历史考察追溯至原始社会时期。

1. 原始社会的类刑事冲突与解决机制

一般认为，法是与国家同步出现的，原始社会既没有国家的存在，也就当然没有法、没有司法及其机构，所以刑事判决理由之说在原始社会是虚妄的。其权威根据是马克思、恩格斯的国家起源与法起源说，即在原始社会里"没有军队、宪兵和警察，没有贵族、国王、总督、地方官和法官，没有监狱，没有诉讼，而一切都是有条有理的……一切都由当事人自己解决，在大多数情况下，历来的习俗就把一切调整好了"[②]；中国原始社会有"上古结绳而治，后世圣人易之以书契"的说法（《易·系辞》）。徐朝阳也认为"诉讼法"一词在中国原始社会无明文记载，其明文规定始见于周。[③] 因此在原始社会是不可能存在刑事冲突的。但事实上，情况并非如此。从人类社会出现的那一天起，冲突就开始存在。正如作为个体的人时时处于经验的生物性与超验的道德性的人性对抗中一样，冲突是每一个社会都必须永恒面对的状态。[④] 所以，原始社会同样存在着今日文明社会称为犯罪的一国之内最严重的社会冲突形式。这种冲突形式可能表现为氏族成员

① [法] 勒内·达维德著，漆竹生译：《当代主要法律体系》，上海译文出版社1984年版，第132页。

② 李光灿等主编：《马克思、恩格斯法律思想史》，法律出版社2001年版，第782页。

③ 徐朝阳著：《中国诉讼法溯源》，台湾商务印书馆1999年版，第1页。

④ 左卫民、周长军著：《刑事诉讼的理念》，法律出版社1999年版，第1页。

间对财富的贪欲而引起的盗窃，[①] 也可能来源于对专偶（一夫一妻）制婚姻家庭关系的破坏而导致的性犯罪。[②] 另据《尚书》记载，在原始社会末期，中国开始有“刑”，并有“慎刑、轻刑、无刑”的思想。[③] 由此，杀人、伤害之类的社会冲突形态并非是在原始社会跨进文明社会的那一瞬间突然从天上掉下来的一种社会现象，而是与人类相伴而生，“携手”而来。只不过由于原始社会没有国家，没有今天的法律，因而也就没有以我们今天的犯罪名称去称呼它而已，但却不能由此否认原始社会存在着上述冲突形式。[④] 但确实这种冲突与现代意义上的刑事冲突是有区别的，笔者把这类发生在原始社会中的冲突称为类刑事冲突，以示其与文明社会中犯罪的差别。

原始社会对类刑事冲突是如何调处的呢？一种是由冲突的当事者各方自行解决，如血亲复仇；一种是由第三者来解决，如氏族全体、氏族长或氏族中的数个权威者组成的机构，在原始社会的末期甚至还出现了专司裁判的裁判者，如中国传说的尧舜时期的皋陶。对于第二种类刑事冲突解决机制，我们明显可以看出其与今天诉讼机制的相似性。虽然作为冲突解决者的并不是国家的代表——司法官，但在这种冲突解决机制中存在实际上的两造与裁判者。这为我们对原始社会的类刑事裁判理由的研究提供了前提。

2. 原始社会的类刑事判决理由

由于存在对类刑事冲突的裁判机制，也就必然存在着类刑事判决理由。对类刑事判决理由的描述，由于史前资料的缺乏，我们只能在关于人类早期历史的神话、宗教故事和历史资料中来寻找，并将其归为三类：

（1）神话中的裁判理由。对于原始社会的裁判，许多宗教中有着细致的描述。例如，在西方人的文化意识中，人类社会其实是随着一起盗窃案件的判决而诞生的。[⑤]《圣经》中说：“人生而有罪”，这一罪是由上帝作为法官而给定下的。原来，人类的一对祖先亚当、夏娃生活在伊甸园里，无喜无怒、无忧无虑，饮琼浆玉液，无生老病死之患。然而有一天，上帝发现亚当因为自己裸体而感到害羞，以致不敢出来见他时，上帝大为惊讶。于是开始了对人类最早案件的纠问式审判。他先问亚当，你是不是吃了禁果？亚当说是夏娃给他的。上帝又问夏

① 乔伟主编：《中国法律制度史》，吉林人民出版社 1982 年版，第 18 页。

② 在母系社会实行族外群婚，后来随着氏族的繁衍，亲族关系的范围增大，亲族之间婚姻的规矩也越来越严，于是就自然而然地出现了一男一女暂时结合的对偶婚制。由于母系社会向父系社会的转变，最终专偶制婚姻家庭关系得以确立，由此为性犯罪提供了前提。参见周密著：《中国刑法史纲》，北京大学出版社 1998 年版，第 16 页。

③ 周密著：《中国刑法史纲》，北京大学出版社 1998 年版，第 39 页。

④ 左卫民、周长军著：《刑事诉讼的理念》，法律出版社 1999 年版，第 2 页。

⑤ 范忠信著：《中西法文化的暗合与差异》，中国政法大学出版社 2001 年版，第 1 页。

娃，夏娃说是蛇诱骗她吃的。于是，在“调查”清楚案件的事实基础上，上帝以“天条”为“法律依据”，对亚当和夏娃的行为作出了“违法性”认定，并作出了人类历史上的第一个“有罪判决”——把亚当和夏娃赶出伊甸园，罚他们在地上终身劳作，人类的历史也由此开始。这就是西方的原罪论。从这个神话中，我们可以看到上帝这个裁判者裁判的逻辑：证据调查和以证据认定事实，对“法律依据”——天条作出解释，以三段论逻辑推理出判决结论，并给出了“刑种和刑度”——永世放逐、劳作并株连子孙。这里的每一步都是以有前提的步骤性判断为基础的，虽然我们对其有无判决书及判决书中是否说明理由不得而知，但在裁判结论得出时，上帝肯定形成了内心的、充分的判决理由，这一点是没有疑问的。

（2）神判中的裁判理由。在原始社会中，由于人类认识能力的有限，在遇到冲突无法解决时，从神那里寻求帮助是普遍的做法，这称为神判。梅因在《古代法》一书中说道，“在人类的初生时代，人们对于持续不变的或定期循环发生的一些活动只能假用一个有人格的代理人来加以说明。这样，吹着的风是一个人，并且当然是一个神圣的人……在物理世界中是如此，在道德世界中也是如此。当国王用判决解决纠纷时，他的判决假设是直接灵感的结果。把司法审判权交给国王或上帝的神圣代理人，万王之中最伟大的国王，就是地美士”。“但是我们必须明白‘地美士第’（地美士的复数）并不是法律而是判决”，而且“我们并不能就假设在各个‘地美士第’之间，有着任何一条原则贯穿着；它们是个别的、单独的判决”[①]。可见，这里所说的“地美士第”就是来自于神的一种启示，表现为一种判决，世人则以这种神的启示来作为裁判案件的根据。以现代的观点看，这种“地美士第”其实就是一种裁判的法律依据，对这种依据的合法性、合理性说明是以神意为基础的，这种以神意为基础而对判决结果进行论证的部分就是一种判决理由。另穗积陈重在《法律进化论》一书中写到，“在原始社会，神意为人民行为之基准、信念，深存于普通社会”[②]，故在争讼中，这种以神意为基础来说明裁判合法性、合理性的理由是普遍存在的。我国原始社会有“神兽判决”一说。《说文解字》对“灋”字的解释是：“灋刑也。平之如水，从水。廌，所以触不直者去之，从去。”其中的“廌”是一种走兽，有说似牛而一角；有说似鹿而一角；还有说似羊而一角。总之这种兽能知道谁有罪，谁无罪。所以古代断狱，如果有了疑问，就令其以角触之。不用说，触上哪一个，哪一个就输了。[③] 可以看出这种神兽的行为就是判决依据，裁判者以神兽的神圣性

① ［英］梅因著：《古代法》，商务印书馆 1996 年版，第 3 页。

② ［日］穗积陈重著，黄尊三等译：《法律进化论》，中国政法大学出版社 1997 年版，第 16 页。

③ 乔伟主编：《中国法律制度史》，吉林人民出版社 1982 年版，第 19 页。

来解释其判决结论的合法性、合理性，其本身也是一种判决理由的展示过程。

（3）人判中的裁判理由。在原始社会，除了上述的神话和神判之外，还广泛存在着两类以人为裁判主体的裁判形式：一种是集体决策裁判。“集体决策的最初形式之一是氏族会议”，有权“对本氏族成员被杀害的事件决定宽赦凶手还是采取报仇行动”①。这种集体决策裁判方式还可能有多种形式，如社区中全体成年成员对案件处理享有决定权，对重大案件决策须征求他们的共同意见；或由原被告双方挑选自己所信任的社区成员组成“法庭”合议处理案件；或由本社区中大家公认的权威长老组成合议庭处理案件；抑或是由各部落选举首领，由各首领组成议事会处理部落案件。② 在中国舜时期，有关于“象刑”的记载，即对违反氏族共同生活规则的行为，要给予象刑的制裁。③ 象刑后来发展为刑事制裁中残酷的“肉刑”，这种由象刑向肉刑的过渡过程，有学者称为原始社会的道德法庭向奴隶社会法律法庭的过渡标志之一。④ 这说明中国原始社会中也存在着广泛的集体裁判形式。很明显，如果把这些原始的裁判组织视为一个中立的裁判组织的话，支持其判决结论的理由当然应当是存在的，而且在各个裁判者之间还应当有就不同意见所作的交流与整合的过程。另一种是独任裁判。最典型的莫过于中国司法官的始祖——尧舜时期的皋陶。他在史料中被这样描述，“皋陶之顶，中低旁高如圩状”、“其喙如马口”，或“皋陶鸟喙，是谓至诚，决狱明白，察于人情”、“色状如削瓜（青绿色）”。他的职位是“初约于雷泽尧聘为大理”、“迨舜受尧禅，命皋陶为士，自是一生大半均在帝舜之世，一代之精华，亦在当时发挥”。⑤ 这种专职“决狱”的“士”的出现，说明在原始社会的末期，裁判已经成为一种固定的职位。在就有关刑事案件作出判决时，作为法官必然有一个内在的理由来支撑其判决结论，但当时是否要制作判决书及这种内心的判决理由是否会展示在判决书中，据现有资料则不可考究了。

（二）刑事判决理由的历史演进

进入文明社会后，刑事判决理由的演变路径由于中西方文明的差异而不同，与此相对应，在描述文明社会刑事判决理由的演变过程时，笔者拟以法系为标准区分为三部分。

---

① 左卫民、汤火箭、吴卫军著：《合议制度研究——兼论合议庭独立审判》，法律出版社 2001 年版，第 4 页。

② 乔伟主编：《中国法律制度史》，吉林人民出版社 1982 年版，第 13 ~ 15 页。

③ 张晋潘著：《中国古代法律制度》，中国广播电视大学出版社 1992 年版，第 10 页。

④ 古棣、周英著：《法和法学发生学》，中国人民大学出版社 1990 年版，第 30 页。

⑤ 徐朝阳著：《中国诉讼法溯源》，台湾商务印书馆 1999 年版，第 106 ~ 107 页。

1. 大陆法系刑事判决理由的演进

大陆法系有着悠久的历史，一般认为早在13世纪大陆法系就已形成。[①] 相对于英美法系，大陆法系有着更为久远的制定法传统，判例一般不被认为是一种法源。证据方面，大陆法系长期盛行法定证据制度，近代民主革命打破这一对法官证据裁量权的禁锢后，倡导了一种彻底的自由心证模式，这些都对刑事判决理由的内容产生了重要影响。

（1）法典与刑事判决理由。梅利曼把大陆法系的历史渊源归为罗马法、教会法、商法、资产阶级的影响及德国法学。[②] 虽然有学者认为大陆法系并非在罗马时代就已形成，但罗马法的许多特征无疑为大陆法系所因袭。梅因说，"虽然古代法的起源并非法典，但十二铜表法却是罗马成文法的开端"。此后，拜占庭帝国形成了著名的《查士丁尼法典》。中世纪的教会法也主要以法典形式存在。11世纪晚期肇始于意大利波伦亚城的罗马法复兴运动导致了近代欧洲大革命和近代法典的产生。法典的产生对刑事判决理由产生了什么样的影响？梅因认为，"而当原始法律一经制成法典，所谓法律自发的发展，便告中止"。即罗马法典时代的开始宣告了以"地美士第"等裁判为依据来处理案件历史的终结。[③] 在没有法典时，司法官判案依据的可能是神意或自己的感悟，但在法典产生后，法官处理案件（当然包括刑事案件）的法律依据只能是明文规定的法典，这就决定了判决理由的内容主要是对事实认定的论证和说明。在法典统治下判案的困难是如何把抽象、静止的法条运用于生动、变化的案件。梅因认为有三种发展法律的方法：法律拟制、衡平和立法。在法典统治下，司法官为了在严格依照法典条文的情况下把机械抽象的法条与案件事实相契合，用"法律拟制"这个工具对法条作出解释。而解释的实质在于司法官是把他对法典条文的理解而不是法条本身作为了判决的依据。罗马帝国灭亡的中世纪，法官部分摆脱了法条的严格约束，法官严格依据法典判案的做法有所松动，但这一时期又以司法恣意和专横而著称，并在近代革命中被严格分权原则所替代。在严格分权原则下，司法者的裁判只能依据法律并据三段论的形式逻辑作出，对法律则不得作出任何解释，这时法律理由几乎没有存在的必要了。虽然后来许多大陆法系国家逐渐承认了法官对法律的解释权，但都对其解释权作出了严格限制。总的来说，大陆法系以成文法法

① 有学者认为，大陆法系的正式形成是13世纪罗马法复兴后的事，而不是始于罗马法时期，罗马法只是大陆法系的一个法源而已。相比而言，复兴后的大陆法系及其规范已与罗马法相去甚远。参见［法］勒内·达维德著，漆竹生译：《当代主要法律体系》，上海译文出版社1984年版，第35页。

② ［美］梅利曼著，顾培东、禄正平、李浩译：《大陆法系》，法律出版社2004年版，第2页。

③ ［英］梅因著，沈景一译：《古代法》，商务印书馆1996年版，第1页。

典为主要法源的特点决定了其刑事判决中法律理由的简单化特征，而形式推理的裁判逻辑又决定了刑事判决理由的法条形式主义趋向。[①]

（2）证据制度演变与刑事判决理由。在神示证据制度退出历史舞台后，大陆法系逐步确立起一项新的证据制度——法定证据制度。法定证据制度是欧洲大陆法系国家为了解决司法证明实践中的混乱状况，约束法官的任意司法行为而确立的，并与当时的等级制度、崇拜权威的思潮有着不可分割的联系。[②] 在法定证据制度下，法律事先对各种证据的证明力和评断标准作了明确规定，法官在审判过程中对此必须严格遵守，没有自由裁量权，对事实的认定靠法律明文规定的证据及对其证明力的机械叠加。也就是说，对证据采信的理由是这种证据为法律所规定，对事实认定的理由是所有的法定证据证明力简单相加已经符合了证明标准。刑事判决理由的机械性在法定证据制度下发展到了顶峰。17 世纪开始的近代革命以人性、理性为工具对法定证据进行了猛烈的抨击，尤其是对这种证据制度所导致的普遍刑讯现象作了深刻的反思，并在 1791 年的法国宪法会议上正式确立起自由心证原则。自由心证制度强调裁判者对证据的绝对自由裁量，对证据的证明力法律不再作具体明确的规定，而由裁判者运用自己的良心和理性自由判断。这种强调绝对自由的证明形式在 20 世纪遭到了诸多置疑。为了限制裁判者的自由裁量权，各大陆法系国家又相继确立了“心证公开”原则，并引入了英美法系国家的证据规则。也正是在这种背景下，各国提出了对判决理由公开的要求。比利时人高定说，“在西欧，法官必须在判决上写明理由的义务只是 19 世纪才出现的”，而在 17、18 世纪，法国和日耳曼国家的法院都不写明判决理由。18 世纪的法国人约斯甚至劝告法官不要说理由，当时的判决只有主文。[③] 所以，只是在近代才实现了刑事判决理由对公众的公开，此前刑事判决理由则存在裁判者心中，或只在裁判组织内部成员之间公开，但这并不能成为否认存在刑事判决理由的借口。

2. 英美法系刑事判决理由的流变

英美法系的典型代表是英国和美国，其中英国法又是其整个法系形成的源头。从法系的形成原因上看，英美法系是法官造法和陪审团审判等制度性因素的必然结果。法官造法形成了蔚为大观的判例法，陪审团认定事实则形成了独具特色的证据

① 法条形式主义，指在裁判中只注重法律上的形式正义。其极端形式是“只要是合法的，就是正义的”。这种思想把一般正义强调到了无以复加的地步，而完全忽视了个别正义。参见［美］米尔伊安·R. 达玛什卡著，郑戈译：《司法和国家权力的多种面孔——比较视野中的法律程序》，中国政法大学出版社 2004 年版，第 33 页。

② 何家弘、刘品新著：《证据法学》，法律出版社 2004 年版，第 22 ~ 23 页。

③ 沈达明著：《比较民事诉讼法初论》，中信出版社 1991 年版，第 245 页。

制度，这两者又分别对刑事判决理由的事实认定和法律运用产生了巨大影响。

（1）判例法与刑事判决理由。通常认为，判例法是英美法系国家的首要渊源。早在12世纪到14世纪，英国王座法院的法官们便详尽地阐述了较严重的犯罪的规定。14世纪，关于较轻的犯罪的规定也逐渐形成。在长达几百年的刑事司法活动中，英美法系国家的法官们通过以个案判决确定刑法规范的方式，产生并完善了英美法系的刑事判例法。[①] 但是什么因素支撑了这一庞大的判例法体系得以逐渐形成并不断发展的呢？可以归纳为两个方面：一方面是法官们司法过程中通过个案所造之“法”，表现为一个个隐含于个案判决中的法律原则或规则，它们构成了判例法的内容，其表现形式就是判决理由。换句话说，刑事判例法某种程度上就是以刑事判决为基础而形成的刑事判例中所抽象出来的诸多判决理由的集合体。另一方面是遵循先例原则，它为先例的遵循设置了一定的原则，使庞大繁杂的判例集合体体系化、条理化。[②] 刑事判决理由对先例规则体系的支撑是多方面的。从法的起源来看，英国学者梅因有“成案或先例先于规则和原则”的著名论断。[③] 法国学者勒内·达维德也指出，公元3世纪盖尤斯撰写《法学阶梯》时，罗马法也是判例法。[④] 因此，判例所体现的判决理由被认为是萌芽状态的法的存在形式，萌芽状态的法只能孕育于判决中。从法发展的角度看，判例的作用则贯穿了法律发展的始终。梅因认为法产生有三种方式：法律拟制、衡平和立法。法律拟制为古罗马的法学家在创造罗马法时所广为使用，衡平包括判例的方法。在大陆法系，判例是立法的基础和前提，立法是对司法现象的抽象和提升。而在英美法系，判例则成为法律发展的直接推动力。法官在司法过程中，一方面遵循已有先例确立的法律原则，另一方面对尚无先例可循的案件依据刑法本身的要求作出新的判决。然后从这些个别的法律现象中归纳、抽象出一般的法律规范，形成其特有的判例法制度。可见在判例法国家，“判例不仅是法的最初表现形式，而且是法赖以生长的依托物，只有通过既相似又有差别的反复出现的同类案件，这种特殊的解决纠纷的原则和方法才能日益成熟并变成一项正式的法的

① 冯军、冯惠敏、孙学军著：《刑事一体化理论研究》，河北人民出版社2003年版，第187~188页。

② 如在英国，先例原则要求上议院所作的判决所有法院都应受其限制，但在特殊情况下其自身不受限制；上诉法院所作判决对该院所属的一切下级法院及上诉法院本身是有强制拘束力的；高等法院所作的判决，下级应该尊重，但不具有强制拘束力，只具有说服力。一般情况下，下级法院的判决对上级法院没有拘束力。参见何慧新著：《刑法判例论》，中国方正出版社2001年版，第62~63页。

③ ［英］梅因著，沈景一译：《古代法》，商务印书馆1996年版，第5页。

④ ［法］勒内·达维德著，高鸿钧等译：《英国法与法国法》，商务印书馆1997年版，第26页。

规则"[①]。当然仅有这些判例中抽象出来的一个个"判决理由"是构成不了判例法的，它们琐细繁杂，甚至前后矛盾，因此还需要一项原则把它们贯穿起来，这一原则就是遵循先例原则。

（2）陪审团与刑事判决理由。英美法系国家的陪审团制度最早是由欧洲大陆传入的。早在公元10世纪，欧洲大陆的诺曼底大公国的司法官在审理案件时就经常传唤24名了解案情的人协助审判。这一做法后来被入侵英格兰的诺曼底征服者带到英国，并成为英国陪审团制度的雏形。早期的陪审团是"知情陪审团"，由12名了解案情的当地居民组成，这些人被招到刑事法庭的目的并不是审查当事人提交的证据并认定案件事实，而是根据他们所了解的案件情况协助法官判案，在认定事实上既不用说明理由也无正式的规则，是显然的自由证明。随着实践的发展，这种自由证明开始受到限制，并逐渐形成了一些限制陪审团成员自由证明的证据规则。1352年英国法律赋予被告人要求那些了解案情的陪审员回避的权利，标志着陪审团制度由"知情陪审团"向"不知情陪审团"的转变。这种陪审团制度在美国独立后成为其刑事诉讼制度的重要组成部分，并被赋予了许多民主价值。进入20世纪后，陪审团制度由于效率低等原因而日渐衰落，但仍是英美法系刑事审判制度的重要组成部分。陪审团制度对英美法系刑事判决理由的影响是巨大的。陪审团被认为是民意的直接代表，接受与自己人同等的人组成的陪审团审判被刑事被告人当做一项重要宪法权利。审判时，陪审团就证据和事实问题作出认定并得出被告人是否有罪的裁决，但这种作为民意的裁决是不公布理由的。从理性角度来讲，作为一个事实裁断者是不可能没有理由的。虽然作为业余人士，陪审团成员的理由可能感性成分占有较大比重，甚至有学者认为这种裁断与鳄鱼审判是一样的非理性裁判，[②]但毫无疑问，每一个陪审团成员在最后得出被告人是否有罪的认定时，其内心一定有说服自己作出这一裁断的理由，只是这种理由无须表述罢了。陪审团制度要求对事实裁断不说明理由，先例遵循机制又要求法官要说明法律理由，这成就了英美法系国家的法律判决书特色。[③]

---

① 向朝阳、冯军：《论我国刑法判例制度的创制与适用》，1998年中国刑法学会年会论文。

② 宋冰编：《程序、正义与现代化——外国法学家在华演讲录》，中国政法大学出版社1998年版，第393页。

③ 有学者根据刑事判决书中事实理由和法律理由所占比重，而把其划分为两类，一曰事实判决书；二曰法律判决书。英美刑事判决书由于多为对先例的选择、区别或推翻的理由阐释，被该学者称为法律判决书。参见左卫民著：《刑事程序问题研究》，中国政法大学出版社1999年版，第78~79页。

3. 我国刑事判决理由的历史变迁

（1）法源制度与刑事判决理由。原始社会瓦解后，中国经过了长达四千余年的古代社会，在长期的法律进化过程中形成了颇具特色的“中华法系”。这一法系是一个发源于夏，解体于清，以唐律为代表，以法的伦理化为特征，影响及于东亚诸国的法律体系。而在法源制度上，律这种成文法典长期在法律体系中居于主导地位，而作为单行法规的令、格、式等是半稳定的法律形式，作为律的补充；同时，以礼指导下的家庭习惯法及司法中形成的判例在法源制度和司法裁判中也起着重要的作用。中国自春秋战国时期就开始了法的成文化进程，西汉初年，在儒法合流的政治、文化背景下，成文刑书与成文礼规融为一体，从此“德主刑辅”、“出礼入刑”、“礼刑并用”以及立法上的“一准乎礼”和司法上的“一准乎律”等一整套法律原则成为中国法文化的核心内容。它们不仅在法价值观上逐渐完善了伦理刑法文化模式的内涵，而且也在法源观念和法源制度上形成了一个成文律典的传统。[①] 而律（秦汉以来历代法典的统称）是中国古代用作定罪量刑的权威根据。这种法源制度下司法官的任务是以律办案，也就是在查清事实的基础上引用律条作出刑事判决，从而决定了我国古代刑事判决理由的主要部分在于说明案件事实的认定。只有在唐朝之后，律无明文规定的情况下才允许法官以例破律或以正统儒家思想指导下的宗族习惯法作为裁判刑事案件的一种依据。近现代以来，我国经历了向大陆法系国家学习和向苏联学习两个时期。新中国成立前，刑事诉讼制度主要以德、日法典为借鉴对象。新中国成立后，在彻底废除国民党政府旧法统的情况下，以革命根据地时期的刑事立法为基础，以前苏联刑事立法为借鉴开始了自己的刑事法制建设。但无论是德日刑事法、还是前苏联的刑事法，都是以制定法为传统法源的。虽然在新中国成立初期我国刑事诉讼经历了一段以政策为依据来裁判刑事案件的时期，但很快就又开始了政策的法律化进程。[②] 同样，要求法官“依法定案”一直是中国刑事判决的基调。

（2）证据制度与刑事判决理由。中国古代诉讼制度具有纠问式的特征。从中国的“神兽判案”就已经显示出端倪，西方的司法女神是蒙眼的，象征着一种司法官的被动形象；但中国的神兽则是两眼圆睁，代表了一种侦查和纠问倾向。[③] 在司法中，夏商以来以国王为首的各级司法官员就在审判活动中扮演着积极主动的角色，在证据的认定上逐渐发展出一套以人证为中心的调查方法，如司法人员早就总结出“以五声听狱讼”和“钩距问案”等方法。所谓“以五声听狱讼”，包括“辞听”、“色听”、“气听”、“耳听”、“目听”，要求问案人员注

① 刘学灵著：《儒学与法律文化》，复旦大学出版社 1992 年版，第 112 页。

② 武树臣著：《中国传统法律文化》，北京大学出版社 1994 年版，第 772～781 页。

③ 余定宇著：《寻找法律的印迹》，法律出版社 2004 年版，第 47～48 页。

意观察被讯问人的语言陈述、面色变化、呼吸频率、听力反应和目光神态，以判断其证据、认定案件事实。所谓“钩距问案”则是指司法者在讯问时采取侧面迂回和类比推论等策略，以查明案件事实。当然，自由证明是我国古代司法者认证的基本模式，司法者在对证据的采信及对案件事实的认定上基本不受法律的限定，其以自己的经验来作为认定案件事实的做法是普遍存在的。新中国成立后，在刑事诉讼中确立了重证据、重调查研究、不轻信口供的证据原则，但由于立法上没有建立具体和可操作性强的证据规则，在司法实践中法官对证据采信的自由裁量权仍很大。而无论是古代的“五听”、“钩距问案”法，还是近代以来的自由证明模式，司法者的个人因素如心证或常识常常成为其采信证据和认定事实的理由。这种情况在新中国成立后由于证据规则的缺失而被保存下来，反映在刑事判决文书中，则是对事实认定的公式化说明和判决的不说理特点。

（3）判词与刑事判决理由。考察我国古代的刑事判决理由，不应忽略对古代“判词”的研究。所谓判词，就是古代的司法判决（由于我国古代法以刑事法为主，判词也多属刑事判决）。古代的判词内容与体例各代略有差异，但大体上都包括事实、理由、主文三个部分，判决理由是判词的重要内容之一。[①] 因此，从结构意义上讲，判决理由一般被认为是依律令定罪量刑兼以情理、伦理、人情等因素来论证裁判的正当性的部分，不应包括对案件事实的详细剖析。例如，两周判词具有夹叙夹议、对事实仅作高度概括介绍、判决依律令定罪量刑、并非完全主观臆判等特点。[②] 两汉判词出现了颇具特色的“春秋决狱”，以儒家经典为法律理由来裁决案件。[③] 唐代判词说理的比重很大，注重修辞但却常不引律令。[④] 宋代判词中理学思想常常成为判案理由，许多案件中并没有严格的引用律令，引经据典之遗风尚存。明清时期，在说理上要求援引法律条文并加以具体

---

① 龙宗智著：《刑事庭审制度研究》，中国政法大学出版社2001年版，第420页。

② 马建石：《两周判词》，载《司法文书与公文写作》1985年第3期。

③ 唐文著：《法官判案如何讲理——裁判文书说理研究与应用》，人民法院出版社2000年版，第10页。

④ 由于至今所发现的唐代判词都不是实判，而是拟判，即判词不是法官所作判词，而是为准备考试或根据事实、案件创作出来的，因此，其说理所占的比重就大些，至于实判则只能由此而推测得知了。

论证。[①] 但也有学者认为我国古代的判决通用骈体文，逻辑性差。[②] 往往夹叙夹议，事实叙述和证据分析常常一并进行，裁判风格上也随法官意愿，缺乏严格的制度性要求，实际上理由与事实部分也并不十分容易区分。[③] 自沈家本清末修律以来，中国刑事判决文书采用了德、日的“主文——事实——理由”三段论结构。清末宣统年间由奕劻、沈家本编纂的《考试法官必要》不仅将说理部分提到相当高的地位，还固定了判案理由之表述形式。要求刑事判决书写明“证明犯罪之理由”、“援引法律某条”、“援引法律之理由”。[④] 民国时期沿袭了清末刑事裁判书结构，更加注重判决理由，如裁判文书格式规定有罪刑事判决书应记载：认定犯罪事实所凭之证据及认定之理由；对于被告人有利之证据不采纳者，其理由；刑罚有加重或减轻或免除者，其理由；易以训诫或缓刑者，其理由；谕知保安处分者，其理由；适用之法律。[⑤] 有学者通过对民初大理院之《华洋诉讼判决录》分析认为，民国判决书将理由部分与事实部分分开，说理单列，相应地突出了其地位。[⑥] 这种刑事裁判文书结构影响了共产党领导下的边区刑事判决书格式，后为我国台湾地区继承和发展，如林山田所说“判决书应分别记载裁判之主文与理由；有罪之判决书并应记载事实。至于无罪判决则无犯罪事实可记载。”其理由部分基本上与民国时期相同。[⑦] 新中国成立后，批判继承了古代判词格式，以革命时期边区的刑事判决为基础，参照前苏联的某些经验，创制了影响中国刑事判决文书结构 40 年的格式，即“首部 + 法院认定事实 + 法官认定理由 + 法院判处结果 + 尾部”模式。这一模式强调法院审判的中心地位，突出了事实而轻视说理，[⑧] 相应的，判决理由被限定在对裁决决定的简单法理分析上，而与事实证据部分相分离，判决说理的特征相对被人为弱化。

---

① 如在《强抢处女之妙判》的判词中，有一半以上的篇幅引述了清律有关抢婚规定来阐述主从犯的罪责和量刑，从而使判案依据显得非常充分。又如清代张问陶关于“拒奸杀人”之判，不仅对案件事实作了深入的分析，还结合当时的法律陈述了判案理由。参见唐文著：《法官判案如何讲理——裁判文书说理研究与应用》，人民法院出版社 2000 年版，第 69 ~71 页。

② 贺卫方著：《司法的理念与制度》，中国政法大学出版社 1998 年版，第 188 ~217 页。

③ 龙宗智著：《刑事庭审制度研究》，中国政法大学出版社 2001 年版，第 427 页。

④ 潘庆云著：《跨世纪的中国法律语言》，华东理工大学出版社 1997 年版，第 31 页。

⑤ 周道鸾主编：《法院刑事诉讼文书样式的修改与制作》，人民法院出版社 1999 年版，第 9 ~ 10 页。

⑥ 唐文著：《法官判案如何讲理——坟头文书说理研究与应用》，人民法院出版社 2000 年版，第 77 页。

⑦ 林山田著：《刑事程序法》，五南图书出版社 1998 年版，第 385 页。

⑧ 侯兴宇：《从刑事裁判文书的发展看司法公正的塑造》，载《贵州警官职业学院学报》2003 年第 1 期。

（三）结论

通过对刑事判决理由历史演变过程的梳理，我们可以发现：刑事判决理由经历了以神的神圣性来说明判决结论的合法性、合理性到以法律原则来论证判决结论合法性、合理性的过程，由内心理由秘而不宣到公开判决理由成为一项制度化要求和裁判者义务的过程。那么这种表现是由什么引起的呢？从法律本身恐怕很难找出令人信服的解释，我们不得不从社会历史的发展变迁中来思考其深层次原因。

四、刑事判决理由的决定与重塑

笔者前文就刑事判决理由的起源、流变进行了较为系统的梳理，指出了刑事判决理由从古到今的转变趋势：它经历了以神的神圣性来说明判决结论的合法性、合理性到以法律原则来论证判决结论合法性、合理性的过程，由内心理由秘而不宣到公开判决理由成为一项制度化要求和裁判者义务的过程。应该说这还只是一种表象，这种表象的背后隐藏着更深层的决定因素。接下来，我们试图以社会学视角来揭示这些深层次原因，并展现现代社会对刑事判决理由的塑造趋向。

（一）刑事判决理由的决定

从社会学角度来看，刑事判决理由是由经济性因素所决定，并在一定的社会出现趋同；而政治、文化和法律传统则是刑事判决理由的重要影响因素，不同国家间政治、文化和法律传统的差异影响了相同社会经济类型中刑事判决理由的内容。

1. 刑事判决理由的决定性因素：社会经济类型

从社会学的角度来考虑，刑事判决理由的演变不是自身孤立进行的，而是社会各种因素综合作用的结果。人类社会从前现代社会到现代社会、从农业文明到工商文明、从小农（封建）经济到市场经济的类型转换对刑事司法产生了重大影响，这些影响是刑事判决理由发生变化的社会背景和根本原因。

在前现代社会，人类对自然、社会的了解相对有限，科技知识极不发达，整个社会充满了对自然力量的崇拜，在刑事司法判决中有许多事情是人们无法用已有知识进行认定的，由此不得不借助于神的力量来作出判断，并对其合理性给予说明，这就使刑事判决理由具有了超自然的非理性因素。更为重要的是，前现代社会主要是一种小农经济（中国）或封建经济（西欧），农业是这种社会的主要产业，工商业在社会经济中所占比重不大。农业生产和小农（封建）经济条件下，人们主要是以土地为生产资料并从种植业中获得生活必需品，其生产的主要目的是自给而不是交换，这决定了其参与社会活动的机会较少，且范围狭窄，一般情况下社会内发生纠纷的数量不多且解决机制多样，刑事司法在社会中所起的作用和影响是相当有限的，而其功能也主要是用来解决纠纷。[1] 在个案中，当事人关注的是处理结果是否公正而不是判决理由是否公开。对其他人来讲纠纷更多的是具体的，并不带有普遍性，纠纷解决一般只对当事人具有意义，对其他人则很难产生影响。由此人们也不会关注法官是否公开判决理由，这种情况很难使法官公开判决理由成为一个制度性要求。

这一切在现代社会和市场经济的冲击下发生了根本的改变。市场经济引起了农业社会向工商业社会的转变，人们的生产更多的不是为了自给而是用于交换并获利，利益的最大化要求资源向有利其实现最大化的地方流动，市场化、城市化发展引发了资源的广泛流动，包括功能人口的流动。人们的经济行为日益复杂化，交往对象日益陌生化，对经济利益的追逐促使更多犯罪类型和数量的增加，而国家对经济生活的介入也使得法定犯越来越多，这一切都使人们需要在社会中明确规则以降低行为的风险。表现在法律生活中则要求刑事立法的明确化、稳定化及刑事司法的形式化、程序化。在这种背景下，作为支持刑事判决结论的刑事判决理由不得不把理性的法律作为论证的根据，而且市场经济对预期的需要也促使法官公开判决理由成为一项制度性要求。刑事判决理由在市场经济条件下不仅对当事人之间的纠纷解决具有意义，而且受到了更多人的关注，获得了规范社会生活的属性。这些分析再次印证了本文在导论中提出的论断，即刑事判决理由是审判过程中形成的，更是社会经济文化因素决定刑事司法的产物。不同的社会由于经济类型的不同，对刑事判决理由的需求也不同，并进而影响了其内容、功能和公开与否。

2. 刑事判决理由内容在现代社会中的趋同

由于现代国家大都是市场经济国家，他们对刑事司法的需求具有相似性，由此决定了现代社会中刑事判决理由的趋同性。通过比较笔者发现：现代社会中的刑事判决理由都包括以下内容，即法律理由，内心理由、展示理由，个别理由、综合理由、整合理由、实定化理由，形式理由和相同意见。这些相同点就是由现代社会所要求的理性刑事司法所决定的。

从总的情况看，现代社会主体对合理预期的要求促使法律的形式化，使国家制定法具有更多的刚性特征。但社会生活又不可能是不变的，法律的刚性与社会生活的变动不居就会产生矛盾，在刑事领域中对严格罪刑法定原则的修正就是其表现之一。而法律理由是对要适用的法律的选择和解释的说明，其目的是建立刑事法律与案件事实之间的合理关联，但法具有抽象性、滞后性，案件事实又是具体的，两者之间要建立合理的关联离不开合理的解释和说明。因此，无论在欧洲

① 在前现代的中国社会中长期有着“民不告、官不纠”的观念，在西方社会长期以来国家也并不认为刑事犯罪是对整个社会利益的侵害，而更多地作为一种私人纠纷来看待。

大陆、英美法系国家还是中国，刑事判决理由中都存在法律论证部分。尤其是在英美法系国家，由于判例法本身就是由法官所创制的规则，对刑事判例的区别与遵循需要较刑事制定法更多的说明，所以在刑事判决理由中法律理由所占比重极大。不但包括法院对既往判例的详尽回顾，而且很多时候还引证法学论著以及法官从学理上探讨案件的情况和处理，从而使整个判决意见带上浓厚的法学论证色彩，在某种程度上类似于我国法学研究中的个案分析。事实上，美国联邦最高法院的判决书本身一直是法学新理论和新观点的主要来源，成为法学家研究的重要对象，其判决书也由此而被称为法律判决书。①

人类的认识规模和心理学表明，在对某一事物判断时，一般来讲都是有一定根据的，这种根据可能是理性的，也可能是非理性的。近现代刑事裁判脱去其蒙昧与野蛮的原始状态后，基本上可以归入理性裁判之列。由于现代刑事裁判不仅涉及当事人最为重要的利益，而且将对更多人的行为产生影响，因此在刑事裁判中人们力图去除非理性因素，这就要求裁判者每一个判定性的认识都要有合理的根据，而且对外展示理由也成为一种必要。内心理由用来说服裁判者本人，而展示理由则用来说服当事人和公众。② 这两者在各国刑事判决理由中成为一种共性要求。这种对理性刑事司法裁判的过程性解说同样可以用来解释为何现代社会中的刑事判决理由都包含了个别理由、综合理由、整合理由、实定化理由。

同样，现代社会对合理预期的要求不仅引起了立法的形式化，也引起了司法包括刑事司法的形式化，表现在程序规则的加强、对法条任意解释的严格限制、对司法结论唯一性的要求。形式理由是法条主义的产物。法条主义认为，“如果相关的事实被认为可以根据某一规范性的标准而纳入了某一特殊类型，官员们就应当作出相应的类型化决策。决策的妥当性只能根据是否忠实于可适用的标准来评估”。③ 相同意见则是刑事司法对司法结论唯一性要求的迎合，是对社会合理预期要求的一种满足。

3. 刑事判决理由的重要影响因素：政治、文化和法律传统

当代市场经济国家的刑事判决理由存在着趋同，但也有许多差异，如在事实理由、实体理由、不同意见上各国的做法就相当不同，这主要是由国家间政治、文化和法律传统不同所引起的。

（1）事实理由缺失。英美法系国家有陪审团参加的刑事判决书中，判决理由不包括事实理由，而主要是放在先例的选择和阐释上。为何会出现事实理由的

---

① 左卫民著：《刑事程序问题研究》，中国政法大学出版社 1999 年版，第 78 ~ 79 页。

② 沈达明著：《比较民事诉讼法初论》，中信出版社 1991 年版，第 245 页。

③ ［美］米尔伊安·R. 达玛什卡著，郑戈译：《司法和国家权力的多种面孔——比较视野中的法律程序》，中国政法大学出版社 2004 年版，第 32 页。

实定化缺失呢？英美法系学者的理由是陪审团机制。因为在有陪审团的案件审理中，事实发现是委诸于陪审团的，法官的职责仅在于量刑。而陪审团作为民众参与司法的形式是无须说理的。在大陆法系国家，事实理由则成为刑事判决理由的主体。原因在于，大陆法系国家一般认为刑事立法是明确的，刑事司法中应遵循罪刑法定原则的要求，法官不得“造法”。大陆法系国家一般是以三段论逻辑推理为基础进行刑事裁判的，法律理由是“大前提”，事实理由是“小前提”，而判决结果则是由法律理由加事实理由的必然推论。可见，在形式逻辑的连接下，法律理由和事实理由是判决结论的必要条件，无论缺少哪一个，人们都会对“何以抽象的法律能适用此案”产生疑虑。而三段论逻辑中的小前提——案件事实的认定则是由法官的心证来决定的，自由心证原则要求法官的心证需要符合逻辑和经验法则，其对证据的裁量权必须得到有效制约，这就要求法官在认定案件事实时要有充分的理由。

（2）实体理由缺失。英美法系国家在刑事判决中多展现实体理由。比较典型的是美国联邦最高法院的刑事判决书，其中既有实体理由，也有来自于权威法律渊源的形式理由。相比之下，实体理由在大陆法系国家和我国刑事判决中所占比重很小或根本没有实体理由，如意大利、波兰，其形式理由所占比重很大，法国则把援引刑事法律作为判决的唯一理由。刑事判决中缺失实体理由的原因在于：首先，理论上认为立法是明确的，法官判案应普遍运用三段论的演绎式推理模式得出结论，不承认法官的“造法”功能。其次，在国家权力的配置上，立法机关被认为是公意代表，其在立法时已经对道德、政治、文化、经济、社会等方面的因素作了综合的平衡，所以司法机关在适用法律时无须做过多实体方面的考量，它必须尊重立法机关的权威。最后，形式理由与实体理由表现了不同的法治理念，实体理由是“实质正义”的决策标准的产物。这种被称作实质正义的决策标准指“把实践的常识和审慎与伦理、政治或宗教规范混合到一处的混合物”，它与法条主义相对立，“并支持这样一项推论：这一混合物承载着许多无法调和的集体价值和目标。实质正义的标准是开放的，而且只能不完全地体现在以文本的形式固定下来的规则中”[①]。也就是说，裁判者不仅关心一项判决是否合法，更关心它是否是正义的。在符合正义而不“合法”时，宁愿牺牲合法性而追求正义。以此可见，形式理由和实体理由虽都是裁判正当性的支撑，但其表现形式、秉承理念却相去甚远。

（3）不同意见缺失。英美法系国家有展示不同理由的一贯做法，但大陆法系国家传统上只展示一种意见，如今情况虽已有松动，部分国家的刑事判决中开

---

① ［美］米尔伊安·R. 达玛什卡著，郑戈译：《司法和国家权力的多种面孔——比较视野中的法律程序》，中国政法大学出版社 2004 年版，第 42 页。

始出现不同意见的尝试，但法国、德国和意大利的刑事判决中仍只展示一种意见，我国也是如此。其原因在于认识上的差异。具体而言，大陆法系学者认为对不同意见的展示会损害司法权威；而英美法系学者则认为不同意见的展示有积极的价值，因为它可以促使法官更加深入地考虑裁判作出的理由，从而增加判决的说服力和合法性，多数意见是在正面支持判决，而少数意见则是在反方向“支持”判决。此外，英美法系学者认为不同意见展示还具有法理学的意义，可以启发人们去发现新问题、提出新理论，从而推动法学和判例法的发展和更新。[①] 在当代市场经济中各国刑事判决理由内容表现出的趋同性与差异性说明任何一项制度的形成都不是单个因素决定的结果。从经济决定政治这个角度来讲，我们可以把刑事判决理由相关制度的要求解释为现代理性市场经济的需求，是刑事司法对经济形态的一种回应。但我们不能忽视政治文化等因素对刑事判决理由的影响力，只有这样才能更为全面地认识这一问题。

（二）现代社会对刑事判决理由的重塑

现代化是由经济变革引起的一场波及全社会的巨大革命，经济活动的理性化特征要求政治生活、权力运作方式与之相契合，由此现代社会在经济变革的强大推动力下，对社会政治架构、思维方式、文化传统等进行了全面的改造与重塑。

1. 现代社会对刑事司法提出的两种需求及其矛盾

（1）现代社会和市场经济对社会生活的确定性需求要求刑事司法的确定性。现代社会以市场经济为基础，理性经济是市场经济的必然要求。由于社会分工和专业化，市场中的主体的生产是以交换为主要目的，这种生产活动从投资、生产到交换的实现都是依靠市场来完成的。这就使市场主体的活动可能面临着来自市场中各种不确定因素的众多危险，而任何危险都可能导致商品生产难以为继。为了尽可能地避免这种危险的发生，经济活动需要确立各种交易规则，以使人们通过交易规则稳定交易秩序。通过这些明确的规则，市场主体可以预测交易活动中的成本与收益，规避可能发生的危险。这种经济活动的稳定性需求引发了社会政治生活和人们思维方式的转变，促使了国家政治权力的规则化运行，在刑事司法领域最典型的反映即罪刑法定和程序刚性。市场经济条件下，刑事法介入了社会生活的多个方面，如融资、生产质量、市场交易、保险，出现了更多的行政犯，刑事司法则可能处分市场主体最重要的人身或财产性利益，因此在市场经济条件下必然要求尽力去除其任意性。罪刑法定要求刑事法规则事先确定和明确，刑事司法必须以这种确定和明确规则为依据；程序刚性则要求对案件事实的认定规则和程序的明确和确定。这样，市场主体才可以根据明确的法律和程序原则来预测自己行为的后果，开展各种社会活动。

---

① 左卫民著：《刑事程序问题研究》，中国政法大学出版社 1999 年版，第 81 页。

（2）现代社会和市场经济的革命性趋向要求刑事司法的回应性。现代化过程和市场经济又是一种革命性的经济，它要求的利益最大化原则要求社会资源的最佳配置，引发社会资源的大规模流动，并不断地推动技术、制度方面的创新，这种社会生活的变化剧烈程度是农业社会从来没有过的。社会变动必然引起社会生活各方面的调整，如经济布局、城乡关系、产业结构、收入分配、社会阶层的变化，也必然导致利益格局的重新调整，纠纷和犯罪数量的上升、新类型的出现。例如，各国城市化进程中往往伴随着流动人口犯罪的激增。流动人口进入城市后，常受到各种不公正的对待，干最累的工作、拿最少的工资、住最差的房子，并可能受到各种歧视。这种境况导致流动人口心理上产生“相对贫困感”和“被剥夺感”①，并最终导致流动人口犯罪的大量产生。刑事司法对这种犯罪的处理是无法回避的，但这种犯罪是由多种社会不公因素引发的，某种程度上具有“逼上梁山”的意味，具有一定的道德正当性，如果对犯罪进行追究的话，刑事裁判和追诉活动的正当性就会遇到社会道德因素的挑战，如何确立这种刑事裁判结论的正当性成为刑事司法无法回避的问题。

（3）刑事司法的确定性与回应性的矛盾。刑事司法的确定性与回应性存在着内在的矛盾。刑事司法的确定性要求罪刑法定、遵循先例和严格遵守诉讼程序，刑事司法的回应性则要求刑事司法关注社会变化，针对社会需求不断对裁判方向进行调整，以实现对社会的控制，并以自己的裁判符合社会主流价值的变化来确保其合法性，这在一定程度上要求突破刑事制定法和刑事判例的束缚，突破诉讼程序的规制。这两者间的冲突是通过刑事司法体制内部功能的分化来解决的。

2. 刑事裁判体制内部功能的分化

社会对刑事司法的两种需求及内在的矛盾导致了刑事裁判体制内部的功能分化，具体表现在以下三个方面：

（1）初审法院与上诉审法院的分化。在现代或工商社会中，由于对规则之治的强调，对犯罪的惩罚不仅对当事人有意义，而且对社会也可能产生普遍的意义，尤其是在社会转型时期，一种犯罪可能因新的社会条件获得新的意义。例如，在现代中国，城市财产性犯罪中农民工犯罪占了很高的比例，财产性犯罪的罪名并没有发生变化，但实际的犯罪群体与农业社会已经大不相同。这要求一国的最高法院更多地从社会公共刑事政策的选择上来回应这一问题，也就是说，最

① 相对贫困是相对于绝对贫困的一个概念，指由于收入不均和贫富差距引起的人们心理的贫困感。比如，在同一个城市中，有人年收入 10 万美元，而有人年收入 1 万美元，收入 1 万美元的人实际上并不算真正的贫困，但他却认为自己是贫困的。这是现代犯罪学中经常使用的一个概念。

高法院的功能更多的不是如何依照刑事制定法来惩罚犯罪，而是依照社会情况对犯罪的处罚作出调整，并确立处理此类犯罪的新的规则。由此，最高法院得以区别于一般法院的审判功能，更多地承担着依据社会变动对公共刑事政策作出选择的功能。这一分化在19世纪末和20世纪上半叶欧美各国都有体现。美国及其各州初审法院与上诉审法院的分工尤其典型。这一时期的美国联邦最高法院首席大法官文森明确宣称美国联邦最高法院的职能是“根据宪法、法律和条约来解决在联邦问题上具有广泛重要意义的意见冲突”①。而在马歇尔担任首席大法官之前，美国联邦最高法院的功能与其他法院的功能并无不同。在欧洲，由于议会立法更为活跃及司法的传统更为消极，上诉审法院，包括最高法院，虽然不如美国的上诉审法院那样能动，参与立法形成社会公共政策，但也还是开始更多协调国内各法院之间的法律冲突，或依据新的公共政策以解释法律的名义创设法律。②

（2）法律审与事实审的相对分离。初审法院与上诉审法院的分工必然导致事实审与法律审在两者之间的相对划分。上诉审法院更多的不是纠缠于事实问题，而是依据公共政策，选择对社会有重要意义的法律问题进行处理，以刑事判例或法律解释的方式来确立适应社会的新的罪刑规则。而初审法院则更多是在关注事实问题，以对各种一般的纠纷给予解决。这种法律审与事实审的相对分离主要体现为欧美各国的三审终审制度，初审法院负责一审，上诉审法院尤其是第三审法院只关注法律审。

（3）程序柔性与程序刚性的双重强化。上诉审法院与初审法院的分工、法律审与事实审的相对分离导致了刑事司法程序柔性与刚性的双重强化。上诉审法院由于偏重对社会问题的回应和公共刑事政策的选择，刑事司法程序表现出一定的灵活性，程序外因素对刑事司法判决可以产生较大影响；而在初审法院，由于法律平等适用和相同案件相同对待的要求，程序的刚性需求增加，趋向于以更为严密的程序规则来维护裁判的确定性。

3. 刑事判决理由内容、程序及功能的重塑

刑事裁判体制的上述变化使刑事判决理由的内容、程序和功能发生重大变化，具体而言：

在内容上，由于上诉审法院与初审法院的分工、法律审与事实审的相对分离，上诉审法院的刑事法官更多地关注法律理由、实体理由和不同意见，对公共刑事政策的选择实际是通过把重大社会问题转化为法律问题来处理的，而对这一

---

① 参见文森大法官在1949年美国律师协会年会上的讲话，转引自苏力：《最高法院、公共政策和知识需求》，载苏力著：《道路通向城市》，法律出版社2004年版，第150页。

② 苏力：《最高法院、公共政策和知识需求》，载苏力著：《道路通向城市》，法律出版社2004年版，第150页。

问题的处理又可能产生多种方案，需要借助于刑事制定法之外的社会知识进行论证，由此决定了法律理由、实体理由和不同意见对上诉审法院的重要意义。而事实理由、形式理由、相同意见更多地受到初审法院的关注，这是由初审法院主要解决纠纷职能和必须保证法律适用的统一的要求所决定的。

在程序上，上诉审法院与初审法院的分工、法律审与事实审的相对分离同样导致了程序刚性对上诉审法院程序和初审法院程序的不同要求。在上诉审程序中，由于更多地关注公共刑事政策的选择，判决理由以实体理由为主，需要引入程序外因素对公共刑事政策的选择进行说明，因此允许一定程度上突破诉讼程序；而在初审法院这种突破一般情况下是被禁止的，为了增加刑事判决的确定性，从裁判主体、证据选择、事实认定、法律解释、裁判逻辑上都要求有明确细致的程序规制。

在功能上，上诉审法院与初审法院的分工、法律审与事实审的相对分离还引起了刑事判决理由功能的转变。在上诉审法院与初审法院职能不分、法律审与事实审不加区分的情况下，刑事判决理由的功能更多的是一种诉讼功能，是为个案的刑事裁判结论提供合法性；而在上诉审法院与初审法院的分工、法律审与事实审的相对分离的情况下，上诉审法院及其法律审所形成的刑事判决理由不仅对个案的刑事裁判结论提供合法性，而且还为新的刑事规则的确立提供合法性论证。

五、我国刑事判决理由的问题与出路

当代中国正处于一个大的社会转型时期，这一转型首先是社会经济类型的转变，其次也伴随着深刻的政治体制、文化观念、思维方式的变革。我国刑事判决理由所发生的各种问题正是这一转型引起的，因此，我们探讨当代中国的刑事判决理由的问题及出路应以这一背景为出发点。

（一）中国社会转型及其与刑事司法的张力

从经济发展角度看，经过几十年的建设特别是改革开放 30 余年高速工业化进程以后，到 20 世纪末 21 世纪初，我国已经由农业大国成为名副其实的工业大国。在能源、冶金、化工、建材等工业主要领域形成了庞大的生产能力，主要工业产品如煤炭、钢铁、发电、原油等产量已居世界前列，工业产值和增加值总量仅低于美国、日本和德国；工业经济在整个国民经济中已占主体地位。第一产业在国内生产总值中的比重 2003 年下降到 14.6%。国民财富的主要来源是工业，国民经济结构已经实现从农业经济为主体到工业经济为主体的转变。[①] 伴随着工业化的经济高速增长、城市化进程的加快，出现了利益格局的调整和各种矛盾的

① 参见《工业大国已是我国基本经济国情》，载《中国经济信息网“中经评论”专栏》2005 年 1 月 19 日。

激增。据统计，2003 年中国 GDP 增长达到 9.1%，2004 年 GDP 增长高达9.5%左右；城市化速度 1993 年为 28%，2004 年达到 42% 以上。近几年来，我国城市化水平以年均近 2 个百分点的速度增长。内地城市数量也从改革开放初期的 193 个增加到 661 个，城市经济对我国 GDP 的贡献率已超过 70%，城市化水平每提高一个百分点，新增加的城市人口大约为 1500 万。[①] 随着城乡、工农业产业布局和经济结构的调整，人们的利益格局发生了巨大变化，由此引发了高犯罪率。据统计，2005 年，全国公安机关共立经济犯罪案件 7.2 万起，涉案总值 1463 亿元。金融、证券、财税、商贸等领域的经济犯罪大要案频发，涉案金额巨大，不仅侵犯广大人民群众的切身利益，而且易使金融、证券市场以及各商贸领域的经济活动产生波动，影响企事业单位的正常经营运转，对社会主义市场经济的稳步运行产生极大危害。[②] 另外，人口流动引发了大量农民工犯罪现象。统计显示，2002 年至 2005 年，某法院刑庭判决有罪案犯 1189 人，其中农民犯罪人数为 606 人，农民工犯罪人数为 243 人，农民工犯罪人数占农民犯罪人数的比率为 40.1%。[③]

为了适应社会转型的需要，应对日益严峻的犯罪形势，我国的刑事立法明显加强。与 1979 年刑法典相比，1997 年修订的刑法典条文数量由 192 条剧增到 452 条，不仅章数由原来的 8 章增至 10 章，而且罪名由 130 余个增至 400 余个，并对破坏社会主义市场经济秩序罪进行了重点修订。为加强对刑事诉讼过程的规制，1996 年刑事诉讼法典对刑事诉讼的立案、侦查、起诉、审判程序，证据的认定与采纳等进行了较为细密的界定。罪刑法定、无罪推定、司法独立、审判公开、有效辩护等原则基本确立。即便如此，刑事司法与社会转型之间仍存在着明显的张力：一方面，实践中存在着“重实体，轻程序”倾向，程序性违法比较普遍，市场经济所要求的理性刑事裁判过程并未完全确立；另一方面，刑事立法的滞后缺陷无法通过刑事司法裁判过程得以补足，刑事司法无法对社会转型中出现的新问题进行有效的回应。最典型的如农民工犯罪，对于道德上具有一定正当性的农民工犯罪为何要科处刑事处罚，刑事司法仅从现行的制定法中不能提供令人信服的解说。因此，从整体上来看，我国的刑事司法并不能适应我国目前特定转型时期社会的需求，这一状况同样表现在刑事判决理由上。

---

① 参见《2004～2005 年中国社会形势回顾与展望》，载《中国经济信息网“中经评论”专栏》2005 年 1 月 10 日。

② 参见《当前经济犯罪呈五大特点　经济发达地区发案高》，载《法制日报》2006 年 2 月 14 日。

③ 参见钱军、周海霞：《农民工犯罪率居高不下令人关注》，来源于 http://www.dffy.com。

（二）我国刑事判决理由存在的问题

从总体上看，目前我国刑事判决理由存在的问题主要表现在以下三个方面：

1. 刑事判决理由的内容简单紊乱

一方面是内容简单。表现为刑事判决书结构呆板、模式僵化、不能因案制宜地突出裁判中心和争议点。特别是在围绕裁判内容查清事实、适用法律和最终得出判决结论的结构层次和论证递进上暴露出明显的缺陷，多数裁判文书呈现千案一面、千篇一律的程式化倾向。而且，查明案件事实的过程过于简化，叙明各种证据和法院认定事实的关系过于概括，让人难以从中详细了解双方的证据以及法官的采信情况，更难以看出法院通过诉讼程序评判当事人是非曲直的全过程；在说理部分通常只是一般性地陈述法院的意见，缺乏为什么作出和怎样形成这样意见的全面详实的叙述，只有法条数码的简单引称。看不到适用法条的具体内容，看不到原、被告就相关法律适用的意见和理由，看不到法官在认定事实和选用法条之间逻辑关联上的阐明，更看不到法官采纳或不采纳哪一方意见及其下判的精致的法理分析。使人只知其“应然”，却不知其“所以然”。另一方面是内容紊乱。由于没有初审法院与上诉审法院的职能划分，一审法院、二审法院都要对事实、法律问题进行全面的审查，表面上看兼顾了两个方面，实际上这种把事实问题与法律问题集中在一个程序中解决的做法，使各级法院都纠缠在事实问题上，产生了对事实的多种认定结果，使一审、二审和再审在案件事实上产生冲突，也必然导致事实理由相互矛盾，含混不清。

2. 刑事判决理由的形成程序缺乏刚性

（1）裁判主体的扩大。裁判主体同样是提供判决理由的主体，但我国刑事司法实践中却广泛存在着裁判主体的扩大化现象。审判委员会和院长、刑庭庭长等非裁判主体常常对判决有重大影响。

（2）自由裁量的失范。法官的自由裁量权是判决理由存在的必要根基，而判决理由又是约束自由裁量权的必要手段。我国刑事法官在证据认定和法律解释上普遍存在着自由裁量权的滥用现象。由于缺少相应的证据规则和法律解释规范，调查、采信证据和法律解释活动的裁量权几乎全部委诸于法官。这种没有限制的裁量权加上我国目前参差不齐的法官素质，引发了大量司法裁量权滥用的问题，形成了普遍的证据采信、法律解释的任意化倾向。

（3）法律推理的机械。法律推理是特定法律工作者利用相关材料构成法律理由，以推导和论证司法判决的证成过程或证成方法。[①] 长期以来，我国的刑事裁判是以法律形式主义为依据的，这种法律推理逻辑认为：法律体系具有逻辑的

① 解兴权著：《通向正义之路——法律推理的方法论研究》，中国政法大学出版社 2000 年版，第 19 页。

自洽性，社会生活中发生的案件均可依逻辑方法从现实法律体系中获得解决；法官之推理活动应严格按照形式逻辑要求进行，极力避免主观个人价值判断的侵入，同时否定法官的能动作用，将其视为适用法律的机械，只能对法律作三段论操作。[①] 显然这就否定了法官个性因素、忽视了法律的个别正义、排斥了学理的分析、拒绝了实体理由、造成了逻辑与历史的割裂，无法在裁判过程中形成裁判者与当事人的互动，并致使判决被一种简单的演绎推理所证明，缺乏应有的厚度和深度。在这种形式逻辑指引下的判决书则以简练的文字直接阐述“事实”，同时根据这些“事实”，引出运用的法律，在论证未展开，推理缺乏有效的、实质性的理由支撑的情况下，直接作出判决，使案件事实和适用法律之间缺乏连接的桥梁，不能以理服人。

（4）评议程序的虚置。在刑事判决理由的形成过程分析中我们得知，评议程序不仅是裁判组织内成员通过协商达成最终裁判结论的必经程序，也是判决理由表达、整合并达成优势判决理由或统一判决理由的重要过程。但实际上，我国由于很多案件存在着先定后审的现象，评议对案件的判决结论不具有最终的决定效力，因此在评议中多数是象征性地表决了事，根本就不存在各法官对自身形成的判决理由的表达、整合行为，使评议程序长期处于虚置或半虚置状态。

（5）文书格式的僵化。在长期的审判实践中，刑事裁判文书形成了一套严格而特殊的格式，表现出程式化的特性。这就要求制作人员必须遵守这些格式，不允许随意变更，自由创造，以保证裁判文书内容要素的完备、规范、合法、有效。但是表述程式上的“千篇一律”并不意味着文书内容上的“千案一面”。实践中却往往把判决书格式上的程式化演化为表述上的程式化，在裁判书中既不表述证据、事实认证理由，也不表述法律解释和裁判的推理过程，而以一定的程式化语言来替代，致使刑事判决书的论证力度不够，说服力不足，既影响法院的裁判质量，也损害了法官的公正形象。

（6）公开媒介的有限。从刑事判决理由的沟通功能我们可以知道，刑事判决不仅是法院对刑事被告人刑事责任问题的权威性认定，也是社会公众了解国家对某种行为态度的重要工具，以使其成为预测自身行为的权威标准。长期以来，我国的刑事判决公开机制运作不佳，人们了解刑事判决的途径十分有限，只有一些重大案件的判决才能出现在媒体报道中，对一般刑事判决除当事人外，人们很难能有更多的了解。刑事判决的公开媒介不足，不仅使人们对刑事裁判的公正性产生疑虑，也给刑事裁判的不说理披上了庇护的外衣。

3. 刑事判决理由的功能难以发挥

刑事判决理由最根本的功能在于为刑事裁判结论提供合法性。但现有的刑事

---

① 梁慧星著：《民法解释学》，中国政法大学出版社 1995 年版，第 196 页。

判决理由内容简单，表述程式化，推理过程机械，无法为刑事裁判结论提供这种合法性论证，也不可能达到使当事人信服裁判结论的目的。现有的刑事判决理由没有初审法院与上诉审法院理由的划分，没有审级制度在法律审与事实审之间的相对区分。一审法院、二审法院、再审法院往往都纠缠在事实问题上，没有更多的精力来关注法律问题，加之我国缺少刑事判例制度的支撑，上诉审法院无法通过对法律问题的处理回应社会，无法引入制定法之外的因素对刑事裁判结论的合法性进行说明。因此刑事判决理由在现代社会中所特有的确立规则、补充立法漏洞的作用就无从落实。

（三）我国刑事判决理由改革的出路

我国刑事判决理由出现的各种问题从根本上说是由刑事裁判体制与中国社会转型的错位引发的。改善我国刑事判决的说理状况，塑造理性的刑事司法过程，首先应从刑事裁判体制的改革入手，区分初审法院与上诉审法院的功能，科学设置审级制度，实现刑事裁判中事实审与法律审的相对区分，在此基础上针对不同的法院合理确定其刑事判决理由的内容，规范其刑事判决理由的形成程序，以此塑造出既具有一定的柔性又具有一定的刚性，既能为社会提供合理预期又能对社会重要问题及时回应的刑事司法。

1. 刑事裁判体制的改革

改革刑事裁判体制，首先，要合理划分初审法院与上诉审法院的功能。中国的最高法院应逐渐弱化其解决纠纷的功能，而把自己塑造为一个上诉审法院。需要由最高法院处理的刑事案件不应以其涉案金额、人数多少、社会影响来划分，更不应当以涉案人数的社会地位来决定，而应当是社会中发生的具有重大意义的问题。这种问题“不是人们认为的伟大的争议和伟大的案件，而是一些渺小的决定……然而其（这些问题）中的更为广阔的理论酵母，因此可能给法律的肌体组织带来局部的深刻变化”[①]。通过这些法律问题的解决，实现最高法院对公共政策的选择和相关规则的确立。而基层法院和中级法院可以塑造为初审法院，致力于事实问题和纠纷的解决。这样就可以有效地解决现代社会对刑事司法提出的回应社会和理性裁判的双重需求。其次，科学界定审级制度以相对分离事实审与法律审。为了区分上诉审法院与一审法院的功能，还应当改革现有的两审终审制为有限的三审终审制。一审法院全面对刑事案件的事实、法律问题进行审理和裁判，二审法院则只审查法律问题，三审法院也就是典型意义上的上诉审法院只审查对社会有重大意义的法律问题。最后，建立符合中国的刑事判例制度。刑事判例制度相对于司法解释来讲有其自身的优点，它一方面可以保持规则的确定性

① 该观点是霍姆斯于1901年提出的。参见苏力：《最高法院、公共政策和知识需求》，载苏力著：《道路通向城市》，法律出版社2004年版，第149页。

以满足人们对合理预期的需求，另一方面通过刑事判例的特有区别技术，司法裁判者们可以就同一刑事判例确定不同的生长方向，以便在形式的确定性下保持规则的灵活性。就中国来讲，刑事判例的创制权应仅限于最高法院，可以考虑用刑事判例来代替司法解释。当然在中国建立刑事判例制度会突破现有政治体制，其难度较大，但从刑事判例制度已经在大陆法系国家中得以建立的实践来看，在中国建立刑事判例制度并非不可能。

2. 刑事判决理由内容的合理定位

对于刑事判决理由内容的合理定位，一方面，高级法院和最高法院由于是作为上诉审法院来存在的，其只处理案件的法律问题，尤其是最高法院所考虑的主要是社会因素而不是程序内因素，本身又可以创制新的刑事判例，由此决定了此类法院的刑事判决理由的内容以法律理由、实体理由、不同意见为主调。上诉审法院通过把重大社会问题转化为法律问题，以社会中的主流价值等程序外因素来对裁判结论合法性提供支持，并在必要的时候合理突破现有刑事规范，以刑事判例的形式作出公共政策的选择，从而达到其确立规则的功能。另一方面，作为主要解决刑事纠纷的初审法院，基层法院和中级法院要对事实、法律问题进行全面的关注，其侧重点在于事实问题。同时作为下级法院，其负有统一各地刑事法律适用的责任，这要求其必然严格地适用刑事制定法或遵循先例。这两方面的要求决定了我国基层和中级法院的刑事判决理由内容以事实理由、形式理由、相同意见为基调。这类刑事判决理由的主要目的在于支撑个案裁判结论的正当性，从而获得当事人对裁判结论的认同，达到使当事人认罪服判的目的。

3. 刑事判决理由形成机制的完善

（1）相关证据规则的建构。解决我国证据采信的失控问题，建构刑事证据规则不失为一条规制刑事判决理由的可行之路。具体来说，我国的刑事证据规则应从四个方面来建构：证据资格的相关规则、证据证明力的相关规则、拒证权的相关规则及证据展示的相关规则（由于拒证权和证据展示对刑事判决理由的影响相对较小，暂不作讨论）。[①] 证据资格的相关规则解决的是证据的可采性问题，即哪些证据可采哪些证据不可采。参考外国的立法例，我国刑事诉讼中这方面的证据规则应包括相关性规则、非法证据排除规则、传闻排除规则、自白任意性规则、意见规则和最佳证据规则等内容。相关性规则要求证据与案件事实是相关的，是从正面对证据提出的要求，也是上述其他诸规则的基础；其余则是从反面对证据提出的要求，是对不可采证据的列举。证据证明力的相关规则解决的是证据的证明力问题。虽然近代证据制度一般不对证据的证明力作法律预设，而是由裁判者依据逻辑和经验法则在庭审基础上作出判断，但为了限制裁判者的恣意，

① 冯惠敏：《我国证据规则体系的建构》，载《社会科学研究》2004 年第 5 期。

还是需要设立一些规则，如证据补强规则。我国刑事裁判在很大程度上依赖于口供，而口供的可靠性又很难把握，由此设立口供补强规则，禁止以被告口供作为定案唯一依据而必须有其他证据予以补强也是非常必要的，我国《刑事诉讼法》对此已有确认，但仍需要对证据补强规则作细化和拓展。

（2）解释行为的引导与制约。在当今人类的法律实践中，法律解释在很大程度上被视为与裁判过程中的法律适用相联系的一种活动。由于司法过程是将抽象规则适用于具体个案的过程，必然要求对法律进行解释，司法裁判则被视为一种法律论证的过程。[①] 但我国的刑事法律解释活动在解释立场、解释意识、解释技术和对话机制等方面还存在一些与司法实践的本质要求和法律解释自身要求不相协调的地方。具体表现在：首先，解释立场上坚持严格决定论。认为刑事法典是一个完整自足的体系，其对任何案件均能应付自如，法律解释的任务是探求立法者明示或能够推知的意思。但实际上法官不可能不进行法律的解释活动，在不承认法律解释的立场下，解释行为只能在暗中运作而得不到明确的规制，很多情况下被滥用。其次，在解释意识上，中国的相当一部分法官并不确然地知道他们在适用法律的同时也在进行着法律解释。有人通过调查发现，很少有法官就实践中的法律解释问题谈出一番见解。再次，在解释技术上，中国的法官习惯于首先裁剪事实，而裁剪的目的在于让事实与法律规则强行靠拢，亦即通过削足适履的途径实现规则与事实的结合。它被很多人认为是一种高明的做法，也成为很多法官自认为良好地履行了审判职责的理由，而貌似合理的做法之外所导致的危害却少有提及。最后，司法裁判过程在一定意义上也是一个对话和沟通的过程。但从法律解释的角度看，我国公平而合理的程序一直没有真正建立和健全，形成不了理想的对话环境，法官的强势力量使其常常漠视其他行为主体的合理性意见，不肯对等地交流，从而使法律解释失之客观而流于任意。

由此，对刑事法律解释的引导和规制也应从上述几方面来入手。在解释立场上，应实现由严格到灵活的转变。解释立场的确立从理论上涉及对法律的确定性与不确定性以及法律解释的客观性与主观性的认识。法律具有确定性和稳定性的基本价值要求，这种价值要求也是对生活中人们行为安全预期的一种保障。但由于社会环境的变动不居，法律也必须呈现出动态的发展趋向。法律解释就是弥补法律与社会生活之间的裂缝，使法官摆脱两难处境的最佳选择。另外，法律解释还应是依据客观现实、循因历史发展规律的理性认识，这种理性认识是在尽可能排除个人臆造的基础上对社会需求的一种客观反映。但同时，我们必须看到的是，为了使法律适用于复杂多元、不断变迁的社会，加之主体认识客观世界的侧重性和解释方法的多样性以及解释结论自身所具有的复数可能性，蕴含着不同主

---

① 张志铭著：《法律解释操作分析》，中国政法大学出版社 1999 年版，第 76 ~ 79 页。

观价值判断的解释结论的出现也就不可避免。因此，我们必须打破把法律的确定性与不确定性、客观性与主观性相对立的立场，在坚持法的确定性和客观性的前提下，以法律解释统合法的不确定性和主观性，建立灵活解释的立场。对于我国目前法官解释素质先天不足的情况，当务之急是对法官进行关于法律解释方面的系统理论培训，提高法官解释意识的自觉性，加强对解释方法、技术的掌握和实际运用能力。理论培训的首要任务就是通过对法律解释的性质、意义、必要性和必然性的清晰化的认知，塑造的法官自觉的解释品格。理论培训的核心问题是法律解释的技术问题，包括解释方法的种类、特性、功能、局限和各种方法运用的条件、基本规则以及法律解释论点构建、冲突论点的解决和解释材料的运用，等等。同时，应加强法官的中立者角色，避免压制与自身理解相左的法律理解意见，增加庭审更加公开化的内容，形成解释过程中的对话机制，保证控辩双方的对话性和平等的发言机会，以使法的话语空间得以更大程度的拓展。

（3）法律推理方式的转变。法律推理是指特定法律工作者利用相关材料构成法律理由，以推导和论证司法判决的证成过程或证成方法。其要素为法律理由、推导与论证、权威性及证成方法。[①] 法律推理与法律解释都属于法学方法论的范畴，是对司法者内在思维方式的分析。在司法裁判过程中，法律解释的任务在于理解和说明法律，以构建法律推理的大前提，而法律推理的任务在于按照逻辑的要求完成推理的所有前提并推导出结论。因而法律推理重在论证和说理，尤其是在出现法律适用、法律解释的难题时，法律推理的运用就更是不可或缺的。所以，从某种意义上说，法律推理是法律解释的后续性工作，是实现法律解释最终目标的途径。法律推理的起点是理由，运用理由而不是擅断或神灵启示来证明判决结果的正当性是法律推理的重要特征。法律推理首先是根据法律程序，利用多种相关材料，以构成和运用法律理由的活动过程。[②] 此外，司法判决能否实现向当事人及公众说明合法公正的功能及在多大程度上实现了这一功能，还与司法判决的证明模式密切相关。司法判决的证明反映了不同结构要素间的内在关系，反映了由一定的理由和论点达致最终结论的推理形式。现代各国的司法证明模式可归为三种：简单归摄模式、复杂归摄模式与对话、选择性证明模式。[③] 除少数国家外，当代司法证明的模式趋向于复杂而非简单。

我国刑事裁判中的法律推理长期以形式逻辑主义为主宰，证明模式趋向于简

① 解兴权著：《通向正义之路——法律推理的方法论研究》，中国政法大学出版社 2000 年版，第 19 ~ 25 页。

② 解兴权著：《通向正义之路——法律推理的方法论研究》，中国政法大学出版社 2000 年版，第 21 页。

③ 张志铭著：《法律解释操作分析》，中国政法大学出版社 1999 年版，第 204 ~ 206 页。

单化。形式逻辑强调刑事判决的三段论结构，突出法律推理的形式合理性而忽视法律推理的实质合理性。简单证明模式是形式逻辑主义的直接产物，特点是只把判决结论作为大、小前提的直接逻辑结论。在形式逻辑主义与简单证明模式下，判决理由形成与展示的动力不足，通过判决理由而欲达致的实现刑事司法公正和判决的可接性的目标也很难有效实现。因为，法律推理本身应是逻辑推导与经验论证相结合的过程。一方面，法律推理离不开逻辑的推导与证明，无论是法典化文化还是判例法文化，判决最后都必须以逻辑形式来作出，逻辑推理能够满足法律的确定性、平等性要求，是一般正义实现的保障。另一方面，法律推理又无法仅靠逻辑来完成，因为法律推理作为实践推理的一种特殊形式，其首要目的并不在于证明命题之真伪，而在于论证判决之结论的正确与否。特别是在法官遇到法律未作规定的新情形、一个法律问题存在多个可适用的前提及适用原有法律会带来严重不正义的情形时，法律推理就需要诉诸社会公平、正义等广泛的前提标准，这些工作是单凭逻辑推导无法完成的。另外，复杂证明模式中，法官提供一种更长、更详尽的证明。尽管判决仍以一定逻辑为前提，但对前提的陈述复杂而详尽，因为这些前提又由“次级前提”来证明；对话、选择证明模式中的判决结论则不是作为一定前提的逻辑结果出现的，而是作为按照解释论点和优先规则所作的司法选择的结果。这两种证明模式都反映了一种法官与当事人之间关系从“权威——服从”方式向“对话——服从”方式的转变，裁判过程被认为是对控辩双方控诉或辩护的回答，更多地体现了理性、正义的色彩。由此，我国应该转变法律推理过于强调形式主义的立场，引入经验论证和复杂证明、对话性证明模式的合理因素，实现法律推理中逻辑推导与经验论证的统一，简单证明模式向复杂性证明、对话性证明的转变，并最终从内容和形式上改进刑事判决理由。

（4）提供主体的纯化。刑事判决理由的制作和展示主体应是参加庭审的裁判主体，两者应具有同一性。而一旦非裁判主体加入到裁判主体组织中或代替裁判组织作出裁判，刑事判决理由的形成与展示之间就会产生断裂，使判决书中的判决理由发生扭曲或缺失。这是从判决理由的形成的微观视角进行的分析，如果从外部宏观视角来考察，非裁判主体加入到裁判主体组织中或代替裁判组织作出裁判就是对司法独立的破坏和不当干预。这种破坏和不当干预既可以是来自于司法系统以外，如行政权力、立法权力或其他社会势力的干预；也可以来自于司法系统内，如上级法院、审判委员会、院内党政领导或其他法官。但不论其来自何处，都会对案件的判决产生不利影响，会窒息或部分影响刑事判决理由的展示。例如，若判决是由于某一外界力量的事先决定而产生的，那么审理过程就只能是一个过场，在审理过程中即便裁判者形成了一定的内心判决理由，但这些判决理由在多数情况下是无法支撑由外界力量事先给定的判决结论的，从而在判决书中也无法得到展示。同样，如果一个判决是由审判委员会决定的，由于审判委员会成员不是审理的主体，不具有亲历性、直接性，即使在判决书中表现了一定的判决理由，这种判决理由也不是裁判者通过审理过程形成的，而是来源于审理之外，其公正性会受到怀疑。因此，从刑事判决理由的视角出发，作者主张把裁判主体与审理主体严格同一起来，确立“只有参加审理过程的主体才能参加判决理由的制作”的原则，把其他不具有亲历性的非裁判主体如外界势力、审委会、法院行政领导等隔离在判决理由制作活动之外。

（5）外化形式的改革。刑事判决理由的外化程序指评议程序和宣告程序。评议程序是刑事判决理由表达、整合活动的运作时空，在这一程序内，各个裁判者就审理中所形成的判决意见及其理由进行陈述从而达致其他裁判主体，各个裁判者就其他裁判者所表达的判决意见及理由进行审视，不同的判决意见和理由间进行交锋、说服活动，并经过一系列相互整合活动形成多数意见或优势意见；宣告程序中，刑事判决理由通过一定的中介而得以实定化、公开化。

针对我国刑事判决理由外化程序存在虚置的现象，首先应着力从评议主体、评议原则、评议规则及评论程序与宣告程序的衔接四方面来完善：具体而言，一是评议主体的规范。确立有权参与案件评议活动的主体只能是直接参加案件审理的合议庭成员，没有直接参与庭审的法官不得参加案件的评议的原则。取消审判委员会大量参加评议的规定，使合议庭成员成为真正的评议主体。二是评议中应确立秘密评议、自由、平等、连续评议等原则。秘密评议原则要求合议庭评议案件时应当秘密进行，这意味着参与案件评议的法官应当对评议的时间、地点和评议的内容、评议意见等情况予以保密，以保障法官在相对封闭、不受外界干扰的状态下自由地表达意见、展示内心确信、作出公正裁判。自由、平等、连续评议原则则要求合议庭全体成员在评议案件时地位平等，有同样的发言机会，有同等的表决权，有权根据事实和法律独立发表对案件的看法，不受他人意见的干预和影响。而且评议一旦开始，就应持续进行，没有特殊原因不得中断，直至对案件作出最终裁判。三是评议规则的构建。首先要限定合议庭成员评议案件时以资历最浅者为先，资历相同的，以年龄小者为先，最后由审判长发言的顺序，确保法官心证展示过程在没有压力的状态下进行。其次要确立过半数决定规则。在存在意见分三种以上且均未达到过半数时，以最不利于被告人的意见顺次算入次不利于被告人的意见，直至达到过半数时为止。[①] 再次是评议次数及疑难案件的处

---

① 例如，三人合议庭审理杀人案件时，甲审判员认为应判处死刑，乙审判员认为应判处无期徒刑，丙审判员认为应判处有期徒刑 10 年，则甲审判员的死刑为最不利于被告人的意见，乙审判员的无期徒刑为次不利于被告人的意见，丙审判员的有期徒刑 10 年为最有利于被告人的意见，则以甲审判员最不利于被告人的死刑意见，顺次算入次不利于被告人无期徒刑的意见，即已达过半数，则无期徒刑即为决议之刑。

理。评议既可以一次完成，也可以多次评议。应当评议几次才能作出最后判决，取决于合议庭内部是否已对案件进行充分的讨论。最后是表决规则的确立。合议庭的投票表决工作应当由庭长（审判长）主持。投票表决顺序也应以年龄、资历等为参照系。表决时，应采用无记名投票方式进行。若不能形成多数意见，则必须进行再次评议表决，但表决次数应是有限制的。① 四是评议和宣告程序合理间隔的设定。刑事判决理由的良好展示除规范评议程序外，还需要评议程序与宣告程序的相互衔接。两个程序之间的关系原则上应是“即审即判”，不应有过长的时间间隔。因为当庭不能作出判决，审理案件的法官就不可避免地在判决作出前与他人接触，可能影响公正判决并进而影响判决理由的展示。

另外，还应对外化格式进行改革。外化格式主要指刑事判决理由的实定化格式，即刑事判决书的格式。有关这一问题，学界讨论较多，这里不准备详细展开，只就其中的刑事判决书改革的指向、内容、用语、附录等几个方面作简略讨论。

第一，明确改革指向。刑事判决书格式的改革首先要有一个明确的指向，即这一改革是以谁为主要服务对象的问题。具体来说，就是刑事判决书格式的完善主要是针对于公众还是律师群体？一般来说，判决书越技术化、正式化和演绎化，能为未经法律训练的当事人和普通公众阅读理解的可能性越小。在这种情况下，说服当事人相信判决充分合理以及使公众得以审查判决的合法性和公正性的功能，就只能通过律师对判决结果的说明工作才能较好地实现。因此，刑事判决书模式如果以律师为改革指向，则法官应按照律师的要求制作判决书，其基础和手段是共同的职业传统和法律观念。而以公众为改革指向，则要求刑事判决书尽可能的详细化、具体化、通俗化。我国由于律师业还处于欠发达的状态，律师为当事人提供的服务还相当有限，因此，目前刑事判决书的改革指向应当是公众，这就要求裁判者在制作刑事判决理由时尽可能运用公众能理解的语言，并通过大量的论证来展示法律推理的过程。

第二，吸收审结报告内容。我国长期以来与刑事判决书并行的一种文书是案件审理报告。案件审理报告属于一种与刑事判决书相对的内部报告，当事人无权查阅，具有秘密性的特征。② 但相对于刑事判决书来讲，这种审结报告的内容反而更为全面和详尽。因其写作目的是对内说理，即向审委会或上级法院汇报或请示，因而得到了合议庭的高度重视。可以看出，审结报告是多年来刑事案件办理

① 冯军、张元鹏：《透视中国的刑事评议程序：问题与出路》，载《新疆大学学报》2005年第2期。

② 周道鸾主编：《法院刑事诉讼文书样式的修改与制作》，人民法院出版社1999版，第111页。

中层层把关、司法权力行政化运行的产物。在实践中正是这种审结报告部分地冲淡了合议庭对写给外界看的判决书的重视程度，法官们常常把审结报告写得很精细，对一些他们认为不便写入又必须说清的事实和理由如侦查中的违法行为、有疑问的证据采信和事实认定、合议庭存在的分歧等都作了详细的交代。而判决书则成为审结报告的简化版本，上述的许多问题被删除，使人看后不明不白，并对案件的裁判产生不公正感。因此，可以说审结报告“暗箱操作”方式已经严重影响了刑事判决理由的有效展示。随着我国刑事诉讼的民主化、刑事裁判的说理性改革不断深化，刑事案件的裁判将实现从“汇报定案”到“合议庭定案”模式的转变，审结报告的存在基础已经被弱化。因此，笔者主张把审结报告中的内容逐渐地吸收到刑事判决书中来，弱化审结报告直至废止这一制度，从而加强刑事判决理由的有效展示。

第三，提高用词技巧。刑事判决书的用词关系到判决内容的表达，也与刑事裁判的理念息息相通。合理的用词会增加判决的合法性和合理性，而不合理的用词则蕴含了诸多弊端。例如，刑事判决书中几十年不变并且沿用至今的“本院认为”一词就掩盖了许多问题：首先，“本院”意味着法院是裁判的主体，这就无意中为合议庭独立裁判案件设置了障碍；其次，“本院认为”喻示着一种“强权式”的裁判模式，这种模式没有义务对控辩双方的主张作出回应；最后，“本院认为”一词也为不同意见的展示设置了障碍，并进而影响了法官责任的独立承担，成为评议虚置化的一个原因。在民事司法实践中，已有法院对这一用语作出改革，如广州海事法院改变裁判文书“本院认为”部分的表述方式，而采取以下几种不同的表达方式：如果合议庭法官的意见一致，则表述为“合议庭成员一致认为”；意见不一致时，分别表述每一个法官的意见，即“审判员某某某认为”，最后以少数服从多数的原则，根据多数意见作出判决。[①] 这种方式应当引入刑事判决书的制作中。此外，从总体上说，刑事判决书的用语还应首先选用法律术语，选用其他词语时，也要力求贴切，一般不使用极具感情色彩的词语，要避免使用文学性词语，避免使用想象和夸张的词语，避免使用描绘性词语和抒情性词语等，一般也不使用设问句和疑问句。还要避免故弄玄虚，要用简明的词语讲清道理，不能生造词语。

第四，附增法官后语。法官后语，一般是指法官从道德、风俗等社会公众标准出发对判决结果所作的论证和说明。在裁判书后附“法官后语”的做法在我国司法界已有尝试，学界支持的有之，反对的亦有之。[②] 但作者是持支持态度

① 郭国松：《为司法公正建立制度屏障》，载《南方周末》2001 年 10 月 25 日。

② 上海市第二中级人民法院研究室：《裁判文件附设“法官后语”的思考》，载《法律适用》2002 年第 7 期。

的，原因是增加法官后语有利于判决说理性的加强。由于我国刑事法源以制定法为主，基本不承认其他法源，而法律本身更多地代表了国家意志，不可能与社会公众信念完全同一。因此，单从法律上来论证判决结果的正当性往往无法得到当事人或社会公众的完全认同，有必要从更为通俗的视角来说明判决的正当性、合理性，而法官后语恰恰能填补这一不足。从历史上看，我国古代判词就有“审毕宜加劝谕也”的做法。[①] 因此合理地增加法官后语应是可取的。当然，法官后语只能是判决书的附件，且不能与主体的说理部分相冲突。

第五，外化媒介的扩展。外化媒介是指把宣告后的刑事判决书向社会进一步公开的各种渠道和途径。刑事判决书通过各种媒体予以公布是当今各国的通例。美国联邦最高法院的所有判决都发表和出版，重要的判决书还刊登在大报上，联邦上诉法院甚至联邦地方法院的判决书也同样公布。英国既有案例汇编，也可在网上、报纸上看到法院的裁判文书。在网上还可以查阅欧洲人权法院用英、法两种文字制作的判决书。大陆法系国家最高法院的判决和上级法院的一些重要判决通常也公开出版。增强刑事判决的透明度和公开性是大势所趋。我国刑事判决书的公开媒介长期以来只限于法院公报、公告等形式。2000 年以来法院改革对外化的媒介作了扩展，开始在中央电视台、人民法院报和互联网上公布有重大影响的判决。由于刚刚起步，判决书公布的范围还相当有限，但即使如此也对刑事判决理由提出了更高的要求，如刘涌案的终审判决书在网络上公布后，由于判决理由制作不力，诉讼过程的许多内容未公之于众，判决结果引起舆论哗然，仅搜狐评论栏目中相关的网友留言就超过 8 万条，创造了中国互联网的历史纪录。新浪网上参与刘涌案调查的人数高达 147565 人，其中 89.7% 的人选择同意刘涌死刑，只有 7.32% 的人选择不同意，其余 2.97% 的人则选择说不清楚。新华网发展论坛、人民网强国论坛等颇具影响的 BBS 上更是一片质疑声，判决书的权威性和公信力受到了严峻挑战。[②] 这也从反面证明了扩展刑事判决理由的外化媒介对提高刑事判决理由制作水平的巨大促进作用。因此，今后的改革方向是逐步地实现刑事判决书在媒体上的进一步公布，可以考虑重要判决书在全国性报纸上、法院网站上的全文刊发，地方各级法院应设立专门的判决书查阅室，并应定期不定期地出版判决书汇编。

---

① 唐文著：《法官判案如何讲理——裁判文书说理研究与应用》，人民法院出版社 2000 年版，第 190 页。

② 姚凤明：《从刘涌案谈司法文书改革》，载《新疆财经学院学报》2004 年第 1 期。

第五章　刑事禁止不利益变更原则

刑事诉讼的目的在于既要实现实体的真实，又要维护程序的正义；既要有效地惩罚犯罪，又要保障人权。为了发现实体的真实，纠正审判中可能存在的错误，给当事人提起法律救济的机会，各国都设立了上诉制度、再审制度。但如果不对之加以限制，这些制度有可能会使被告人遭受多次审判，遭遇双重危险，获得更为不利的诉讼地位，使被告人的人身、自由权益受到损害。被告人基于这些考虑，往往不敢寻求法律救济，即使确有冤屈之事也不敢上诉和申诉。这样，被告人的上诉权难以落实，审级制度也难以贯彻。为此，各国普遍设立了禁止不利益变更原则，以打消被告人上诉的后顾之忧，使其放心大胆地行使上诉权，寻求法律救济，保障审级制度的贯彻落实，更好地实现刑事诉讼的目的。

一、刑事禁止不利益变更原则概述

禁止不利益变更原则又称为不利益变更禁止原则，是当今世界各国在刑事诉讼中普遍采用的一项重要原则，它首先为大陆法系的法国和德国采用，是民主、自由、人道精神在刑事诉讼中的体现，是资产阶级在同封建专制制度斗争过程中取得的胜利成果之一。一方面，它满足了被告人趋利避害、信赖国家的诉讼心理，使被告人的上诉权、辩护权得到切实的保障，体现着现代民主、文明的精神；另一方面，它从法律制度上提高了整个社会的人们的民主、文明意识，加深了人们对现代社会人权保障的认识，使得人民在诉讼中和整个社会生活中更加注重人权保障和程序公正，从而更好更快地促进现代社会民主、文明的进程。

刑事禁止不利益变更原则的概念可以简单概括为：所谓禁止不利益变更原则，就是在刑事诉讼中，当被告人及其法定代理人、经被告人同意的辩护人、近亲属或检察机关、刑事案件的自诉人为被告人利益而提起法律救济时，禁止对被告人作出不利的变更。确立这一原则的目的在于保护法律救济程序中处于相对弱势的被告人利益，保障被告人依法享有的上诉权，消除被告人因害怕上诉后可能被加重刑罚而不敢提出上诉的顾虑，从而确保上诉审制度的贯彻实行。

禁止不利益变更原则的含义可以从以下几个方面来理解：

1. 禁止不利益变更原则确立的主要目的是保障被告人的上诉权与辩护权，消除被告人因为害怕上诉和申诉后遭受更为不利变更而不敢申请法律救济的后顾之忧，从而维护审级制度的贯彻实行。

2. 禁止不利益变更原则所适用的案件类型在各国的规定有所不同。一般来说，该原则适用于被告人一方单独提起的法律救济程序（包括被告人及其法定代理人、经被告人同意的辩护人、近亲属单方提起的法律救济），以及检察机关或刑事案件的自诉人为被告人利益而提起的法律救济程序。而对于检察机关或刑事案件的自诉人为被告人之不利益而提起的法律救济程序不适用禁止不利益变更原则。

3. 禁止不利益变更原则适用的审级范围（即效力范围）也因各国规定不同而有所差异。原则上，禁止不利益变更原则适用于所有带有救济性质的审级，在实行两审终审制的国家，一般适用于第二审及再审程序，在实行三审终审制的国家，一般适用于第二审、第三审及再审程序。有的国家甚至规定对于发回重审的案件也适用禁止不利益变更原则。一般来说，为了保障禁止不利益变更原则的贯彻实施，其效力范围应不局限于第二审程序，否则难以真正消除被告人请求救济的顾虑，保障其上诉权与辩护权不受侵害。

4. 关于“不利益”禁止的具体含义，一般理解为不能使被告人的诉讼地位因为申请救济而更加恶化。何为“不利益”禁止的范围？各国理解不同，规定也不同。一般应包括：同一刑种，不得加重刑罚的数量；不得改判比原判决认定罪名更重的罪名（即不得改判较重的刑种）；不得改变刑罚的执行方法，使被告人处于更为不利的地位（如将缓刑改为实刑，或延长缓刑考验期，或将死刑缓期执行改为立即执行）；不得在主刑上增加附加刑；不得加重数罪并罚案件的宣告刑，也不得加重数罪中某一罪或某几罪的刑罚；对于共同犯罪的案件，部分被告人上诉或申诉的，对于未上诉或申诉的被告人也不得使其诉讼地位更加恶化。

我国《刑事诉讼法》没有明确规定禁止不利益变更原则，只是有一些相似的规定，“第二审人民法院审判被告人或者他的法定代理人、辩护人、近亲属上诉的案件，不得加重被告人的刑罚。人民检察院提出抗诉或者自诉人提出上诉的，不受前款规定的限制。”理论界及司法实践界称之为“上诉不加刑”原则。上诉不加刑原则是指第二审人民法院审判被告人一方上诉的案件，不得以任何理由加重被告人刑罚的一项审判原则。上诉不加刑原则与禁止不利益变更原则的设立宗旨是相同的，也是为了加强刑事诉讼中处于弱势的被告人的诉讼地位，保障被告人的上诉权与辩护权，从而维护上诉制度的贯彻实施，避免上诉制度流于形式。但上诉不加刑原则与禁止不利益变更原则相比较，还是有很大区别的，主要表现在：（1）上诉不加刑原则适用的案件类型比禁止不利益变更原则要少，仅适用于被告人一方单独上诉的案件，而将检察机关为被告人利益抗诉的案件与刑事案件自诉人为被告人利益上诉的案件排除在外。（2）上诉不加刑原则适用的审级范围是第二审即上诉审，而对于再审案件和发回重审的案件不予适用，适用的审级范围较禁止不利益变更原则要窄。（3）“不加刑”的含义远远小于“不利益”禁止的范围。“不加刑”一般理解为不得加重被告人的刑罚，而对于刑种的加重、罪名的加重以及刑罚执行方法的加重难以包含在内。

二、刑事禁止不利益变更原则的理论基础

认识和理解一项制度或原则，首先必须深入探究支撑该制度或原则的理论基础，这样才能找到这项制度或原则的支撑点、生长点。离开赖以生存的理论基础去把握其内容，必然是浅显的，缺乏深度的，也必然使得该原则在实践中难以得到认同和推广。对于禁止不利益变更原则的理论基础，我们认为可以从以下几个方面寻找其生存基点：

（一）控审分离原则

控审分离原则，是现代刑事诉讼制度中的一项重要原则。它是现代国家在反对封建专制时期的纠问式诉讼模式的过程中逐渐形成的。人类社会早期实行弹劾式诉讼模式，实行不告不理的原则，起诉权由公民个人行使，没有专门的负责控告的国家机关。没有原告起诉，法院不得受理案件和审判，原告和被告的诉讼地位平等，反映了人类社会早期朴素的民主平等思想。到了封建专制时期，实行的是纠问式诉讼模式，国家主动发动控诉，主动审判，法官集侦查、控诉、审判于一身，在诉讼中享有广泛的权力。被告人沦为诉讼的客体，成为被纠问、被刑讯逼供的对象，毫无权利和尊严可言。资产阶级革命以后，反对封建专制的纠问式诉讼模式，倡导自由、民主、平等、人权保障的思想和理念，确立了现代刑事诉讼模式，其标志之一就是确立并贯彻了控审分离原则。

控审分离原则的基本要求是控诉与审判职能分离，控诉与审判职能分别由不同主体承担；未经起诉机关或个人起诉的事项，审判机关不得审判，审判机关审判的范围受起诉的制约。从未经起诉机关或个人起诉的事项审判机关不得审判，审判机关审判的范围受起诉的制约这个意义上讲，该原则又体现为不告不理。控审分离原则的核心内容就是不告不理原则，其具体含义是：没有起诉就没有审判；审判阶段的诉讼客体应当由起诉来界定，超越起诉来设定诉讼客体即属违法。控审分离原则在刑事诉讼中具有非常重要的价值。只有控诉和审判分离，才有利于保持司法的独立性，使裁判者保持中立，从而维持审判职能的中立性和消极性，防止刑事司法权的过度集中损害被告人的基本人权，从而最终实现诉讼的公正与正义。

禁止不利益变更原则与控审分离原则有着密切的关系。禁止不利益变更原则

与控审分离原则的核心内容——不告不理原则存在着逻辑衍推关系，“其内容本身体现着不告不理原则的内在精神”[1]。禁止不利益变更原则适用于为被告人利益而提起法律救济的案件，这种案件或者由被告人、被告人的近亲属、辩护人单方提起，或者由控方（检察机关或刑事案件自诉人）提起，或者由控辩双方共同提起，无论以何种方式提起，它们都有一个共同点，即诉讼请求都是有利于被告人的，都是请求法院对原审判决所确定的被告人的刑罚予以减轻或者免除的，而不是请求加重被告人的刑罚，对其进行不利益的变更。这些诉讼主张都是从有利于被告人的角度出发的，也就是说此时的诉是同一诉讼主张，根据诉的合并原理，属同一之诉。根据控审分离原则的要求，被申请救济的法院应该受诉讼主张的制约，而不能审理诉讼主张之外的问题。如果法院根据事实和法律需要审理诉讼主张之外的问题，就必须由控诉人变更或者追加指控；如果控诉人不变更或者不追加指控，法院不能自作主张对案件按自己的主张进行审理，否则就违背了控审分离的原则；如果被申请救济的法院加重了对被告人的处罚，作出了对被告人不利益的变更，更是明显地超越了诉讼主张的限制，违背了控审分离原则。因此，现代刑事审判中的控审分离原则内在地要求了在立法中确立禁止不利益变更原则。

（二）维护控辩平衡的诉讼构造

控审分离原则奠定了现代刑事诉讼审判制度的基础。这一原则改变了纠问式诉讼模式下控审合一的国家追诉主义的审判体制，使控诉职能与审判职能得以分离并各自独立存在，被告人摆脱了诉讼客体的诉讼地位而上升为诉讼的主体，控诉、辩护、审判三方构成刑事诉讼的基本构造。控诉、辩护双方分别处于进攻和防御的诉讼地位，是诉讼构造这一统一体中的两个对立方面和对立的诉讼职能，审判者处于居中裁判、消极中立的诉讼地位。科学的诉讼程序要求控诉与辩护双方在形式上应保持平等对抗的格局，这是诉讼活动客观、公正的前提和保障。“控诉与辩护作为一对相互矛盾和冲突的诉讼职能，它们的平衡在很大程度上取决于控辩双方诉讼地位的平等和诉讼权利的对等。”[2] 为了实现审判的中立，最终实现社会正义，就需要为控辩双方创造平等的地位，使控辩双方拥有平等的武装、平等的机会和条件。这就是控辩平衡原则。而现实中的情况是作为控诉方的检察机关与作为辩护方的被告人确实存在着较为严重的不平等的状况。检察机关拥有庞大的国家机器，还可以获得专门侦查机关即司法警察机关的协助和支持，并拥有无与伦比的国家强制力做后盾；而辩护方则显得极为弱小，没有司法资源的支持，也不具备国家权力的保障，不精通法律，无法充分地调查和收集证据，

① 李文健：《完善上诉不加刑原则的立法思考》，载《政法论坛》1996 年第 1 期。

② 陈瑞华著：《刑事审判原理论》，北京大学出版社 1997 年版，第 227 页。

有时还被限制了人身自由。这种控辩双方的极度不平衡就使得刑事审判追求社会正义的目的难以实现。

为了对检察机关与被告人在诉讼地位上所处的不平等状态予以平衡，当今世界各国在刑事诉讼中普遍采取了两方面的立法措施：一是赋予刑事追诉官员尤其是检察官以客观、公正地从事刑事追诉活动的义务。二是赋予被告人一系列特殊的程序保障或特权，以使他在参与能力和诉讼地位方面逐步接近或赶上他的检察官“对手”，使控辩双方本不平等的诉讼地位得到适当的平衡。[①] 现代刑事诉讼中有一系列体现和保障被告人程序特权的制度或原则，如无罪推定原则、有利被告原则、公开审判制度、刑事辩护制度等。禁止不利益变更原则同样也体现了控辩平衡原则的内涵和要求，体现了对处于辩护一方的被告人的特殊保护。禁止不利益变更原则的确立，为强化被告人的诉讼地位、推进控辩平衡提供了强有力的支持，如上诉权、申诉权是辩护权的重要内容，刑事诉讼中明确规定禁止不利益变更原则，为被告人行使上诉权、申诉权提供了有效的法律保障，打消了被告人害怕上诉、申诉后遭受更为不利变更而不敢上诉、申诉的顾虑，使辩护权得以全面行使和落实。还有，禁止不利益变更原则“客观上鼓励被告人启动二审程序，只要被告人提起上诉，二审程序必须启动，使他拥有可与检察机关相媲美的‘法律监督权’，这对法院和检察机关都是一个警示，督促其谨慎、负责行事，以使辩护方获得应有的权利与地位”[②]。因此，禁止不利益变更原则是现代控辩平衡理论发展的需要，也通过对辩护一方的程序性补偿促进了控辩双方的平衡，维护了控辩平衡的诉讼结构，反映了现代刑事诉讼的民主、平等的精神。

（三）利益权衡原则

刑事诉讼程序中存在着各种各样的利益与冲突，如实体公正与程序公正的孰轻孰重，惩罚犯罪与保障人权的矛盾与统一，控制犯罪与正当程序的利益冲突。利益法学认为：“法的每个命令都决定着一种利益的冲突，法起源于对立利益的斗争；法的最高任务是平衡利益。此处的利益包括私人利益和公共利益，物质利益和精神利益等。”[③] 利益权衡原则就是要求当两种以上的利益不能兼得或者两种以上相对立的价值发生冲突时，国家及其代表官员应根据一定的原则和标准，确定哪一种（或哪几种）利益或价值更为优越而放弃另外的利益或价值。

对各种利益的关系进行调整以及对它们的先后顺序予以安排，通常是依靠立法手段来实现的，在立法领域，由立法者对利益的平衡行使自由裁量权。特殊情况下，在审判领域，此种自由裁量权由法官来行使和决定。对于如何更好地实现

---

① 陈瑞华著：《刑事审判原理论》，北京大学出版社 1997 年版，第 228 ~ 229 页。

② 陈林林：《论上诉不加刑》，载《法学研究》1998 年第 4 期。

③ 张文显著：《二十世纪西方法哲学思潮研究》，法律出版社 1996 年版，第 130 页。

这个任务，法国的弗朗索瓦·惹尼指出，实现这个任务的方法应当是“认识所涉及的利益、评价这些利益各自的分量，在正义的天平上对它们进行衡量，以便根据某种社会标准去确保其间最为重要的利益的优先地位，最终达到最为可欲的平衡”。我国的刑事诉讼程序涉及的利益一般可分为国家利益、社会利益、社会某一方面总的利益和个别利益。其中，国家利益和社会利益是最根本的利益，个别利益和社会某一方面总的利益均应统一到国家和社会利益上。刑事诉讼中的利益冲突通常表现为个别利益与社会某一方面总的利益的冲突。当个别利益与社会某一方面的利益发生冲突时，一般应放弃个别利益而维护较高一级的社会某一方面总的利益。比如，当在具体案件上对犯罪的控制（属个别利益）与维护刑事程序某项制度的利益（社会某一方面总的利益）冲突时，就应该选择维护这一刑事制度的利益，而放弃个别案件上对犯罪的控制。这种选择虽然有利于被告人，但同时也是维护国家和社会的利益所要求的，[①] 是对个别利益与社会某一方面总的利益进行评价之后，在正义的天平上进行衡量之后的结果。

禁止不利益变更原则消除了被告人因为提起法律救济而招致更为不利后果的担心，使被告人放心地提出上诉或申诉，更广泛地行使上诉权和辩护权，有利于坚持程序上的人权保障。禁止不利益变更原则促使被告人大胆上诉的结果是使得原审裁判获得复审的机会，不仅有利于已然的确实错判的个案得到纠正，而且也有利于防止未然的案件发生错判，有利于两（三）审终审制的贯彻执行，有利于维护上诉制度，避免上诉制度流于形式，并且有利于审判机关适用法律的统一。虽然也可能会使极个别案件的被告人获得轻判而占便宜，但将个案中加重被告人刑罚而不使被告人占便宜与坚持程序上的人权保障和维护上诉制度相比较，前者是个别利益，后者是社会某一方面总的利益，并且后者更有利于维护国家和社会的利益。确立禁止不利益变更原则所获得的利益远远高于由于实行这一原则可能导致的极个别刑事案件被告人获得不当轻判的案件得不到纠正而损失的利益。因此，禁止不利益变更原则是利益权衡原则适用的结果，它坚持了程序上的人权保障而放弃个案刑罚权的行使，有利于上诉制度的贯彻与落实，是以牺牲个案“真实”为代价谋求普遍的“真实”，体现着一种司法正义和程序自治。

（四）确定力理论

我国台湾有学者认为：“关于不利益变更之禁止原则之立论基础，乃源于十八世纪初叶德意志之‘确定力理论’，即无罪判决有确定力，有罪判决在有利于被告之限度内，亦有确定力，及至法国大革命后，产生人道主义，凡合法上诉之被告，不应使其居于较未上诉更不利之地位，此主义乃成为不利益变更禁止原则

① 宋英辉著：《刑事诉讼目的论》，中国人民公安大学出版社1995年版，第208页。

之主要理论基础。”① 与确定力理论密切关联的是大陆法系的“一事不再理”原则，在英美法系中就是“禁止双重危险”原则。

一事不再理原则起源于罗马共和国时期，最初的涵义是法院的判决一经作出，即发生法律效力并应予执行，而且还产生“既判力”，即“既决的效力”。“既判的事实，应视为真实”，无论判决正确与否，对该案件不得再行起诉和审理。资产阶级革命胜利后，各资本主义国家都在不同程度上继承了古罗马的一事不再理原则，并赋予其新的涵义。法院在刑事审判过程中一旦经过法律规定的程序和审级作出裁判，即可成为确定的终局裁判，产生一种特殊的法律效力，即裁判确定力。一事不再理原则的主要目的在于对被告人加以特殊的保护，判决一旦生效，禁止国家为实现刑罚权而重新启动追诉程序，以免被告人遭受更为不利的后果，维护被告人的利益和社会关系的稳定。其最重要的着眼点在于维护秩序的稳定和社会及法律的安宁，是实体真实的价值目标在一定的条件下让位于法的安定性价值的结果。为了调和裁判的确定力与案件的实体真实之间的冲突，同时对被告人加强人权保护，各国有不同的做法，在上诉审和再审程序中确立禁止不利益变更原则不失为一个好的对策，对于无罪判决、免诉判决不能提起再审，在上诉审与再审程序中不能加重被告人的刑罚，不得恶化当事人的处境，更好地体现了一事不再理原则的价值内涵。比如，法国刑事诉讼中，对于生效的判决禁止检察机关提起不利于被告人的再审，但对于有利于被告人的再审的提起是准许的。德国刑事诉讼中再审不仅为被告人利益可以提起，而且为被告人不利益也可以提起，但只有对裁决事实认定错误的再审。同时，德国刑事再审中也适用禁止不利益变更原则，对于判决在法律上对行为的处分种类、刑度方面，不允许作不利于被告人的变更，从而对被告人加以特殊保护，更好地实现一事不再理原则的内涵与要求。

英美法系国家中与确定力理论相连的是“禁止双重危险”原则。其精神与一事不再理原则相通，但该原则更为注重对被告人人权的程序性保障。美国学者甚至认为，禁止双重危险原则所保护的是一种程序性权利而非实质公正。“禁止双重危险”是被告人的一项基本诉讼权利，并上升为宪法原则。被告人不得因同一罪行而受到两次起诉、审判和科刑。原则上，法律禁止检察机关对已作出的裁判提出上诉，而裁判生效后更不允许再行追诉，更不用说检察机关对法院的判决作出不利于被告人的上诉或再审请求。双重危险条款授权政府有且仅有一次完整的机会指控被告人，当第一个程序是以有利于被告人的判决结束时，将禁止任何重审。而对于被告人的上诉权则予以充分保护。如果被法院判决有罪的被告人提出了上诉，上级法院可对其进行第二次审判，但如果被告人的有罪裁判在新的

① 朱朝容等：《刑事诉讼之运作》，五南图书出版公司1987年版，第55页。

审判中得到维护，法官一般不得对被告人判处更重的刑罚。[①] 在美国甚至允许被告人提起再审。可以说英美法系国家对于被告人的保护是比较发达的，其对于检察机关上诉权的限制，以及对于被告人上诉权与提起再审权的保障等一系列规则都是禁止双重危险原则所派生出来的。虽然宪法和法律关于禁止不利益变更原则的规定不太明确，但禁止不利益变更原则的精神贯彻得比较彻底，这也是禁止双重危险原则确立和适用的结果。

三、刑事禁止不利益变更原则的价值

禁止不利益变更原则在世界大多数国家得以确立并发展，是由其内在的价值所决定的。该原则对于保障被告人的人权，对于从整体上准确地惩罚犯罪，对于维护审级制度的贯彻执行，对于更好地实现刑事诉讼的公正目的的实现，促进社会文明、民主进程都有很大的意义。我们可以从以下几个方面来认识：

（一）禁止不利益变更原则有利于诉讼公正目的的实现

公正与效益是我们这个时代刑事诉讼所追求的主题，也是刑事诉讼的最终目的所在。"刑事审判程序的真正价值在于，它能够给予被告人获得公正审判的机会，提供一种确保被告人与裁判者通过协商、对话和争辩而共同制作裁判的场合，使被告人通过积极有效地参与裁判的制作过程而保持一种道德主体地位。"[②] 禁止不利益变更原则作为刑事审判程序的一项原则，打消了被告人通过上诉或申诉申请法律救济的后顾之忧，使被告人大胆地上诉或申诉，有助于实现给予被告人获得公正审判的机会，更好地实现普遍意义上的诉讼公正。经济分析法学大师波斯纳明确宣称，"正义的第二种含义，简单来说就是效益"，诉讼效益就是以尽可能少的司法投入（如人力、物力、时间等）来取得案件的最大的量化处理和获得最公正的司法结果。禁止不利益变更原则有可能使上诉案件和申诉案件增多，从而导致司法投入的增多，各种耗费的增加，进而有可能使诉讼效率低下。因此，可以说，禁止不利益变更原则对诉讼效益的价值不大。并且，为了避免禁止不利益变更原则对诉讼效益的不利影响，应设立适当的上诉过滤机制。

（二）禁止不利益变更原则有利于保障人权

禁止不利益变更原则确立的最大目的在于对被告人上诉权的保护，因此，可以说，禁止不利益变更原则的最大价值是对于人权的保障，保障人权是禁止不利益变更原则建立的基石。如前所述，被告人同公诉机关之间存在着天然的不平等，现代刑事诉讼追求公平、正义，就应该体现出保障人权的目的，就必然要赋予被告人一些特殊的权利以求得与公诉机关的抗衡。因此，各国的宪法和刑事诉

① 宋英辉著：《刑事诉讼原理》，法律出版社 2003 年版，第 159 页。

② 陈瑞华著：《刑事审判原理论》，北京大学出版社 1997 年版，第 32 页。

讼法普遍赋予被告人以辩护权和上诉权。被告人不服一审判决，提出上诉，总是从对自己有利的角度出发，希望通过上诉后，继续为自己作无罪或罪轻的申辩，从而使上诉法院改变或减轻对自己不利的判决。如果被告人对于行使上诉权进行申辩之后的结果无法预期，并且有可能被判处比原判决更为不利的结果，就必然会使被告人产生上诉还不如不上诉好的想法，从而缺乏上诉的勇气，即使确有冤屈或处断不公之事，也因害怕上诉后遭受重罚而顾虑重重，不敢上诉，使得被告人应行使的上诉权和辩护权难以实现。禁止不利益变更原则的确立，可以消除被告人因上诉或申诉而遭受更为不利后果的忧虑，使被告人放心大胆地行使自己的上诉权、辩护权，获得公正审判的机会。因此，禁止不利益变更原则的最大价值在于它是被告人行使上诉权和辩护权的重要保障，也是刑事诉讼目的中保障人权目的的体现和落实。

（三）禁止不利益变更原则有利于准确地惩罚犯罪

刑事诉讼一方面要求在准确地查明案件事实真相的基础上，准确地定罪量刑，惩罚犯罪，另一方面也要求对人权给予充分的保障，追求惩罚犯罪与保障人权的统一。禁止不利益变更原则使得被告人毫无顾忌地行使上诉权，如果被告人在一审中错误地受到了大于其罪的处罚，因为有禁止不利益变更原则的保障，被告人就可以大胆地行使上诉权，从而使真相得以大白，罪责能够相当。在这种意义上说，禁止不利益变更原则对于更好地发现实体真实，准确地惩罚犯罪有一定的价值。但禁止不利益变更原则与惩罚犯罪又有着难以化解的矛盾，对惩罚犯罪有一定程度的背离。“即使上诉审法院在审理后认为原审法院的判决量刑畸轻，也不能直接加以改判或者撤销原判，发回重审，而只能‘昧着良心’作出维持原判的裁决。”① 由此可见，禁止不利益变更原则对于准确地惩罚犯罪有一定的价值，但同时与完全地、彻底地惩罚犯罪又存在一定的冲突。

（四）禁止不利益变更原则有利于审级制度的贯彻执行

禁止不利益变更原则可以避免上诉制度流于形式，保证审级制度的贯彻执行。审级制度是刑事诉讼中的一项基本的诉讼制度。当今世界各国，有的国家实行两审终审制，有的实行三审终审制，但各国都允许上诉制度的存在。以中国为例，我国实行两审终审制，事实证明，二审案件的启动，绝大部分是因为被告人的上诉所引发，只有极少数是由于检察机关提起抗诉而发动。所以，两审终审制的落实与贯彻执行，主要取决于被告人能否真正充分地行使上诉权。如果被告人因为害怕上诉后遭受更为不利的变更而不敢上诉，必然使上诉制度流于形式，审级制度也难以很好地贯彻落实，只有确立并切实实行禁止不利益变更原则，被告

---

① 姜辣、唐先华：《对上诉不加刑原则的价值探讨》，载《湖南省社会主义学院学报》2005 年第 2 期。

人在行使上诉权时才会打消顾虑，大胆上诉，发挥上诉制度应有的救济功能和纠错功能，进而保证两审终审制的贯彻执行。

（五）禁止不利益变更原则有利于促进法院审判工作

任何权力都有被滥用的危险，审判权作为国家权力的一种，同样也有被滥用的危险，因此，对审判权加以一定的制约和监督是必要的。禁止不利益变更原则的确立，对于被申请救济的法院法官行使自由裁量权规定了一个合理的上限，有效控制了司法恣意专横，既防止了法院对被告人的恣意专横，并且也防止了上诉审法院或再审法院任意改变一审法院的判决，避免一审审判形同虚设，体现了程序在实现法治的过程中对于权力的控制作用。禁止不利益变更原则有利于“促使第一审人民法院加强责任心，不断提高办案质量”[①]，并对被申请救济的法院的权力加以一定的抑制。根据禁止不利益变更原则，一审法院量刑偏轻的案件，即使到了二审（甚至再审），也不能将原判决任意改变为对被告人更为不利的结果。因此，它对第一审法院提出了更严格的要求，促使一审审判人员充分认识到自己肩负的重要责任，使自己在审判时更加认真、负责，正确运用法律，准确定罪量刑，以做到不枉不纵地惩罚犯罪、保障人权，从而经得起实践的检验和上级法院的监督检查。

（六）禁止不利益变更原则有利于检察机关履行法律监督职责

禁止不利益变更原则适用于被告人单方上诉或检察机关为被告人利益而提起抗诉或刑事案件自诉人为被告人利益而上诉的案件。也就是说，检察机关为被告人不利益提起抗诉的案件，不受禁止不利益变更原则的限制，上诉法院审理此类抗诉案件时，如果原判量刑过轻，可以改判加重被告人的刑罚。对于原判量刑过轻的案件，如果检察机关及时发现，依法提起抗诉，就可以避免上诉审法院明知量刑过轻而不能改判加刑的两难境地，从而更能准确地适用法律，实现惩罚犯罪的目的。因此，禁止不利益变更原则客观上可以加强检察机关的责任感，促使其更好地发挥监督职能，及时做好有关量刑过轻案件的抗诉工作。

四、国外禁止不利益变更原则述评

禁止不利益变更原则对我国来说，是法律制度移植的产物。因此，对于此原则的学习与研究，也应该对国外主要国家禁止不利益变更原则的历史流变及现阶段关于该原则的立法和司法实践状况作些考察，以扬长避短，更好地为我所用。

（一）国外主要国家禁止不利益变更原则的历史流变

禁止不利益变更原则并不是从来就有的。在奴隶社会和封建社会里是不存在禁止不利益变更原则的，当时的法律只是统治阶级镇压劳动人民的工具。同时，

① 陈光中、徐静村主编：《刑事诉讼法》，中国政法大学出版社2002年版，第307页。

刑事诉讼或者不许被告人上诉，或者被告人会因上诉招致更重的刑罚，一系列专横的法律制度将被告人置于诉讼客体的地位，缺乏对被告人权利的保障。而且，统治阶级存在着“官无悔判”的思想，认为被告人寻求法律救济是不认罪伏法，是刁民。整个社会也存在着厌讼、息讼的诉讼心理。为了打击被告人寻求法律救济，统治阶级往往会对寻求法律救济的被告人加重刑罚。随着资产阶级革命的胜利，资产阶级所倡导的自由、民主、文明、保障人权的观念逐渐深入人心，一系列民主、先进的法律原则也得以确立。被告人摆脱了诉讼客体的地位，上升为诉讼的主体，享有一系列的诉讼权利，其中包括辩护权和上诉权。为了充分保障被告人的上诉权，最大限度地实现其辩护权，禁止不利益变更原则应运而生。

禁止不利益变更原则最早出现于1808年的《法国刑事诉讼法典》①，是法国资产阶级革命的产物。它的基本内容是：在刑事诉讼中，被告人或者他的近亲属、监护人以及辩护人对法院判决不服而为被告人利益提出上诉时，上诉审法院可以减轻或维持原判，但不得加重原来判决的刑罚；只有在为被告人之不利益而提起上诉时，上诉审法院才可以判处比原判更重的刑罚。1808年《法国刑事诉讼法典》是资产阶级国家最早的一部规定较为详细的刑事诉讼法典，它对以后资产阶级国家尤其是大陆法系国家的刑事诉讼法产生了重大的影响。

德国资产阶级革命胜利后，于1877年制定了《德国刑事诉讼法典》，从《法国刑事诉讼法典》中吸取了禁止不利益变更原则的精神。其第398条规定：“被告一方对判决不服提出上诉时，新的判决不能处较原判决更重的刑。”② 日本在明治维新以后，资本主义迅速发展，资产阶级进行了大量的立法以巩固其政权。1891年日本以《德国刑事诉讼法典》为蓝本，确立了禁止不利益变更原则，其刑事诉讼法第265条规定：“若只有被告人、辩护人或法律上代理人控诉，不许将原判决变更为不利于被告人。”③ 这样，到19世纪末，德国、日本在刑事诉讼法上都确立了禁止不利益变更原则。之后，当资产阶级革命取得胜利以后，大陆法系国家也都先后在本国的刑事诉讼法中采用了禁止不利益变更原则。但是，这一原则在德国、日本两个国家又都出现过反复。德国、日本法西斯专政时期，法西斯实行独裁政治、强权政治，对法制、民主严重践踏，日本于1917年、德国于1935年通过的刑事诉讼法修正案都规定，上诉审可以加重被告人的刑罚，从而否定了禁止不利益变更原则。二战结束以后，随着法西斯统治的灭亡、资产阶级民主和法制的恢复及资本主义经济的发展，日本于1949年施行的《日本刑事诉讼法》（即现行刑事诉讼法），联邦德国于1950年颁行的刑事诉讼法典又重

---

① 孙飞著：《我国刑事诉讼第二审程序论》，群众出版社1986年版，第234页。

② 樊崇义主编：《诉讼法学新探》，中国法制出版社2000年版，第417页。

③ 同②。

新确立了禁止不利益变更原则。[①]

英美法系国家采用禁止不利益变更原则比较晚。17 世纪中叶的英国资产阶级革命具有向封建地主阶级的妥协性，这决定了英国法律制度改革的不彻底性。"革命以前和革命以后的制度之间的继承关系、地主和资产阶级之间的妥协，表现在诉讼程序被继续运用和封建形式被虔诚地保存下来这方面。"[②] 再加之英国施行判例法，所有法院判决都需遵照先例，因此，禁止不利益变更原则也缺乏用武之地。1907 年英国国会通过的《刑事上诉法》正式确立了上诉制度，但仍确认了封建制度的做法，并没有采纳禁止不利益变更原则。上诉审法院对上诉案件"根据自己对被判刑人罪行的判断，不仅可以减轻，而且可以加重原判决所判处的刑罚"[③]。直到 1966 年《刑事上诉法》和 1968 年《刑事上诉法》颁布以后，这种状况才发生了改变，规定上诉审法院审理案件时"如有若干罪名，可以撤销其中某些罪名的判定而且可以据此重新判刑，但其总刑期不得长于原判决"，"如果发现陪审团定罪有错误，可以起诉书中的另一罪名代替并改判为不重于原判决的刑罚，但不得改判为较重的罪名"。该规定使得禁止不利益变更原则在英国得以确立，只是在适用范围上仍有所限制。此后，英美法系国家、英属殖民地国家也纷纷效仿英国，相继在其刑事诉讼法中确立了禁止不利益变更原则。在美国，联邦宪法和美国联邦最高法院都没有明确确定禁止不利益变更原则，但并不是说美国对于被告人的上诉权缺乏保障。"在公民个人意识强烈的美国，法律的筹码更易倾重于个人权利的保护，而以公共权利的牺牲为代价。"[④] 美国刑事被告人享有许多重要的诉讼权利，有些甚至上升为宪法权利，如美国宪法第五修正案规定，"……任何人不得因同一罪行而两次遭受生命或身体的伤害；……"这就是著名的"禁止双重危险"原则，美国的上诉、再审程序均受该原则的拘束。该原则对于保障被告人的上诉权和人身权有重大的意义，甚至被称为再审制度的灵魂。而且，美国各州的检察官基本上无上诉权，检察官无权上诉已被"无罪开释"之人，即使是错判也不可上诉，这就从源头上减少了被告人遭受双重危险的可能性。此外，美国的一些州法律规定了禁止不利益变更原则。许多州的法院都主张上诉审不得加重罪名，也不得对已服刑的判决加刑[⑤]。

俄国十月革命后，建立了苏维埃政权。苏维埃政权在 1922 年《苏俄刑事诉

---

① 金钟：《上诉不加刑原则的历史发展及现代意义》，载《南京社会科学》1994 年第 10 期。

② 《马克思恩格斯全集》第 1 卷，人民出版社 1956 年版，第 320 页。

③ 切里佐夫著：《苏维埃刑事诉讼》，法律出版社 1956 年版，第 637 页。

④ 李学军主编：《美国刑事诉讼规则》，中国检察出版社 2003 年版，第 538 页。

⑤ 王以真主编：《外国刑事诉讼法学》，北京大学出版社 2001 年版，第 185 页。

讼法典》中采纳了禁止不利益变更原则，其第370条规定："原判决如果是按照被判刑人的上诉理由而被撤销的，人民法院第二次审判所判处的刑罚，不能重于第一次审判所选择的刑罚。"1958年的《苏联和各加盟共和国刑事诉讼纲要》第46条规定，"上诉审对判刑人不得加重刑罚或适用规定较重罪行的法律"①，对禁止不利益变更原则作了更为详细和严密的规定。受前苏联的影响，二战以后先后建立的社会主义国家如罗马尼亚、南斯拉夫、保加利亚、阿尔及利亚、原东德、朝鲜、蒙古等也都在刑事诉讼立法中确立了禁止不利益变更原则。《南斯拉夫刑事诉讼法》第378条规定，如果只提出了对被告人有利的上诉时，则判决不得将上诉改为对其不利。《罗马尼亚刑事诉讼法》规定，"上诉审法院结案不能给上诉的当事人带来麻烦"。这样，禁止不利益变更原则在大部分社会主义国家也得以确立。

如今，绝大多数国家都在立法上或明确或含糊地确立了禁止不利益变更原则，只是对这一原则的适用范围和表达方式不完全一样，各国对于何为"不利益变更"的理解也有所差异。随着时代的发展，禁止不利益变更原则的发展呈现出一些共同的趋势，即禁止不利益变更原则的内容经历了一些变化，不断扩充，不仅仅局限于被告人一方上诉的案件，对于检察机关和刑事自诉案件的自诉人为被告人利益而提起上诉的案件，上诉审也不得加重被告人的刑罚；案件的适用范围方面也有扩大的趋势，实行两审终审制的，第二审适用禁止不利益变更原则，实行三审终审制的，第二审、第三审审理受禁止不利益变更原则的约束，并且，有些国家将禁止不利益变更原则应用到上诉后裁定撤销原判发回重审的案件和再审案件中；在原则的适用对象上，往往也适用于未上诉的共同被告人。总之，禁止不利益变更原则在世界范围内的确立和发展，是人类近现代史上文明战胜蒙昧、民主战胜专制的重大成果，对于刑事诉讼制度朝着科学化、民主化的方向发展具有重要意义。

（二）国外禁止不利益变更原则的立法现状

禁止不利益变更原则经历了一系列的发展，在大多数国家得以确立。以下笔者对几个有代表性的国家有关禁止不利益变更原则的立法现状作些考察。

1. 法国禁止不利益变更原则的立法

法国的刑事诉讼程序比较严格，上诉途径非常广泛，在刑事方面得到承认的上诉途径中，首先可以分为普通上诉途径和非常上诉途径。普通上诉途径目的是对已经作出判决的案件从各个方面再一次进行审判，包括对缺席判决提出异议和向上诉法院提出上诉。非常上诉途径是请求最高法院从法律的角度，以及有时从事实的角度，评判原审法院作出的裁判决定是否正确。包括"因法律上的错误"

① 孙飞著：《我国刑事诉讼第二审程序论》，群众出版社1986年版，第236页。

向最高法院提出上诉和“因事实上的错误”向最高法院提出再审申请或再审之诉。对于不同的上诉途径，有不同的规则对之加以制约，相应地，禁止不利益变更原则（在法国体现为禁止加刑的规则，也称上诉不加刑原则）的适用也因上诉途径的不同而有所分别。

（1）普通上诉途径中禁止不利益变更原则的适用。在普通上诉途径中，对缺席判决提出异议的上诉不受禁止不利益变更原则的限制。“原来作出判决的法院，在该判决经缺席判决异议消灭之后再次受理本案并进行审判时，有进行评判的完全自由。法院可以：或者重述其原来所做的判决，或者从轻进行变更（免诉判决或者减轻处罚），或者甚至加重处罚。禁止加刑的规则不适用于对缺席判决提出的异议。即使被告人宣告被告人撤回其提出的缺席判决异议，丝毫不损害异议所具有的消灭效果。”①对于另一类上诉途径即向上诉法院提出上诉则受到禁止不利益变更原则的限制。《法国刑事诉讼法典》第515条第2款规定，法庭不得仅根据被告人、民事责任人和民事当事人的上诉或其中任何人的保证人的上诉而加重对上诉人的处罚。因此，上诉法院不得因被告人提出上诉而加重刑罚，也不能朝更为严厉的方向变更一审法院法官认定的罪名（或定性）。这一规则不仅适用于对公诉的判决，也适用于对民事诉讼的判决，在民事诉讼提出上诉时，上诉法院法官也不得提高一审法院已经判处的损害赔偿。“上诉仅利于提出上诉的人”，是法国刑事诉讼的一个特点，但由此也引起了对禁止不利益变更原则的适用的限制。如果存在一个附带上诉的话，禁止不利益变更原则的适用就会被限制。即当当事人一方提出上诉时，其他当事人方面也随着提出上诉，从而在“主上诉”之外又增加了一个“附带上诉”，就会使禁止不利益变更原则失去用武之地。有了这个“附带上诉”，“上诉法院可以像一审法院一样，受理任何案件，并且可以像一审法院一样，享有完全的评判自由与决定自由。”②

（2）非常上诉途径中禁止不利益变更原则的适用。非常上诉，包括向最高法院提出上诉和向最高法院申请再审。其中，向最高法院提出上诉又包括为当事人利益的上诉和为法律利益的上诉。为当事人利益向最高法院提出上诉的主体可以是诉讼之任何当事人，包括权益受到损害的当事人和代表社会利益的检察院，并且是针对没有既判力的裁判提起的。虽然《法国刑事诉讼法典》没有明确规定此种上诉应受到禁止不利益变更原则的制约，但是，“法院判例将‘禁止改判刑罚’（reformatio in pejus，上诉不加刑）扩大至向最高法院提出的上诉，所以，

① ［法］卡斯东·斯特法尼、乔治·勒瓦索、贝尔纳·布洛克著，罗结珍译：《法国刑事诉讼法精义》，中国政法大学出版社1999年版，第815～816页。

② ［法］卡斯东·斯特法尼、乔治·勒瓦索、贝尔纳·布洛克著，罗结珍译：《法国刑事诉讼法精义》，中国政法大学出版社1999年版，第832页。

最高法院刑事庭不得加重对当事人的处罚（不得使当事人的状况更加严重）"①。为法律之利益向最高法院提出上诉，仅能由驻最高法院的总检察长提出，或者甚至（针对重罪法庭所作的免诉判决）由上诉法院检察长提出，并且是针对具有既判力的裁判判决提出上诉。此种上诉后所作的判决裁定"不得恶化被告人的地位"。向最高法院申请再审，是另一种非常上诉途径。设立这一上诉途径的目的在于：对因为发生事实上的错误，使无辜的人被不公正地判处刑罚，判决已经产生既判力的情况下，还可以对这种司法错误进行纠正。它使原则上仅受理法律问题的最高法院例外地对事实问题进行审查。再审法庭在再审案件中撤销原判决时，原则上，都宣告将案件发回重审与作出被撤销的判决的法院同一性质的另一同级法院。负责重新审理本案的受移送法院有自行裁判的自由：或者宣告原判刑的人无罪（无辜），或者不宣告其有罪，或者甚至确认已被撤销的判决成立并宣告判刑判决，但是不得违反"禁止加重刑罚"之原则，所以，受移送法院肯定不得判处比原审法院所判处刑罚更为严厉的刑罚。②

2. 德国禁止不利益变更原则的立法

禁止不利益变更原则在《德国刑事诉讼法典》中有以下规定：（1）禁止不利益变更原则适用于仅为被告人利益提起的法律救济程序，这种法律救济程序被指控人和检察院都可以提起，如《德国刑事诉讼法典》第 301 条规定，检察院每次提起的法律救济诉讼活动，也具有可能使所要求撤销、变更的裁判被有利于被指控人地变更、撤销的效力。（2）禁止不利益变更原则在德国刑事诉讼中适用的审级十分广泛，适用于第二审、第三审的上诉和再审程序中。根据《德国刑事诉讼法典》第 331 条第 1 款、第 358 条第 2 款、第 373 条第 2 款的规定，仅由被告人，或者为了他的利益由检察院或者他的法定代理人提出了上告、上诉的时候，或者在再审程序中仅由有罪判决人、或者为了他的利益由检察院或者他的法定代理人提请再审的时候，对于判决在处分种类、刑度方面，不允许作不利于被告人的变更。③（3）禁止不利益变更原则只是就刑罚而言，非就罪责判断而言。有以下几种情况需要注意：①如果只有被告人提起上诉时，则第二审法院可以在不改变原来的罚金刑的基础上，就其罪责部分加以更正。②将自由刑改判为罚金刑时——不论其金额高低，只要是该易科自由刑并未逾越第一审判决之刑罚标准者，则均属刑罚之减轻。③当合并刑中个别刑罚因其可能在后来对合并刑的

① ［法］卡斯东·斯特法尼、乔治·勒瓦索、贝尔纳·布洛克著，罗结珍译：《法国刑事诉讼法精义》，中国政法大学出版社 1999 年版，第 853 页。

② ［法］卡斯东·斯特法尼、乔治·勒瓦索、贝尔纳·布洛克著，罗结珍译：《法国刑事诉讼法精义》，中国政法大学出版社 1999 年版，第 872 页。

③ 宋英辉著：《刑事诉讼原理》，法律出版社 2003 年版，第 324 页。

变更中，再次显现其重要性时，则不得对其加重之，然如果即使除去一实质竞合的犯罪行为，在第二审中仍被判处以同样的合并刑时，则此并不成立不利益变更之禁止情形。④当原先被判以缓刑，后来却被撤销者，此亦属对不利益变更之禁止之违反，或当一不得缓刑的较短之自由刑被改判为一较长的，但得缓刑的自由刑时，亦属对该禁止之违反。⑤不利益变更之禁止亦适用于保安处分，但例外地不适用于命令在精神病医院及禁戒处所所为之收容观察，因此种措施依立法者之见解，只会对被告人有好处而不会有害处。①

3. 英国禁止不利益变更原则的立法

英国是实行判例法的国家，刑事诉讼法中关于禁止不利益变更原则的规定相对较少。但是法律传统上普遍确认“禁止双重危险原则”，被告人不得以同一罪行被审判两次以上。原则上，上诉只能针对法律问题进行，上诉权也是专属于被告人的权利，检察官一般没有上诉的权利。因此，其对于被告人的保护也比较完善。

英国的法院体系复杂，上诉渠道较多，上诉形式也很繁杂，禁止不利益变更原则在其中的应用也有所区别。

（1）从治安法院向刑事法院的上诉。英国刑事诉讼法律规定，如果一个被治安法院定罪的人对治安法院的有罪判决或刑罚判决不服，可以向刑事法院提出上诉。此种上诉一般情况下只有被告人可以提起，起诉方无权就此案件向刑事法院提起上诉。刑事法院审理上诉案件时，通常采用重审的形式，在重审的过程中，可以纠正原判中的任何缺点和错误，审理的结果可以维持治安法院的判决，也可以维持或改变治安法院的定罪与刑罚，包括加重上诉人的刑罚，但要在治安法院的量刑权限之内。这种可以加重刑罚的规则主要目的是为了阻止不恰当的上诉，而实践中刑事法院极少加重上诉人的刑罚。在此种上诉形式中，无禁止不利益变更原则的应用。

（2）从治安法院向高等法院的上诉。依照英国法律的规定，在治安法院的诉讼中，不论是起诉方、被告方还是任何其他一方，都可以法律适用错误或超越治安法院的管辖权为理由，要求该法院将判案结果向高等法院王座法庭报核。此种报核方式也是上诉形式的一种。“高等法院王座法庭对已受理的上诉案件，审理时仅仅就法律问题听取双方律师的辩论。高等法院有权维持、撤销或改变原审判决，或发回重审，而且可以加判其他处置。”② 另外，被告人对上诉到刑事法院的案件，经刑事法院作出上诉判决后，双方当事人也均可就上诉中存在的法律问

① ［德］克劳思·罗科信著，吴丽琪译：《刑事诉讼法》，法律出版社2003年版，第497~498页。

② 程荣斌主编：《外国刑事诉讼法教程》，中国人民大学出版社2002年版，第180页。

题，以报核的方式向高等法院王座法庭上诉，其审理程序规则与治安法院直接报核的上诉案件基本相同，也缺少禁止不利益变更原则的应用。

（3）对刑事法院判决不服的上诉。根据英国刑事诉讼法律的规定，被告人不服刑事法院的判决，有权向上诉法院刑事庭提起上诉。根据提起上诉的内容不同，又可以分为对定罪不服的上诉和对量刑不服与其他问题的上诉。在英国，上诉法院拥有广泛的审理对定罪不服而上诉的权力，并可以更换原定罪的罪名。但是，取消原来的定罪，以其他罪名代替该项定罪并判刑，所判处的刑罚不得重于原判刑罚。① 上诉法院依照法律规定，有权对上诉的案件作如下的裁定：驳回上诉，维持原判；撤销原审法院的定罪；命令将被告人收容住院，进行强制治疗；原审定罪过重，改判为起诉书中另一较轻的罪名代替原定罪；原审不正确，应采纳新证据，将案件发回重审等。对于在刑事法院一审的刑事案件或者在治安法院审判后提交刑事法院量刑的案件，如果对量刑部分提出上诉，也要上诉至上诉法院刑事庭。上诉法院刑事庭经过上诉审，认为应当改判的，只能在刑事法院所具有的判刑权限内予以改判，而且不得加重原判刑罚，只能轻于原判刑罚。

从以上这些规定和做法可以看出，在英国，上诉法院审理上诉案件实质上是将禁止不利益变更原则的精神贯穿其中的，不仅不能加重原判刑罚，也不能改判比原判罪名更重的罪名。

4. 美国禁止不利益变更原则的立法

美国联邦宪法增修第 5 条规定，“no person shall be …subject , for the same offense , to be twice put in jeopardy of life or limb.” 这就是我们通常所说的“禁止双重危险”原则，意思是“同一被告就同一犯罪只能被起诉或处罚一次”。根据这一原则，上诉是专属于被告人的权利，美国各州的检察官基本上没有上诉权，尤其是无权上诉已被“无罪开释”之人，即使是错判也不可上诉。而对被告人的上诉权则予以保护，在联邦和各州，刑事诉讼的被告人享有绝对的上诉权，并且有多种上诉渠道。

美国的联邦宪法和联邦最高法院虽然没有明确确立禁止不利益变更原则，但对减刑是持肯定态度的，并且也有与此类似的规定。“当被告就有罪判决上诉后，二审法院撤销原判决，将案件发回一审法院更审，更审‘法官’（非陪审团）不得判被告较更审前之刑更重，此乃基于正当程序原则”②。许多州的法院都主张上诉审不得加重处罚（包括不得加重罪名），也不得对已付诸执行的判决加刑。并且，美国的一些判例也反映了禁止不利益变更原则的精神。此外，按照

① ［英］迈克·麦康维尔著，程味秋等译：《英国刑事诉讼导言》，载《英国刑事诉讼法》，中国政法大学出版社 2001 年版，第 77 页。

② 王兆鹏著：《美国刑事诉讼法》，北京大学出版社 2005 年版，第 20 页。

上诉程序的总规则，被告人上诉时必须列出上诉的争论点，争论点多为法律纠纷，而非事实纠纷，如对法官或检察官在适用法律时的合理性，有无违反诉讼中程序规则以及证据收集采用规则等方面的纠纷等。对这些方面的上诉是不易引起加刑的，再加上禁止双重危险原则以及判例精神的保护，被告人是可以打消上诉后遭受不利变更的顾虑而放心大胆上诉的。

美国联邦最高法院也通过判例规定了禁止不利益变更原则的除外情况，如果"初审之后揭露的信息材料能够证明对被告人应加重刑罚，此时，法官才被允许在被告人成功上诉后科处加重的刑罚"①。

5. 日本禁止不利益变更原则的立法

《日本刑事诉讼法》受到他国法律制度的影响比较大。1868 年以后受大陆法系法国、德国的影响，基本上是职权主义模式。1945 年第二次世界大战后，又受到美国法的巨大影响，具有了当事人主义的色彩，在此发展过程之中同时又具有了自己的特色。《日本刑事诉讼法》关于禁止不利益变更原则的规定，体现于第 402 条，对于被告人提出控诉（即第二审上诉）或者为被告人利益而提起控诉的案件，不得宣告比原判决刑罚更重的刑罚。并且没有除外规定，因此被称为"绝对不得加重主义"。并且，上告审（即第三审上诉）的审理，除法律有特别规定的以外，有关控诉的规定都适用上告审②，可以看出禁止不利益变更原则也适用于第三审上诉，禁止将上诉审判决变更为更加不利于被告人，不得宣告重于原判决之刑罚。禁止不利益变更原则同样适用于再审程序中。《日本刑事诉讼法》第 452 条规定，"再审时不得宣判重于原判决之刑罚"，检察官之申请再审，亦有禁止不利益变更原则之规定。

（三）国外禁止不利益变更原则现行立法之比较

禁止不利益变更原则起源于大陆法系国家，而后又发展到英美法系国家，经过一系列的发展变迁，如今，世界上绝大多数国家都在立法上或司法实践中确立了禁止不利益变更原则。各国关于禁止不利益变更原则的内容基本上是相似的，出发点都是基于对刑事诉讼中处于弱势地位的被告人加强保护，维持控辩平衡的诉讼构造，保障公正审判的需要。总的价值都在于保障被告人的上诉权、辩护权，维护审级制度的贯彻实施。但由于各国国情和法律传统不同，因此在原则的某些方面也存在很大的差异，如禁止不利益变更原则存在的理论基础受法律传统的影响有所差异，原则的适用范围和表达方式也不完全一样，等等。以下我们就对国外主要国家关于禁止不利益变更原则的立法状况作一下比较。

---

① 李学军主编：《美国刑事诉讼规则》，中国检察出版社 2003 年版，第 579 页。

② ［日］田口守一著，刘迪等译：《刑事诉讼法》，法律出版社 2000 年版，第 316 页。

1. 立法背景之比较

大陆法系国家法律传统上更为注重实体真实、实体正义的实现，普遍偏重发现真相的诉讼理念，往往赋予检察机关较大的提起法律救济程序的权力，但这些国家也接受了罗马法中一事不再理原则的精神内涵并将之发扬光大，注重对被告人的人权加以保护。为平衡发现真相与保障人权的关系，法律一般明确规定禁止不利益变更原则，并对原则的适用加以详细的说明，禁止或严格限制对被告人作出不利的变更。比如法国、德国两个国家，它们是大陆法系的代表国家，也是禁止不利益变更原则的发源地。两国都是成文法国家，关于禁止不利益变更原则的立法规定比较多，而且有自己的体系，对于原则适用的具体案件类型、原则适用的审级范围、“不利益”变更禁止的范围以及原则的一些除外规定都有详细的法律条文加以说明。

而英美法系国家更为注重正当程序、程序正义的实现。其法律传统是偏重程序对于人权的保障，往往在宪法或宪法性文件上规定“禁止双重危险”原则，将被告人的人权保障提升到了宪法的高度。禁止或严格限制检察机关提起上诉或抗诉的权力，从而在源头上减少了被告人在救济程序中受到不利益变更的危险，使被告人在法律救济程序中处于相对“安全”的状态，因此其对于被告人的保护也比较充分。英国、美国是英美法系的代表国家，实行判例法，成文法并不发达，但是，英美两国对于被告人权益的保护是比较发达和完善的，在法律传统中，上诉只能针对法律问题进行，并且是专属于被告人的权利，检察机关原则上不享有上诉的权力，尤其是对于无罪开释之人，即使是错判也不可上诉。这就从源头上减少了被告人在救济程序中受到不利益变更的危险。在两国的法律和判例中都有禁止不利益变更原则的规定和做法，相比较法国、德国而言，英国和美国的禁止不利益变更原则的规定不够明确，规则较少，并且不成系统，散见于一些法律规定与判例中，关于禁止不利益变更原则的适用案件类型、适用的审级范围、不利益变更禁止的范围也往往是通过判例加以规范。在一些上诉审中，甚至没有禁止不利益变更原则的适用而可以加重刑罚，这么做的目的在于阻止不恰当的上诉，并不是削弱对于被告人的人权保护。英美法系国家采取如此的形式来确立禁止不利益变更原则是与其法律传统相一致的。

并且，随着英美法系与大陆法系的不断融合，大陆法系也注意通过判例来补充成文法律规定的不足，英美法系也开始注重法律条文规范的作用。

2. 适用案件类型之比较

一般来说，刑事救济案件依据上诉或申诉是否是为被告人的利益可以划分为两种：为被告人利益的法律救济案件和为被告人之不利益的法律救济案件。禁止不利益变更原则适用的案件类型，原则上适用于为被告人利益而寻求法律救济的案件。包括既适用于被告人一方（包括被告人本人、被告人的法定代理人、经被告人同意的近亲属、辩护人）上诉或申诉的案件，也适用于检察机关为被告人利益而抗诉的案件和刑事案件自诉人为被告人利益而申请救济的案件。但由于各国国情和法律传统不同，具体适用的案件类型也有所差异。

在法国，向上诉法院提出上诉受禁止不利益变更原则的限制，这只是在仅有被告人上诉的情况下适用。如果检察院也向上诉法院上诉从而形成一个附带之诉的话，则禁止不利益变更原则丧失其约束力。而向最高法院为当事人利益提出的上诉，向最高法院申请再审的主体既可以是权益受到损害的当事人（被告人），也可以是检察机关，即检察院也可以为被告人利益而向最高法院提出上诉和申请再审，此时的法律救济程序中都应该遵守禁止不利益变更原则。

在德国，不论是检察院还是被告人，均拥有提起准许的法律救济诉讼活动的权利。检察机关也可以为了被告人的利益而提起法律救济诉讼活动。无论是被告人或他的法定代理人为被告人的利益提出法律救济，还是检察院为被告人利益而提出法律救济，对于这些主体为被告人利益所提起的法律救济程序（包括第二审、第三审的上诉和再审程序），均要受到禁止不利益变更原则的限制。

在英美法系的法律传统中，检察机关一般不享有上诉权，上诉是专属于被告人的权利，并且只能针对法律问题进行。在英国，上诉法院审理上诉案件适用禁止不利益变更原则（包括上诉法院审理对刑事法院一审定罪不服而上诉的案件，对于刑事法院一审的刑事案件量刑不服提出上诉的案件，或者是在治安法院审判后提交刑事法院量刑的案件，对量刑部分不服提出上诉的案件）。而对于比较轻微的治安法院的案件不服的上诉审无该原则的应用，可以加重被告人的刑罚。实践中此种上诉审中刑事法院极少加重上诉人的刑罚，这样规定的主要目的是阻止不恰当的上诉，对上诉案件起到一定的过滤的作用。

在美国，各州的检察官基本上无上诉权。大多数州都通过州宪法和制定法对被告人的上诉权给予肯定，联邦也通过判例和制定法规定被告人的上诉诉讼程序，并允许如果被告人主张其宪法权利被否定，可以向美国联邦最高法院上诉。一旦刑事案件被告人成功上诉之后，二审法院法官（非陪审团）不得判被告人较重审前的刑罚更为严重的刑罚。

日本的禁止不利益变更原则受大陆法系和英美法系的影响都比较大，并且在借鉴两大法系的优点的基础上又形成了自己的特色，即采“绝对不得加重主义”原则，对被告人的保障尤为充分。对于被告人提出控诉（即第二审上诉）或者为被告人利益而提起控诉的案件，不得宣告比原判决刑罚更重的刑罚。由此可以看出，日本刑事诉讼中禁止不利益变更原则适用的案件类型，不仅适用于被告人一方单独上诉的案件，而且适用于检察官为被告人利益而上诉的案件。

3. 适用审级范围之比较

禁止不利益变更原则适用的审级范围是带有救济性质的审级。各国实行的审级制度不同，因而适用的审级范围也不同。在实行两审终审制的国家该原则通常适用于第二审程序，在实行三审终审制的国家通常适用于第二审、第三审程序。大部分国家在再审程序中也有禁止不利益变更原则的适用。

在法国，禁止不利益变更原则适用的案件范围很广，既适用于未生效裁判的上诉，又适用于已生效裁判的上诉。具体来说适用的审级范围为：向上诉法院提出的上诉、向最高法院提出的上诉（由判例扩大至此应用）、向最高法院申请再审的案件。由此看出，该原则在法国的适用审级范围很广泛。

德国禁止不利益变更原则适用的审级范围也很广泛，既适用于未生效裁判的上诉，又适用于已生效裁判的上诉。具体来说在第二审、第三审的上诉和再审程序中都要对禁止不利益变更原则加以适用。

在英国，上诉法院拥有广泛的审理对定罪不服而上诉的案件的权力，并可以更换原定罪的罪名。但是，取消原来的定罪，以其他罪名代替该项定罪并判刑，所判处的刑罚不得重于原判刑罚。上诉法院审理对于在刑事法院一审的刑事案件或者是在治安法院审判后提交刑事法院量刑的案件，如果对量刑部分提出上诉，也要上诉至上诉法院刑事庭。上诉法院刑事庭经过上诉审，认为应当改判的，只能在刑事法院所具有的判刑权限内予以改判，而且不得加重原判刑罚，只能轻于原判。由此可见，禁止不利益变更原则不仅适用于第二审上诉案件，而且在第三审上诉案件中也加以适用。

在美国，一旦刑事案件被告人成功上诉之后，上诉审法院法官（非陪审团）不得判被告较重审前的刑罚更为严重的刑罚。由于美国的上诉审不仅仅限于第二审，也存在第三审的上诉，因此，禁止不利益变更原则的精神是贯彻于第二审、第三审上诉程序的。

日本的禁止不利益变更原则的适用审级范围比较彻底。不仅控诉审案件（即第二审上诉）要适用禁止不利益变更原则，而且，法律规定，上告审案件（即第三审上诉）也要适用控诉的有关规定，即也要受禁止不利益变更原则的限制。法律还规定，再审时不得宣判重于原判决之刑罚，即再审程序也要受禁止不利益变更原则的限制。此外，在法院发回重审的案件审理过程之中也要遵守禁止不利益变更原则，使被告人更加安心大胆地行使上诉权。

4. “不利益”变更禁止范围之比较

各国由于国情、文化及法律传统的差异，对于禁止不利益变更原则中何谓“不利益”，即“不利益”变更禁止的范围理解有所不同。

在法国，上诉法院在适用禁止不利益变更原则时，不仅不能加重被告人的刑罚，而且也不能朝着更为严厉的方向变更一审法院法官已经认定的罪名（或定性），因此，法国禁止不利益变更原则中的“不利益”包括罪名和刑罚的不利变更。

在德国，禁止不利益变更原则限定的是就刑罚问题不能作出不利于被告人的变更，而非罪名的变更。比如法律规定，只有被告人提起上诉时，第二审法院可以在不改变原来的罚金刑的基础上将罪责部分加以更正，如将第一审的窃盗罪更改为强盗罪。因此，德国该原则中的“不利益”仅包括刑罚的不利变更，而不包括罪名的变更。但也有德国学者认为，不利益的比较，应将二判决之内容个别、对应地比较，凡使被告个人之自由、财产、名誉等显得较为低下者，即属于不利益。[①]

英国、美国两国的法律和有关判例精神中，有关“不利益”的含义，既包括刑罚的不利变更，又包括罪名的不利变更。两国法律传统上一贯重视对于被告人的保护，不利益变更禁止的范围比较宽。普遍认为，只要事实上使得被告人处于更加不利益的地位，就应禁止变更。

在日本，禁止谕知较重于原判决所宣告之刑，但并不妨碍比原判决更不利益于被告之事实认定[②]，即不排除改判较重的罪名，但如因此认定事实致生法定刑以外之刑时，则有禁止不利益变更原则之适用。将执行方法之缓刑与否，认为与刑种、刑期密切相关，认为应受禁止不利益变更原则之限制。并且，日本在具体的科刑轻重之比较方面，学术界研究比较详细且系统化，司法实践中可操作性比较强。

5. 除外规定之比较

禁止不利益变更原则对于保障被告人的上诉权、辩护权，维护审级制度的贯彻实施等方面具有很大的价值意义。但如果一味地强调禁止不利益变更原则而无条件地加以适用，也会带来一定的消极后果，如被告人毫无顾忌地行使上诉权有可能引起上诉案件的大量增加，造成诉讼资源的浪费，诉讼效率低下。为了减弱这种消极后果，同时，为了在注重人权保障时，兼顾实体真实的发现和实体正义的实现，各国在确立禁止不利益变更原则时也往往作一些除外规定。

在法国，对缺席判决提出异议不受禁止不利益变更原则的限制，而在德国，对于缺席判决不服提起的上告程序仍然受到禁止不利益变更原则的限制，审理后法官不能作出不利于被告人的变更。德国的禁止不利益变更原则例外地不适用于命令在精神病医院及禁戒处所所为之收容观察，因此种措施依立法者之见解，只会对被告人有好处而不会有害处。

美国在判例中确认，如果在初审之后揭露的信息材料能辨明科处加重的刑罚

① 朱朝容等：《刑事诉讼之运作》，五南图书出版公司 1987 年版，第 104 页。

② 最判昭和二四年八月九日最刑集三卷九号一四二八页。参见林俊益：《刑事不利益变更禁止原则之研究》，载朱朝容等：《刑事诉讼之运作》，五南图书出版公司 1987 年版，第 92 页。

是正当的判决时，可科处加重的刑罚。另外，如果法官在量刑时低于一般标准（即法官脱离规定的量刑范围），检方可以要求纠正，此种变更，是不利于被告人的。[①] 英国关于该原则的例外就是对于治安法院的案件上诉后不适用该原则，作此规定主要是为了阻止不恰当的上诉，对上诉案件起到一定的过滤作用。

日本的禁止不利益变更原则受大陆法系和英美法系的影响都比较大，并且在借鉴两大法系的优点的基础上又形成了自己的特色，即采“绝对不得加重主义原则”，对被告人的保障尤为充分。禁止不利益变更原则的适用没有例外规定。

五、我国刑事禁止不利益变更原则的立法及其反思

（一）刑事禁止不利益变更原则在中国的历史发展

我国古代的刑事司法制度比较发达。早在西周时期就建立了上诉制度，秦汉朝时的乞鞠、唐朝的取囚服辩和起始于汉代的直诉制度都代表了上诉制度的不同发展阶段。纵观我国上诉制度的历史流变过程，其在整体上呈现出的特点是追求实质真实，而忽视程序上的正义。由于这种法律传统力量的过于强大，禁止不利益变更原则在我国奴隶社会和封建社会没有生存的土壤。到了清朝末年，统治阶级进行了一系列的变法修律活动，对于刑事诉讼制度也进行了变革，这种变革带有浓重的封建主义和殖民主义的色彩，尽管其效仿德国、日本等国规定了具有现代意义的上诉制度，但仍然没有禁止不利益变更原则的规定。

国民党南京政府成立以后，进行了一系列的立法活动。其承袭了日本、德国、瑞士等国的资产阶级法律原则，大量搬用外国资产阶级的法律，于1928年制定了刑事诉讼法。该法第459条规定，“为受刑人利益而提起再审之案件，谕知科刑之判决者，不得重于原审判决抽谕知之刑”[②]。这是禁止不利益变更原则在我国刑事诉讼立法史上的首次体现。当时的立法、司法及法学界称之为“不利益变更之限制原则”。不过，该原则的适用范围较窄，不利益变更禁止的范围仅限于宣告刑，而对于加重执行刑（如延长缓刑期、服劳役期，增加罚金等），增加保安处分的，法律则予以肯定。国民党政府溃退台湾以后，对刑事诉讼法进行了多次修改。目前，我国台湾地区的“刑事诉讼法”也确立了禁止不利益变更原则。其第370条规定：“由被告上诉或为被告之利益而上诉者，第二审法院不得谕知较重于原审判决之刑。但因原审判决适用法条不当而撤销之者，不在此限。”第439条规定：“为受判决人之利益申请再审之案件，谕知有罪之判决者，

---

① 宋英辉著：《刑事诉讼原理》，法律出版社2003年版，第252页。

② 金钟：《上诉不加刑原则的历史发展及现代意义》，载《南京社会科学》1994年第10期。

不得重于原判决所谕知之刑。”关于非常上诉，第 447 条第 2 项但书规定，“……原审法院依判决前之程序更为审判。但不得谕知较重于原确定判决之刑”[①]。此原则在台湾地区被称为不利益变更之禁止原则，在第二审上诉，再审及非常上诉中都有适用。

在我国新民主主义革命时期根据地的法制文献中，并没有发现有关禁止不利益变更原则的规定。当时实践中的做法是上诉可以加刑。新中国成立以后，禁止不利益变更原则在立法上的确立仍经历了一个漫长的过程。有关禁止不利益变更原则确立与否的争论一直不断。1956 年 10 月最高人民法院《各级人民法院刑事案件审判程序总结》中规定：“对于被告人或者他的监护人、辩护人、近亲属提起上诉的案件，如果认为原判处刑显然过轻，而确有加重刑罚必要的时候，应当用裁定撤销原判，发回原审人民法院更审。”由此，上诉审法院形式上不加刑，但却可以通过发回原审法院重审进行变相的加刑。1957 年 12 月 26 日，最高人民法院在对地方法院《关于刑事审判程序上某些具体问题的临时变通意见》中答复：“关于被告人或者他的监护人、辩护人、近亲属提起上诉的案件，上诉审人民法院可否直接改判加重刑罚的问题，如果原判处刑显然过轻，确有加重刑罚必要，而案件事实以及为量刑所需要斟酌的一切犯罪情节都完全清楚，证据明确，无须发回原审改判时，也可以不发回原审人民法院而由上诉审人民法院自行改判。”这样就又肯定了上诉可以直接加刑的做法。1968 年起草《中华人民共和国刑事诉讼法草案》（初稿）时，又有一些确立禁止不利益变更原则与否的争论，但当时左的空气相当浓厚，因此最终又被否决了。“文革”十年浩劫期间，砸烂公检法，法律制度被破坏殆尽，因此禁止不利益变更原则更是无从谈起。1978 年十一届三中全会以后，我国的法制建设蓬勃发展。1979 年 7 月 7 日颁布了新中国第一部《刑事诉讼法》，该法第 137 条第 1 款规定：“第二审人民法院审判被告人或者他的法定代理人、辩护人、近亲属上诉的案件，不得加重被告人的刑罚。”这样，禁止不利益变更原则最终在我国《刑事诉讼法》中得以反映。《刑事诉讼法》的这一规定在我国法学界和司法实践中被称为上诉不加刑原则。

（二）我国刑事禁止不利益变更原则立法的现状

我国刑事诉讼立法没有明确确立禁止不利益变更原则，1996 年修改后的《刑事诉讼法》（即现行《刑事诉讼法》）将 1979 年《刑事诉讼法》中关于上诉不加刑的规定几乎毫无改变地保留下来，其第 190 条规定：“第二审人民法院审判被告人或者他的法定代理人、辩护人、近亲属上诉的案件，不得加重被告人的刑罚。人民检察院提出抗诉或者自诉人提出上诉的，不受前款规定的限制。”这就是我国法律确认的上诉不加刑原则，上诉不加刑原则是我国学者所概括的更为

① 朱朝容等：《刑事诉讼之运作》，五南图书出版公司 1987 年版，第 55 页。

直观、更通俗的叫法，其与禁止不利益变更原则有很大的区别，但是上诉不加刑原则在一定程度上吸收了禁止不利益变更原则的合理内涵，反映了禁止不利益变更原则的内在精神。该法律规定比较原则、简单，实践中缺少可操作性，为此司法实践中不好把握，而且容易导致变相加刑。因此，为了将上诉不加刑原则在司法实践中正确贯彻执行，1998 年 9 月 2 日最高人民法院发布的《关于执行〈中华人民共和国刑事诉讼法〉若干问题的解释》（以下简称《解释》）第 257 条和第 258 条对上诉不加刑原则作了进一步的解释。

《解释》第 257 条规定，第二审人民法院审理被告人或者其法定代理人、辩护人、近亲属提出上诉的案件，不得加重被告人的刑罚，并应当执行下列具体规定：

（1）共同犯罪案件，只有部分被告人提出上诉的，既不能加重提出上诉的被告人的刑罚，也不能加重其他同案被告人的刑罚；

（2）对原判认定事实清楚、证据充分，只是认定的罪名不当的，在不加重原判刑罚的情况下，可以改变罪名；

（3）对被告人实行数罪并罚的，不得加重决定执行的刑罚，也不能在维持原判决决定执行的刑罚不变的情况下，加重数罪中某罪的刑罚；

（4）对被告人判处拘役或者有期徒刑宣告缓刑的，不得撤销原判决宣告的缓刑或者延长缓刑考验期；

（5）对事实清楚、证据充分，但判处的刑罚畸轻，或者应当适用附加刑而没有适用的案件，不得撤销第一审判决，直接加重被告人的刑罚或者适用附加刑，也不得以事实不清或者证据不足发回第一审人民法院重新审理。必须依法改判的，应当在第二审判决、裁定生效后，按照审判监督程序重新审判。

人民检察院提出抗诉或者自诉人提出上诉的案件，不受前款规定的限制。但是人民检察院抗诉的案件，经第二审人民法院审理后，改判被告人死刑立即执行的，应当报请最高人民法院核准。

《解释》第 258 条规定，共同犯罪案件中，人民检察院只对部分被告人的判决提出抗诉的，第二审人民法院对其他第一审被告人不得加重刑罚。

综合上述《刑事诉讼法》和《解释》的有关规定，我国关于禁止不利益变更原则的现状有以下几个特点：

1. 禁止不利益变更原则在我国被称为上诉不加刑原则，仅适用于只有被告人或者其法定代理人、辩护人、近亲属提出上诉的案件。对于人民检察院提出抗诉或自诉人提出上诉的案件，并不适用上诉不加刑原则，而不论其是否是为被告人利益而提出抗诉或上诉。因为该原则在我国的这种含义，如果将之称为禁止不利益变更原则并不名副其实。

2. 禁止不利益变更原则在我国仅适用于第二审程序，并不适用于再审（审判监督）程序以及案件发回重审后的程序。《解释》甚至将通过审判监督程序加刑的做法合法化。

3. 上诉不加刑原则中的“刑”比禁止不利益变更原则中的“不利益”的含义要狭窄很多。学术界和司法实践中对“刑”往往界定为刑罚，多从量的方面加以衡量，上诉不加刑原则并不包括对罪名的不利变更。

4. 上诉不加刑原则的具体内容规定得仍很粗疏，缺乏可操作性，如对于具体的科刑轻重的比较并未作出详细的操作规定。

5.《解释》对上诉不加刑原则在司法实践中遇到的一些问题进行了解答，如对于共同犯罪的案件、数罪并罚的案件、撤销缓刑或延长缓刑考验期的问题中上诉不加刑原则的运用加以明确，对于第二审法院直接加重被告人刑罚和借口事实不清、证据不足发回第一审法院重新审理以行变相加刑之实的做法认定为违法。但司法实践中仍存在一些问题，各种变相加刑的做法层出不穷、屡禁不止，如上诉审法院以一审法院管辖不当、程序违法为由，撤销原审判决，提高审级，重新进行一审，借此加重被告人的刑罚。此外，利用发回重审加刑的做法缺乏具体操作规定的限制，利用审判监督程序加刑的做法也缺乏理论依据。

（三）我国刑事禁止不利益变更原则立法的反思

如前所述，我国《刑事诉讼法》仅仅对禁止不利益变更原则作了一些比较原则性的规定，现实中缺乏可操作性，《解释》虽然作了进一步的规定，解决了一些问题，但仍有许多问题存在，司法实践中往往利用法律规定的空隙搞变相加刑。这些问题的出现是有其深层次的原因的。我们应该对这种立法和司法现状进行深刻的反思。

1. 诉讼理念的差异决定了禁止不利益变更原则的不同处遇

罗马的查士丁尼曾指出：“正义乃是使每一个人获得其应得的东西的永恒不变的意志。”① 换句话说，正义就是各取其所。正义的内涵与所处的时代的物质生活条件和文化背景息息相关，在不同的时空条件下正义有不同的内涵，但是，正义在整体上可以划分为实体正义与程序正义。不同的时代、不同的地域、不同的法律传统使得中西方对于正义理念的涵义的理解侧重不同，由此导致诉讼理念的差异。西方国家尤其是英美法系国家更为注重程序正义，认为程序优先于实体，注重正当程序理论，诉讼理念上更为注重程序正义的实现。大陆法系国家法律传统上更为注重实体真实的发现，侧重实体正义的实现，但是随着时代的发展，对于程序正义的实现也愈来愈重视，很多国家将程序正义提升到了与实体正义同等的高度，有些情况下程序正义甚至高于实体正义的实现。以这种正义观为

① ［美］E. 博登海默著，邓正来译：《法理学——法律哲学与法律方法》，中国政法大学出版社 1999 年版，第 264 页。

基础，西方的大多数国家在刑事诉讼中秉承法律真实主义要求或者有条件的客观真实主义要求。禁止不利益变更原则从程序上加强了对被告人人权的保护，这虽然有可能以牺牲一小部分的实体的正义为代价，但是该原则的确立与贯彻也顺理成章。

而在我国，历史上沿袭下来的法律传统十分注重实体上的正义，诉讼中强调绝对的实体真实主义，而忽视程序的作用与程序正义。我国《宪法》和《刑事诉讼法》更是确立了实事求是、有错必纠的法律原则。新中国成立以来，有关禁止不利益变更原则的存废之争一直比较激烈，主张废除该原则、否定该原则的论者认为：禁止不利益变更原则与实事求是、有错必纠的宪法原则相违背，如果坚持禁止不利益变更原则，无论上诉审过程中出现何种情况，都不得以任何理由对被告人作出不利的变更，从一定意义上说，与实体正义和控制犯罪的精神有一定程度的背离。正是基于上述理由，禁止不利益变更原则在我国始终难以彻底落实。

我们认为，在我国现阶段，应该正确看待禁止不利益变更原则与实事求是、有错必纠原则的关系。实事求是、有错必纠原则是我国《宪法》和《刑事诉讼法》的一项基本原则，禁止不利益变更原则是二审阶段的指导原则，二者都是为了实现刑事诉讼法的任务，即实现惩罚犯罪与保障人权的统一，从这一意义上说，这两项原则是一致的。当然，二者也存在一定的冲突，但禁止不利益变更原则对于实事求是、有错必纠的影响是非常有限的。实践中，只有被告人一方上诉而实际上一审判决量刑过轻、二审法院却不能加重其刑罚的情况只是极少数，从全局着眼，禁止不利益变更原则可以看做是实事求是、有错必纠原则的一个例外，这个例外的存在，是因为存在着更为重要或同样重要的权益要保护，即对于被告人人权的保护，如果没有这项例外的存在，被告人的权益将不可避免地受到严重的侵害，上诉权难以保障，两审终审制也必将流于形式。

2. 适用范围狭窄

我国的上诉不加刑原则，适用范围小于国际通用的禁止不利益变更原则适用的案件范围，仅适用于只有被告人或者其法定代理人、辩护人、近亲属提出上诉的案件，对于人民检察院为被告人利益提出抗诉或自诉人为被告人利益提出上诉的案件，并不适用上诉不加刑原则。这与国际上通说的禁止不利益变更原则有很大的不同。从前面的论述可以知道，当今世界各国所确立的禁止不利益变更原则，不仅适用于只有被告人及其法定代理人、辩护人、近亲属提出上诉的案件，而且对于检察院为被告人利益提出抗诉或自诉人为被告人利益提出上诉的案件也适用，这可以说是各国刑事诉讼法的通例。

我国的检察机关是国家的法律监督机关，代表国家专门行使检察权，对法律的统一及正确实施进行监督。当然包括对法院的审判活动加以监督，维护被害人及被告人的合法权益。如果检察院认为法院一审判决量刑错误，当然会而且应该会提起抗诉，这里的量刑错误应该包括量刑偏轻和量刑偏重两个方面。当检察院认为原判量刑过重而提出抗诉时，客观上就是为被告人利益而抗诉，这种情况应该存在并且可能存在。检察院为被告人利益而提出抗诉，其所提出的诉讼主张是从有利于被告人的角度出发的，是要求上诉审法院对被告人从轻、减轻或免除处罚的，不可能要求对被告人加重处罚，对其作出不利的变更。此时，无论被告人是否提出上诉，诉讼主张只有一种，按照诉的主张归类的原理，此为同一之诉。根据不告不理原则的基本要求，法院审理必须以诉讼主张为限，不得超越诉讼主张而擅自专断，对被告人作出不利的变更。如果上诉审法院对被告人作出不利的变更，则这种审理活动将会带来如下三个不利后果："其一，破坏了不告不理原则以及其与上诉不加刑原则之间的理论协调；其二，法院对被告人加刑，意味着改变检察院的诉讼主张而自立主张进行审判，其行为明显带有纠问主义诉讼的倾向；其三，法院不顾检察院的诉讼主张，而作出与其意思相反的裁判，这也不符合检察院与法院之间分工协作的原则精神"①。因此，禁止不利益变更原则在此情况下也应予适用。刑事案件自诉人由于可能存在与被告人各种各样的关系，如亲属关系、朋友关系等，在其认为一审判决对被告人处刑过重的情况下，也可能为被告人利益提出上诉。同样的道理，此时，禁止不利益变更原则也应该适用。

3. 适用审级范围（效力范围）有限

从国外的立法例来看，禁止不利益变更原则的适用审级一般较宽，采取两审终审制的国家一般在二审中适用，采取三审终审制的国家一般在第二审、第三审中适用。并且大多数国家在再审中也同样适用禁止不利益变更原则，甚至在发回重审的案件中也有条件地适用该原则。

而我国的上诉不加刑原则，《刑事诉讼法》规定适用的审级仅是第二审即上诉审案件，对于按照审判监督程序重新审判的案件，法律并未规定原则的适用，相反，《刑事诉讼法》却规定，对事实清楚、证据充分，但判处的刑罚畸轻，或者应当适用附加刑而没有适用的案件，不得撤销第一审判决，直接加重被告人的刑罚或者适用附加刑，也不得以事实不清或者证据不足发回第一审人民法院重新审理。必须依法改判的，应当在第二审判决、裁定生效后，按照审判监督程序重新审判。换个角度来分析，这说明，对于按照审判监督程序再审的案件，法院可以加重被告人的刑罚。司法实践中，法院也有在二审维持原判的情况下，重新启动审判监督程序通过再审改判加重被告人刑罚的做法。对此，我们认为并不妥当。

对于《解释》第257条第5项规定的通过提起审判监督程序经过再审后加

① 李文健：《完善上诉不加刑原则的立法思考》，载《政法论坛》1996年第1期。

重被告人刑罚的做法，我们认为并不妥当。首先，从审判监督程序的本质含义来看，审判监督程序是人民法院、人民检察院对于已经发生效力的判决和裁定，发现在认定事实上或适用法律上确有错误，依法提出并由人民法院进行重新审判的诉讼程序，其意义主要在于纠正错误的判决和裁定，从法律程序上保障实事求是、有错必纠原则的落实。而《解释》第257条第5项规定的情形并不符合该程序的本质含义，对于事实清楚，证据充分，但判处的刑罚畸轻，或者应当适用附加刑而没有适用的一审判决，二审法院按照《刑事诉讼法》第190条关于上诉不加刑原则的有关规定，作出的不得加重被告人刑罚的裁决，是适用法律的结果，应该是合法的、正确的裁决，这既不属于认定事实上确有错误，也不属于适用法律上确有错误，因此不符合提起审判监督程序的条件。如果只是为了加重被告人的刑罚而提起审判监督程序，是违背该程序的基本含义的。其次，这种做法明显地反映了重实体轻程序的价值观。二审法院依照《刑事诉讼法》作出的不得加重被告人刑罚的裁决，是适用程序法的结果，但判刑畸轻的结果与我国《刑法》规定的罪责刑相适应的原则不相符合，即不符合实体法的有关规定。在这种情况下，把二审作出的本来合法的裁决提起审判监督程序，以达到加重被告人刑罚的目的，这反映了严重的重实体轻程序的观念，为了追求实体的公正而不惜程序的违法，其结果只能使刑事诉讼法中的上诉不加刑原则流于形式。再次，此种做法是对上诉不加刑原则精神实质的破坏。二审法院先维持一审裁判，然后马上提起审判监督程序以加重被告人刑罚的做法，会严重破坏上诉不加刑原则，这是用一种貌似合法的变相加刑方法掩盖另一种变相加刑，同样违背了上诉不加刑原则的立法宗旨。并且，二审维持原判以后，被告人往往认为判决已经发生效力，诉讼终止，此时，法院又启动旨在加刑的审判监督程序，就会“使刚刚恢复平静的被告人再次被迫参与诉讼，且无法预测第二次对其不利的判决结果，要承受更大的精神和心理压力”①。对被告人而言，这种貌似合法的加刑程序还不如二审直接撤销原判改判加刑来得干脆，被告人心理更容易承受。最后，此种做法将损害司法的信誉，使被告人对司法丧失信心。法律确定上诉不加刑原则，主要目的在于保障被告人的上诉权，使其打消上诉的顾虑，从而依法维护被告人的合法权益。但《解释》的规定使被告人对上诉的后果难以预测，二审的裁判结果依法作出，却被当做儿戏一般，通过审判监督程序加重刑罚，这使得司法的威信在人们心目中大打折扣，严重损害司法的信誉。

4. 发回重审案件不适用禁止不利益变更原则过于绝对化

我国的《刑事诉讼法》和《解释》中，并没有规定上诉不加刑原则在发回

---

① 项谷：《贯彻上诉不加刑原则的实践反思与立法完善》，载《华东政法学院学报》2004年第5期。

重审的案件中适用。这似乎说明对于依法发回重审的案件，法院可以加重被告人的刑罚。司法实践中，确实存在法院通过模糊发回重审的原因将案件发回重审从而达到变相加刑的目的的做法。

对于利用发回重审变相加刑的做法，我们应该具体问题具体分析，不能绝对地认定发回重审可以加刑或者不加刑。

首先，我们对于二审案件发回重审的法律含义要有正确的理解，我国《刑事诉讼法》第189条第3项规定，第二审人民法院认为原判决事实不清楚或者证据不足的，可以在查清事实后改判，也可以裁定撤销原判，发回原审人民法院重新审判。第191条规定，第二审人民法院发现第一审人民法院的审理有下列违反法律规定的诉讼程序的情形之一的，应当裁定撤销原判，发回原审人民法院重新审判：（1）违反本法有关公开审判的规定的；（2）违反回避制度的；（3）剥夺或者限制了当事人的法定诉讼权利，可能影响公正审判的；（4）审判组织的组成不合法的；（5）其他违反法律规定的诉讼程序，可能影响公正审判的。根据这些法律规定，发回重审的原因可以分为两类：以事实不清或证据不足为原因的发回重审和违反法定程序的发回重审。对于事实清楚、证据确实充分，只是量刑畸轻的案件，只能由二审法院自己审理，严格适用上诉不加刑原则，此种情况下案件是不能发回重审的。在这一点上，我们应该正确把握发回重审的条件，严格区分“纯粹量刑畸轻的问题”与“事实不清楚或者证据不足的问题”，来决定是直接改判还是发回重审，以杜绝利用发回重审变相加刑的做法。

其次，发回重审的案件虽然仍按照一审程序进行，但其法律性质已有所变化，不同于原来的一审案件，而是派生于二审程序的，有一定的依附性、从属性，从这个意义上说，被告人单方上诉后发回重审的案件仍是由被告人间接发起的。因此，发回重审案件与上诉不加刑原则具有特殊的关系，“这种特殊关系既是对上诉不加刑与实事求是、有错必纠原则的兼顾，也是对程序正义与实体真实的遵循”①。案件发回重审后，要视重审后的案件事实有否确实发生了新的变化来决定是否适用上诉不加刑原则：如果重审后认定的被告人犯罪的基本事实没有变化，则应严格适用上诉不加刑原则，重审法院不得判处被告人比原审判决更重的刑罚；如果重审后认定的犯罪事实与原审相比，确实认定了新的犯罪事实，则可以加重对被告人的处罚，这是符合实事求是、有错必纠的原则的。

5.“不加刑”或“不利益”涵义理解的局限性

要深入了解上诉不加刑原则或禁止不利益变更原则，首先就应该对其确切涵义加以明确，而对“刑”或“不利益”的把握成为理解原则的关键。

我国的传统理论将“刑”理解为刑罚，刑事诉讼法将上诉不加刑原则规定

① 金泽刚：《发回重审与上诉不加刑原则关系论》，载《法律科学》2003年第3期。

为“不得加重被告人的刑罚”，这样理解其实是将“刑”的含义缩小化了。“刑”，应该是指刑事责任，其外延要比刑罚宽泛得多，包括罪名和刑罚及刑罚的执行方法。罪名与刑罚都是刑事责任的表现，罪名也是对被告人所被指控犯罪行为的一种表述，在某种意义上说，罪名还是刑罚的基础，没有罪名就没有刑罚。并且，不同的罪名，具有不同的政治法律意义，社会对之有不同的道德评价，当事人及其家属的感受也是不同的。如此看来，如果在不加重原判刑罚的前提下，将较轻的罪名改为较重的罪名，同样也是加重了被告人的刑事责任，使其处于更加不利的境地。国际上通用的禁止不利益变更原则的“不利益”通常包括对被告人在处分种类、刑度及执行方法上的不利的变更。我国的上诉不加刑原则的“刑”比“不利益”的含义要小，并且容易引起歧义。

此外，禁止不利益变更原则适用的具体内容方面也应加以思考。我国《刑事诉讼法》对于上诉不加刑原则的适用内容规定太为笼统，仅规定“……不得加重被告人的刑罚”，《解释》规定了一些具体的内容，如对于涉及共同犯罪、数罪并罚、缓刑、罪名变更的问题作了一些规定。但仍然缺少具体的科刑轻重比较的规则，可操作性差。应当对具体的科刑轻重的规则明确，并注意与《刑法》的有关规定相一致。

我国的刑罚种类分为主刑和附加刑，主刑分为死刑、无期徒刑、有期徒刑、拘役、管制，附加刑有罚金、剥夺政治权利和没收财产。对主刑和附加刑的轻重排序应加以明确。此外，司法实践中也容易出现各种情况，如主刑虽变重，但附加缓刑；主刑虽变轻，但取消缓刑；对刑期加重，附加缓刑或延长缓刑考验期；刑期变短但取消缓刑；刑期变短但延长缓刑考验期；主刑之外附加附加刑；主刑刑期不变或变短但附加附加刑；将自由刑变更为罚金刑；将较重的主刑刑种变更为较轻的刑种但刑期延长等，这些情况是否属于“不利益”变更禁止的范围，现行法律规定难以作出回答。这些问题都应加以考虑并作出明确的规定，才能增强禁止不利益变更原则适用的可操作性。

六、我国刑事禁止不利益变更原则立法的完善

通过对禁止不利益变更原则的分析与研究，以及对我国上诉不加刑原则的历史与现状的分析与反思，我们要借鉴国外先进的立法例，吸取其精华之处，对我国的上诉不加刑原则从宏观上加以思考，并且制定出完善的具体进路，还要从配套制度上不断地加以完善。

（一）完善我国禁止不利益变更原则立法的具体进路

任何事物的发展都有一定的过程，不可能一蹴而就，禁止不利益变更原则在中国的发展也是这个道理，需要一个过程来逐步完善。从目前的发展来说，我们应以现实司法资源状况为依托，对上诉不加刑原则加以改革与完善。

1. 上诉不加刑原则名称的更改

我国《刑事诉讼法》规定的有关此原则，理论界和实践界称之为上诉不加刑原则，这种名称较之禁止不利益变更原则更为通俗、更为口语化，但是也容易引起歧义。《刑事诉讼法》规定“……不得加重被告人的刑罚”的规定，实际上要小于“不加刑”的内涵。“刑罚”所指的范围太窄，在法律上“刑罚”就是指《刑法》规定的刑罚种类或刑罚方法，不能涵盖刑罚的执行方法，更不能包括罪名的变更，因此，此条法律规定也导致了实践中的种种争论。应对之加以修改。国外有关该原则的表述有德国的“禁止加重刑罚”、日本的“禁止变更为不利”、罗马尼亚的“不能给当事人带来麻烦”，这些表述在国际上通称为“禁止不利益变更原则”或“不利益变更禁止原则”。这些法律规定可以为我国立法提供借鉴。我国《刑事诉讼法》有关的规定可以修改为“不得作出对被告人不利的变更”，相应地我们可以称之为“禁止不利益变更原则”。这样修改以后，加大了对被告人的保护力度。上诉不仅不能加重被告人的刑罚，而且不得作出其他对被告人不利的变更，从最大程度上消除了被告人行使上诉权的顾虑，使得被告人大胆行使自己的上诉权与辩护权，也使上诉制度得以贯彻。名称的更改也会平息一些现实中争论的问题。

2. 扩大禁止不利益变更原则适用的案件类型

在禁止不利益变更原则适用的案件类型上，我国也要与国际接轨。禁止不利益变更原则在国外主要国家一般适用的案件类型比较广泛，不仅适用于被告人一方单独提起法律救济的案件，而且对于检察机关和刑事案件的自诉人为被告人利益而提起的法律救济同样适用。相比较而言，我国关于该原则适用的案件类型范围很窄，仅适用于被告人一方单独提起上诉的案件，对于检察机关提起抗诉和自诉人提起上诉的案件，法律明确规定，不受该原则的限制。从前面部分的论述可以知道，检察机关和自诉人完全有可能为被告人利益提起法律救济，法律不应该不分原因一律规定不适用禁止不利益变更原则，应在规定禁止不利益变更原则时就将适用的案件类型明确，如可以规定，第二审人民法院审判被告人或者他的代理人、辩护人、近亲属上诉的案件，不得作出对被告人不利的变更，人民检察院为被告人利益提出抗诉或者自诉人为被告人利益提出上诉的，受前款规定的限制。

3. 拓宽禁止不利益变更原则的适用审级范围（效力范围）

禁止不利益变更原则目前在我国适用的审级范围仅为第二审，对二审审理后发回重审的案件和二审审结后又利用审判监督程序提起再审的案件不适用该原则，对此应加以改革与完善。

对于仅由被告人一方上诉或检察机关为被告人利益而提起抗诉或刑事案件自诉人为被告人利益而提出上诉的二审案件审理时，应严格把握应该直接改判还是应该发回重审的条件，法律也应对这些条件加以明确区分。对于案件事实清楚、证据充分只是量刑畸轻的案件必须直接维持原判或加以改判而不能发回重审，并严格遵守禁止不利益变更原则的限制，杜绝司法实践中借口事实不清、证据不足利用发回重审变相加刑的做法。对于符合发回重审条件而依法发回重审的案件，要有条件地适用禁止不利益变更原则：如果重审后认定的被告人犯罪的基本事实没有变化，则应严格适用禁止不利益变更原则，重审法院不得作出不利于被告人的变更；如果重审后认定的犯罪事实与原审相比，确实认定了新的犯罪事实，则可以对被告人作出不利的变更。

禁止不利益变更原则的效力也应及于再审程序。《解释》第 257 条第 5 项规定的二审维持原判后又启动再审程序对被告人加刑的做法必然会破坏禁止不利益变更原则的贯彻落实，会为现实中众多的变相加刑做法提供合法的外衣，此项规定应予废除。而且，法律应明确规定，对于只有被告人一方提出上诉的案件，二审法院不得在维持原判后，提起审判监督程序，对被告人进行不利的变更。除非发现了新的犯罪事实，或上级人民检察院以适用法律错误为名提起抗诉引起审判监督程序。

4. 明确禁止不利益变更原则中“不利益”变更禁止的范围

国际上通用的禁止不利益变更原则的“不利益”通常包括对被告人在处分种类、刑度及执行方法上的不利的变更。我国在变更上诉不加刑原则名称为禁止不利益变更原则后，该原则的涵义也要与国际接轨。

首先，理念上应该有一个衡量的标准，不利益的比较，可以以事实上是否对被告人的处境更为不利为标准，将救济程序所作的判决与原判决的内容作个别、对应的比较，凡使被告个人之自由、财产、名誉等显得较为低下者，即属于不利益，所有引起这些不利益后果的变更都应加以禁止。

其次，对于“不利益”的具体涵义要予以明确，有学者就“不加刑”的涵义作过论述，此处可以作为借鉴：（1）同一刑种，不得加重刑罚的数量；（2）不得把缓刑改判为实刑；（3）不得在原判主刑的基础上改判增加附加刑；（4）不得把原判的较轻刑种改判为较重的刑种；（5）不得变更为更重的罪名和适用更重的法律条文而加重被告人的刑罚；（6）在数罪并罚的案件中，不得因其中一罪或数罪被否定或减轻处分而加重对另一罪或数罪的处罚；（7）不得加重数罪并罚案件的宣告刑；（8）对共同犯罪案件，不得因只有其中的一部分人提起上诉而加重另一部分人的刑罚。[①]

此外，应当对具体的科刑轻重的规则明确，并注意与《刑法》的有关规定

---

① 王敏远著：《刑事司法理论与实践检讨》，中国政法大学出版社 1999 年版，第 186 页。

相一致。这样才能对“不利益”变更禁止的范围准确掌握，以应对司法实践中所出现的各种情况。我国的刑罚种类分为主刑和附加刑，主刑按程度从重向轻划分为死刑、无期徒刑、有期徒刑、拘役、管制，附加刑有罚金、剥夺政治权利和没收财产。对主刑和附加刑的轻重排序应加以明确。此外，对司法实践中容易出现的情况，如主刑虽变重，但附加缓刑；主刑虽变轻，但取消缓刑；刑期加重，附加缓刑或延长缓刑考验期；刑期变短但取消缓刑；刑期变短但延长缓刑考验期；主刑之外附加附加刑；主刑刑期不变或变短但附加附加刑；将自由刑变更为罚金刑；将较重的主刑刑种变更为较轻的刑种但刑期延长等情况是否适用禁止不利益变更原则都应加以考虑并作出明确的规定。原则上，为了对被告人加强保护，上述的这些变更应该认为是违反禁止不利益变更原则的。

5. 增加对例外情况的规定

禁止不利益变更原则的“不利益”字面含义很宽，因此，有必要对之作一些除外规定。国外也不乏这方面的立法例，如法国对缺席判决的上诉不适用禁止不利益变更原则；在德国，该原则例外地不适用于命令在精神病医院及禁戒处所所为之收容观察；美国在判例中确认，如果在初审之后揭露的信息材料能辨明科处加重的刑罚是正当的判决时，可科处加重的刑罚；英国对于治安法院的上诉不适用禁止不利益变更原则等。我国也可以根据我国实际作一些除外规定，如对被告人实施强制医疗、建议主管单位对其行政处分等不适用禁止不利益变更原则，因为这些变更有时会有积极的后果，有利于惩罚教育被告人，调节社会心理；还可以规定，如果禁止不利益变更原则的适用会违反法律禁止性规定或损害社会公共利益，则不适用禁止不利益变更原则；此外，如果原审中的诉讼要件缺失，上诉审与再审时不适用禁止不利益变更原则等。

（二）配套制度的改革

禁止不利益变更原则的确立与贯彻实施有很多的价值与意义，但同时也可能导致一些负面的影响，如有可能使被告人滥用上诉权，导致二审案件增加，二审法院负担加重，延缓诉讼效率等。为了将确立并执行禁止不利益变更原则后可能牺牲的那部分利益（如可能降低诉讼效率、可能轻纵个别案件的被告人）最小化，我们有必要建立适当的预防机制，将这些负面效应降到最低，《刑事诉讼法》应规定一些相应的配套制度，如有条件地赋予被害人上诉权，建立二审过滤机制，建立错案追究机制等。

1. 有条件地赋予被害人上诉权

现代刑事诉讼必须既要注重惩罚犯罪，又要注重人权保障。对于被告人的人权保障和对于被害人的人权保障是刑事诉讼人权保障的两大方面，必须同时兼顾，不可忽视任一方面，对任何一方的忽视都是缺乏正义的。我国《刑事诉讼法》修改后，对于被告人的人权保障的措施有所加强，其中禁止不利益变更原则的出发点更是基于对被告人的人权保障，尤其是对其上诉权的保障。从诉讼民主的角度出发，也应相应地赋予被害人一定的权利，否则难以消除其负面影响。而我国《刑事诉讼法》对被害人的人权保障一直以来有所忽视，被害人不享有上诉权，在一审案件审结后，如果检察机关不抗诉，而被害人不服一审判决时，只能请求检察机关抗诉，或者走申诉之路；从社会民主的角度说，被害人作为刑事案件中的直接受害者，对判决的公正与否有最深的感受，其对判决不服时，应享有坚实可行的权利救济渠道，因此，应赋予被害人一定的上诉权，况且，国外许多国家都有成功的立法例。我国《刑事诉讼法》也应赋予被害人一定的上诉权，在一审结束后，检察机关不抗诉，被害人如果不服一审判决，可以向上级法院上诉。

2. 建立二审过滤机制

由于禁止不利益变更原则消除了被告人上诉的后顾之忧，使得原来害怕上诉被加刑而不敢上诉的被告人，现在敢于上诉了，其中也可能发生有被告人滥用上诉的权利，不该上诉的也上诉了的现象。因此，就有可能导致上诉案件的增多，影响诉讼的效率。为了减少这种影响，可以建立一个适当的二审过滤机制，如英国，对于治安法院的上诉案件，不适用禁止不利益变更原则，这样做的出发点就是将处罚较轻但数量众多的治安法院案件过滤出来，避免二审法院负担过重，延缓诉讼效率，起到二审过滤机制的作用。

我国也可以依照我国国情，建立适当的二审过滤机制，以减少禁止不利益变更原则有可能带来的负面影响。比如，我们可以在案件提起二审和再审时建立适当的案件分流机制。二审法院根据上诉的具体情况，可以采取不同的审理方式，分别加以处理，如果原判事实清楚，定性准确，量刑适当，上诉纯属无理，经过初步审查即可确定，就不必再做更多的核实、审查，依法驳回上诉就是了。二审法院本来就有审判监督任务，多审查一些案件，通过审查，可以从中了解下级法院的审判工作情况，发现存在的问题，给予指导，这对于加强一审法院审判人员的责任感，努力改进审判工作，提高办案质量都是有益的。

3. 完善错案追究机制

鉴于禁止不利益变更原则有可能导致轻纵个案被告人的后果，不利于打击犯罪，我们认为，要从源头上减小这种后果的对策是完善错案追究机制，以提高法院审判人员的责任心，督促其提高业务能力。没有压力就缺乏进取心，只有作为裁判者的法官具有较高的业务素质和责任心以后，案件才会得到高质量的审判。完善错案追究机制，切实保障审判人员的责任感，促使其不断加强学习，提高驾驭审判的能力。各级法院也应当不断加强对审判人员的业务培训，以使我国的审判人员队伍的素质全面提高，只有这样做，才能充分发挥审判在法制化进程中的作用，实现惩罚犯罪与保障人权的统一的刑事诉讼目的。

第六章　刑事判决中的不同意见

自20世纪80年代中期以来，司法体制改革逐渐成为国家法制建设的中心话语。在这一中心话语的辐射下，裁判文书制度改革作为司法制度现代化的重要环节和命题也开始受到关注。在判决书中加强质证、认证分析，增强判决书说理，增进裁判理由公开化、透明化等改革举措不仅在学术界引发了强烈的反响，而且受到决策机关的积极关注，有望从一种反思性“权利话语”转化为实实在在的“制度实践”。[①] 从目前的情况来看，学术界关于判决书说理制度的价值分析和引进该项制度的必要性论证已经相对深入、成熟，并已达成基本共识。但是，一个不容忽视的相关问题是：由于事实认知、规范认识以及法律理解往往因人而异，因此裁判案件的合议庭成员可能对审理结果存在着不同的见解和论断。那么，对于合议庭成员的这种不同意见，在法庭的判决书中是否应当予以公开并加以说理、论证呢？这似乎是一个令人难以抉择的问题，不同的国家往往也根据本国的独特经验作出了不同的制度选择。那么，我国在这一问题上该何去何从？对这一问题的回答直接关系到我国裁判文书制度改革的基本走向和模式选择，因此极具重要性。但是，以往的法学研究，对于判决书说理制度关注较多，而对不同意见公开制度重视不够，仅有的研究也不太系统、不够深入，既缺乏对制度逻辑进行纵向深度上的展开研究，也缺乏对制度背景的深度挖掘。正基于此，笔者在此拟对不同意见公开制度的起源与历史发展、制度机理与运行环境，以及在我国当前是否适时引进该制度等基础性命题进行全方位的深入探讨，以期能对我国当前正在进行的裁判文书制度改革有所借鉴和裨益。

① 《人民法院五年改革纲要》第13条规定：“加快裁判文书的改革步伐，提高裁判文书的质量。改革的重点是加强对质证中有争议证据的分析、认证，增强判决的说理性；通过裁判文书，不仅记录裁判过程，而且公开裁判理由，使裁判文书成为向社会公众展示司法公正形象的载体，进行法制教育的生动教材。”《人民法院五年改革纲要》作为组织和动员全国各级人民法院推进司法改革的行动规划，明确了人民法院制度改革的方向，具有重要意义。

一、制度史的梳理：起源与发展

在判决中的不同意见是否公开这一问题上，英美与大陆两大法系历来存在着完全相反的认识，并由此形成了截然不同的判决风格。

就制度层面而言，少数法官的不同意见伴随由多数法官所形成的法院意见（Opinion of the Court）一并对外宣布的制度，是英美法系的产物。在英美法系国家，一直以来都允许司法判决广泛利用并充分展示法官的不同意见，如在英国，除枢密院之司法委员会（Judicial Committee of the Privy Council）外，[①] 各级法院都要求参与审判的所有法官各自对外宣布其独立作成之判决，而不得数人集合，仅作出一多数意见。[②]

由于法律传统上的历史渊源，法院判决不同意见公开制度也为包括美国、加拿大等在内的大部分英美法系国家所继受。例如，在美国，法院判决呈现出论证性、对话性以及在判决中展示不同意见作出选择性判决的特点。[③] 美国法院的判决在结构上不仅包括了正式意见（holding），还包括了附带意见（obiter dictum）。所谓正式意见，又称判决理由，是指判决得出最终结论后，由法院中特定的起草者起草的具有约束力的判决理由书。它是正式的，将起到创制先例的作用，具有既判力。而所谓附带意见，则是指与判决理由中的意见不一致的争论性意见。它对于判决本身而言是非必要的意见，但必须公开。[④] 在美国，观念上认为，公开

---

① 之所以英国枢密院司法委员会无须公开不同意见，是因为：第一，英国枢密院司法委员会仅受理英属各殖民地、保护地、自治领及英国本土教会法庭等之判决所上诉之案件，由于大英帝国全盛时期所统辖的殖民地非常广，而各地的客观环境又不一致，加上当地人民之知识水准和法学素养均有限，为使各下级法院及行政机关能够有所遵循，枢密院司法委员会认为必须以单一一致的判决宣示，这样才能达成清晰与确定的目的；第二，根据英国法律枢密院的决定，在性质上仅系"建议"，在程序上仍需经国王核准，才生效力，如果多项意见同时并呈，国王即可因此享有选择的自由，而这是与英国奉行的君主立宪制相悖的。因此，英国枢密院司法委员会的判决一直以一致意见对外宣示，而不允许公开不同意见。

② 法治斌：《论宪法解释中之不同意见》，载法治斌著：《人权保障与释宪法制（宪法专论）（一）》，月旦出版社 1993 年版，第 329 页。

③ 龙宗智著：《刑事庭审制度研究》，中国政法大学出版社 2001 年版，第 432 页。

④ 附带意见"实际上是单方面地表达了某种信仰、警告、劝诫、观点，或仅仅表达某种感情，对于案件判决理由不是非要不可的，但是这些意见无论多么含混，与案件又多少总是相关"。参见［美］Henry Abraham：《美国最高法院的各种意见书》，载宋冰编：《读本：美国与德国的司法制度及司法程序》，中国政法大学出版社 1998 年版，第 451 ~452 页。

与发表法官的不同意见，是法律反思精神的诉求和体现，是对将来智慧的提前预支。[①] 尽管判决中的不同意见并不像判决理由一样具有对未来法院判决的拘束力，但是它却具有说服力。因此，美国联邦最高法院要求在判决中必须公开法官的不同意见。理论上认为，这既不是法官的权利，也不是法官的义务，而是作为法官所必须履行的职责。[②] 公开法官的不同意见，作为一项制度在美国联邦法院系统发展非常完善。以联邦最高法院为例，法官意见类型包括了全体一致意见（per curiam opinion）、多数人意见（majority opinion）、复数意见（plurality opinion）、附和意见（也称并存意见）（concurring opinion）、反对意见（dissenting opinion）。[③] 在非全体一致意见的场合，即存在着法官的不同意见。实践中，美国联邦最高法院在其所审理的全部案件中，大约只有三分之一到四分之一的案件能够形成一致意见，更多的时候是频繁出现并存意见或反对意见。[④] 在加拿大，情况更为极端，加拿大最高法院几乎不寻求达成一致意见，首席大法官既不提议也不从事与其同僚们的合作或磋商，大多数法官所形成的意见并不充作官方意见。

---

① “无论对某一特定反对意见的评价如何，制作反对意见作为所持信念的航标灯，是一项经常性的、经常会受到赞许的活动。因此，可以说它加强了而不是削弱了对某一特定问题的认识，尽管毫无疑问在公众眼中它可能是一桩令人恼火的工作，并且事实上有时它的确会搅乱司法——政治这摊浑水。”尽管如此，美国前任首席大法官休斯（Hughs）对反对意见的评价仍值得回味及赞许，他说：“作为终审法院，制定反对意见是对法律反思精神的诉求，是对未来智慧的诉求，它使得后来的判决可能纠正（持异议的大法官所认定的）法院所犯下的错误。”参见［美］Henry Abraham：《美国最高法院的各种意见书》，载宋冰编：《读本：美国与德国的司法制度及司法程序》，中国政法大学出版社1998年版。

② 冯文生：《国外公开合议庭少数人意见的制度实践》，载《人民法院报》2002年11月25日。

③ 所谓“全体一致意见”（per curiam opinion），是指最高法院在特定案件的审理结论上全体大法官取得一致意见。所谓“多数人意见”（majority opinion），是指最高法院在特定案件的审理结论形成上全体大法官并不能取得一致意见，而是因多数大法官持相同意见，经由民主原则并最终以这些多数法官的意见作为最终结论。所谓“多数人意见”又包括以绝大多数意见进行判决的方式和以相对多数意见（plurality）进行判决两种。相对多数意见，即复数意见（plurality opinion），是指“由于没有达到绝大多数，但是某一多票数比其他的组合多的情况下而出现的”。所谓“并存意见”（concurring opinion），又称附和意见（concurring opinion），是指在最终结论上与多数意见一致，但对于判决的推理部分或前后逻辑持异议。所谓“反对意见”（dissenting opinion），是指由对多数意见的结论持相异观点的大法官作出的意见。一般而言，正式判决理由（holding）由多数意见的持有者起草，而附带意见则包括了并存意见和反对意见。参见［美］Henry Abraham：《美国最高法院的各种意见书》，载宋冰编：《读本：美国与德国的司法制度及司法程序》，中国政法大学出版社1998年版。

④ ［美］Henry Abraham：《美国最高法院的各种意见书》，载宋冰编：《读本：美国与德国的司法制度及司法程序》，中国政法大学出版社1998年版。

有时，法院对多元论的青睐已被讥为一种“司法无政府”状态——这无疑是一种夸张。①

关于英美法系国家采行不同意见公开制度的理论基础，一般认为主要应包括以下几个方面：② 第一，这是民主原则的要求。经由不同意见书与表决结果的公布，将使法院评议过程公开化、透明化，而这正是民主原则的要求。现代民主法治国家奉行的民主原则要求所有国家意思的形成和权力行使的过程公开，只有当面临迫不得已的缘由时，才可对其过程保密。在合议庭评议过程中，为保护法官内在的独立性，避免外界干扰，其过程应在非公开的情况下进行，但是对于法院评议的结果与法官之间无法消除的意见分歧，从民主原则的角度审视，实在没有任何理由要求对其绝对保密。同时，通过公开不同意见实现法院评议过程的公开化，也将有利于社会公众对司法活动的监督，避免误判或品质不佳的判决。第二，有助于强化法官个人责任感。对于法官个人而言，提出可对外公布的不同意见本身就是一种负责任的表现，它在无形中促使法官在每一次表决时，都必须审慎地思辨其赞同或反对多数意见的理由，非理性或不是从法律角度加以思考的论点将因此得以避免。所以，不同意见公开制度不仅可以敦促法官积极、负责任地参与评议，而且可以避免法官轻易地附和别人或随意进行表决。第三，能够促进法律的再发展。正所谓“真理往往掌握在少数人手中”，这一情形在司法领域同样存在。针对多数见解而提出的不同意见，有时会提出对某一法律问题的另一种全新的看法，这种看法在裁判当时可能处于少数、居于劣势，但日后却有可能成为多数见解甚至修订法律的依据。正所谓“今日之不同意见是明日不移之判决”，或“每一种新的法律见解最初都是由少数所主张的”，“不同意见或并存意见可以为明天救助那种今天被牺牲或被忘却的原则。”③ 这类例子在美国司法历史上并不少见，许多难忘的反对意见后来逐渐演变为（通过正当的法律程序）多数意见，甚至是一致意见。④ 正因为此，美国法学家庞德才精辟地指出，“反对意见是历史长河中生命力的体现”。

但是，与英美法系国家不同，大陆法系国家在传统上历来反对公开法官的不同意见，其司法判决一般只展示一种法院意见。例如，在法国，理论界与实务界均将判决中的不同意见视为有损法院权威的异质物，因此，法国一直态度坚决地

① ［美］H. W. 埃尔曼著，贺卫方、高鸿钧译：《比较法律文化》，清华大学出版社 2002 年版，第 194 页。

② 陈淑芳：《法院判决之不同意见书——德国法学界对此一问题之讨论》，载《政大法学评论》第 62 卷。

③ 同①。

④ 例如，著名的美国法官 Harlan 于 1896 年针对有色人种之平等对待所提出的不同意见：“我们的宪法是色盲：它既不承认也不能容忍差别对待。”

反对公开法官的不同意见，其判决书具有一种“整体性”的特点，在论证风格上是非论证性的、威权式的、结论性的。[①] 虽然在法国大革命时期，因为立法理念上青睐于英美法系的民主倾向，也曾尝试采行过公开合议的制度，但很快就被废弃了。[②] 对此，比较法学者茨威格评论道：“法国法院，尤其是最高法院想方设法使判决书的内容缜密而紧凑。附带性论述（obiter dicta）一概排除；当判决基于某一个理由应予以撤销时，其他理由便弃之不顾。”[③] 同为大陆法系国家的德国，在司法制度上曾深受法国影响，因此，传统观念一直认为如果公开承认对一特定案件能以多种方式判决的正当性，必然与合理匿名和保密原则背道而驰。[④] 因此，《普鲁士普通法院法》（1793 年 7 月 6 日）第 18 条第 3 项曾明确规定普鲁士法官有极度严格的保密义务。《德意志帝国法院组织法》（1877 年）第 198 条也曾规定，参审员与陪审员对评议与表决的过程有保守秘密的义务。《德国法官法》第 43 条更强调，“法官即使在其职务关系终止后，仍应就评议与表决之过程保守秘密。”[⑤] 在 19 世纪末，新《德国刑事诉讼法典》的起草者曾经提议采用英美法公布不同意见的模式，但遭到一致拒绝，时人认为公布不同意见的制度“与法庭的权威和法官之间友好关系不相容；（它）将导致拜占庭主义，并将寻求公开性。它会助长虚荣和争论。倘不同意见的表达成为通则，则不会再有什么一致的判决……法院作为一个权威机构面对外界，它的判决是法院的判决。法院的主要功能是公正地判决各个案件和维护法律的权威，而不是挑起对法律问题的科学讨论。”[⑥]

大陆法系国家传统上之所以反对采行不同意见公开制度，主要是因为理论上认为公开判决中的不同意见，可能危害法官的独立性并影响法院的威信与声望。[⑦] 具体而言：第一，公开不同意见违背评议秘密原则，危害法官独立性。所谓评议秘密原则主要包括评议过程不公开与事后每一位参与评议的法官应就评议与结论保密两项要求。评议秘密原则经由一系列立法制度的固定，一度成为大陆

---

① 龙宗智著：《刑事庭审制度研究》，中国政法大学出版社 2001 年版，第 432 页。

② 张卫平、陈刚编著：《法国民事诉讼导论》，中国政法大学出版社 1997 年版，第 129 页。

③ ［德］茨威格特著，潘汉典等译：《比较法总论》，贵州人民出版社 1992 年版，第 229 页。

④ ［美］H. W. 埃尔曼著，贺卫方、高鸿钧译：《比较法律文化》，清华大学出版社 2002 年版，第 195 页。

⑤ 陈淑芳：《法院判决之不同意见书——德国法学界对此一问题之讨论》，载《政大法学评论》第 62 卷。

⑥ 同④。

⑦ 同⑤。

法系国家法院不可置疑的信条，被认为是“法官独立的守护神”。确立这一原则的基本目的就在于使法官在评议时，能够自由地按照自己的内心确信发表意见，而不用顾及其意见会被外人所知，从而避免可能来自于国家方面或非国家方面（如公意，特别是媒体）的压力与不利影响。因此，评议秘密原则是确保法官内在独立性的重要举措，它使法官得以在不受任何干预和干扰的情况下作出裁判，进而确保了司法的独立性。但是，采行不同意见公开制度却背离了评议秘密原则的要求，因为不同意见的公布，将披露法官们在评议过程中所持的个人见解，从而有可能使法官被外界贴上属于某一种价值观、某一政党或某一经济计划集团的标识。在一个多元化的社会中，这可能使法官承受来自于公众方面的压力，从而危害到法官的内在独立性。第二，公开不同意见会影响法院的威信与声望。在评议秘密原则下，外人无从知悉合议庭最后的裁判结果是以怎样的比例关系作成的，无形中公众与当事人也就不会去质疑法院裁判的权威性。相反，当对外公布合议庭成员的不同意见与裁判结果表决的比例关系时，就会使外人（公众与当事人）看到判决并不是在法官全体意见一致的情况下作成的，有时甚至是在法官未过半数赞同判决结果或理由的情况下作成的，而一个在简单多数情况下通过的判决，对当事人和公众而言是否仍然具有说服力，是颇令人怀疑的，这种怀疑无形中会极大地损害法院判决的权威性，影响到法院的威信与声望。

一项法律制度的存废命运往往取决于一国独特的政治、经济状况以及文化传统。在这个意义上讲，不论英美法系国家采行不同意见公开制度，抑或大陆法系国家拒绝该项制度，都是基于本国独特的经验而作出的制度选择，因而都具有历史的合理性。但是，客观地说，在一个多元化的民主社会中，公开法官的不同意见这一民主性争斗、对话性论争的司法技艺，更加符合现代民主宪政的政治理念。就国家形态运行机制而言，以掩饰的方式来建立国家行为的威信是极权国家的典型特征之一。在奉行极权主义的国家，一直到今天，在司法方面仍然将判决当做是不容置疑的法规逻辑性推演的结果，对于判决的正确性从来不加以辩论，试图借此使公众相信判决是在法官意见一致的情况下作成的，并强制当事人包括社会公众对于判决的结果盲目地屈从。经由这种种掩饰与包装，法官有如不会犯错的神，而判决有如神之真言，并由此获得了至上的权威。[①] 但是，经验和常识却告诉我们，真正的司法权威并不能依靠将法官个体严实地包裹于机构的神秘面纱之下而得以建立，而是应当建立在司法过程的公开、透明以及司法结果的充分说理之上。其实，法官之间对于判决的结论存有不同意见是一个开放、多元的民主社会充分表达公共意见的必然结果，“只有在双方有一定分歧，但人们又分享

① 陈淑芳：《法院判决之不同意见书——德国法学界对此一问题之讨论》，载《政大法学评论》第62卷。

关于民主、交流、理性以及道德的信念，相信交流的规则可以使人们最终化解分歧，认为暴力、强权无法最终解决问题，人们才会试图通过论证来延展自己的判断，以自己的论证能够说服对方。”① 即使有时确实会因公开法官的不同意见而导致法院威望降低，或者使法院作为公众思想教育者的作用受到削弱，也只能视为是为了充分表达在民主社会的法律生活中所存在的多元价值而必须付出的代价。② 正因此，尽管英美式的在判决书中过分学理化、过分采用文学修辞性叙事倾向的判决风格并不为多数国家所赞同，但是其制度设计中所体现出来的“司法坦诚”理念与“司法争斗”技艺却渐渐为各国所接受并加以适度采纳，这其中包括不同意见公开制度。

另一方面，随着二战以来人权保障理念在司法领域的普世化，两大法系之间历久存在的相互借鉴与交融也在不断“升级”和“提速”。在这样的背景下，一些传统的大陆法系国家也开始尝试采行英美法的不同意见公开制度。目前，除法国和意大利之外，多数大陆法系国家中都开始在判决中宣示法官的不同意见。其中一些国家如阿根廷、芬兰和瑞典等改革相当彻底，其司法判决中对不同意见的展示非常充分，甚至已经接近英美法系国家如美国联邦最高法院的做法。③ 当然，更多的大陆法系国家囿于各种因素选择了一条“温和”的中间道路，即在本国司法体制内有限度地采行不同意见公开制度。在这方面，最典型的当属德国。德国在历史上曾坚守大陆法系国家的传统，对不同意见公开制度持拒斥态度。时至 20 世纪 60 年代末，这一传统开始转轨。在学界热烈讨论的催动下④，尤其是在 1966 年的“镜铁”案判决之后⑤，公开不同意见的做法开始获得认可，到 1970 年为止，法律虽然没有准许持不同意见的联邦宪法法院法官提出不同意见书的明文规定，但是在联邦宪法法院的实务上已有公布法官不同意见书与公布

① 陈淑芳:《法院判决之不同意见书——德国法学界对此一问题之讨论》，载《政大法学评论》第 62 卷。

② ［美］H. W. 埃尔曼著，贺卫方、高鸿钧译:《比较法律文化》，清华大学出版社 2002 年版，第 134 页。

③ 张志铭著:《法律解释操作分析》，中国政法大学出版社 1999 年版，第 207 页。.

④ 1968 年第 47 届德国法律人大会，就以“是否适宜在德国诉讼程序法内准许公布持不同见解的法官的不同意见书（Dissenting Opinion）”为题，进行了广泛的讨论。会议最后，报告人主持实施此制度；诉讼程序组讨论后作出决议：在联邦与各邦宪法法院、联邦最高法院与在所有只需要对法律与程序问题做成裁判的合议审判庭，准许不同意见书的提出。参见冯文生:《国外公开合议庭少数人意见的制度实践》，载《人民法院报》2002 年 11 月 25 日。

⑤ 在对臭名昭著的“镜铁”案进行审判过程中，法院内部观点的两极分化是如此严重，以致法院最终公布了势均力敌的两个判决意见。参见［美］H. W. 埃尔曼著，贺卫方、高鸿钧译:《比较法律文化》，清华大学出版社 2002 年版，第 197 页。

表决结果的情况出现。联邦宪法法院也曾在1969年以9票对6票作成决议赞成实施不同意见公开制度。最后在1970年修订《联邦宪法法院法》时增订了第30条第2款，即准许评议时就判决结果或判决理由不表赞同的法官提出不同意见书，且法庭可以在其裁判中公布表决结果之比例关系。[①] 这样，德国就由一个传统上反对公开不同意见的国家变成了一个有限地采行不同意见公开制度的国家。[②]

二、制度分疏与融合的内在逻辑：以制度类型与制度转型为背景

也许，通过上文的论述，对于许多人来说已经足够了，他们会据此得出在我国需要移植不同意见公开制度、与国际接轨的结论。但是，这不仅是缺乏理论反思的表现，而且会因为忽略了相关制度性条件的考量而武断选择、作茧自缚。从原理上讲，任何制度设置都是基于一定的制度传统和制度类型[③]而存在的，如欲吸纳、移植这一制度就必须创设相应的条件和背景平台，并加以长时间的博弈、磨合与整合。因此，就我国是否应当适时移植不同意见公开制度而言，除了价值层面上的优劣评判之外，更需要先行考察支撑该制度运行的背景性因素和相关条件。

（一）制度类型：科层式与协作式

传统上，英美法系国家的司法制度与大陆法系国家的司法制度之间存在着较为明显的差异：由于受到不同的权力组织结构的影响，两者分别表现出与科层式与协作式相对应的“家族相似性”[④]。科层式权力机构具有专业化、自上而下的官员等级序列以及对技术性决策的严格要求等特点；而协作式权力机构则表现在外行官员的权力介入、权力的平行分配以及实用主义取向的决策技艺等特征。具

---

① 冯文生：《国外公开合议庭少数人意见的制度实践》，载《人民法院报》2002年11月25日。

② 目前在德国，公开不同意见仅限于联邦宪法法院，其他法院尚不采行这一制度。

③ “制度”不同于“制度类型”，在此前者作为一种单列的、个体的制度来定义，而后者则是根据一定的传统文化、理论预设、社会条件、制度逻辑等生成的制度体系，其组成要素的关系具有相当的封闭与自主的“整体性”，可以自我归约，具备卢曼所谓之“自我指涉”（self-reference）与“自我衍生”（autopoiesis）的现象。参见叶启政：《传统与现代的斗争游戏》，载《社会学研究》1996年第1期。

④ 科层式与协作式是达玛什卡教授在探讨权力组织方式与法律程序之间的关系时提出的两个对应的理想型模式，这对模型并不完全等同于大陆法系与英美法系之间的对应，而是夸大了的或典型化了的后两者，但是其也为观察、分析大陆和英美司法管理方式之间的差异提供了一种全新的视角。参见［美］米尔伊安·R. 达玛什卡著，郑戈译：《司法和国家权力的多种面孔——比较视野中的法律程序》，中国政法大学出版社2004年版，第26页。

体而言：前者采用职权式审理模式，实行逻辑的法条主义、遵行严格的上级审查制度，司法官员倾向于采取体制化的思维模式；而后者采用对抗式审理模式，采行实用主义的法条主义、遵循先例判决原则，司法官员则倾向于人格化的思维模式。[①] 笔者认为，正是这种制度类型上的差异，决定了不同意见公开制度在英美法系国家和大陆法系国家迥异的命运。

首先，不同意见的产生与庭审模式有关。从庭审模式来看，英美法系国家较之大陆法系国家一个重要不同之处，就是其采行对抗式庭审。所谓对抗式庭审，且指控辩双方在庭审中积极主张、对抗求证，而法官消极听审，居中裁判。在这种注重对抗性的庭审模式中，主导庭审进行的并非法官，而是控辩双方，在庭审过程中，控方检察官与辩护律师不断围绕争点分别举证和相互质证，并就法律的理解和适用相互争辩、发表针锋相对的意见。对抗式庭审模式为判决的形成提供了一个博弈的空间，正是这种观点争鸣和意见交锋，对法官认定证据、阐释法律、发表个体性判决见解提供了很好的支撑和系统的素材，[②] 面对控辩双方在证据和意见方面的巨大分歧和激烈交锋，主持庭审的法官们完全可能基于不同的立场和感受而分别被双方说服，从而得出完全相反的意见。可以说，正是在英美法系国家对抗式庭审模式之下，控辩双方的积极作用为法官形成个体性的不同意见提供了充足的、逻辑严密的素材和原料。相反，大陆法系国家奉行的是职权式庭审模式，在这种庭审模式下，法官主导庭审进行，并亲自进行证据调查；作为控辩双方的检察官和辩护律师在庭审中行为被动、作用消极，无法展开充分的对抗求证活动。由于在职权式庭审模式下，缺乏控辩双方积极、充分的庭审活动，法官难以获得形成个体意见所需的充足素材和资料。

其次，不同意见的产生与司法决策的技术有关。著名学者达玛什卡认为在法治语境下，有两种“规则之治”或者说两种形式的法条主义：实用主义的法条主义和逻辑的法条主义。实用主义的法条主义认为，社会生活是复杂多样和变动不居的，为此法官的判决标准只能采取判例的形式，以应对具体的生活情境。实用主义式法条主义的司法逻辑和过程是，当面对一个案件——一种具体的生活情境——的时候，法官将它同判例进行一番对比，两者之间的相似性越多，判例的指导力量就越大。[③] 换言之，司法决策的准确性和有效性取决于判例同案例之间

---

① ［美］米尔伊安·R. 达玛什卡著，郑戈译：《司法和国家权力的多种面孔——比较视野中的法律程序》，中国政法大学出版社 2004 年版，第 26 页。

② ［美］万斯庭：《美国法官的工作》，载宋冰编：《程序、正义与现代化——外国法学家在华演讲录》，中国政法大学出版社 1998 年版，第 283 页。

③ ［美］米尔伊安·R. 达玛什卡著，郑戈译：《司法和国家权力的多种面孔——比较视野中的法律程序》，中国政法大学出版社 2004 年版，第 33 页。

的相符程度。由于这种法条主义在司法逻辑上不能脱离具体案件这一现实生活情境而存在，因此达玛什卡称之为实用主义的法条主义；而逻辑的法条主义偏向于一种包罗万象的规划，偏爱那些更加脱离语境并因此更具一般性的标准，并由此形成一个由环环相扣的原则和规则所构成的网络。而法官的责任和使命就是在裁判时将复杂多变的事实材料框定于既存的法律原则和规范网络之中。在逻辑法条主义下作出的判决无法顾及许多在实用主义取向下很容易纳入考虑的个案特性，它是以“个别正义”的牺牲来换取大量案件中的一致性。[①] 相比较而言，英美法系国家的司法决策技术更接近于实用主义的法条主义；而大陆法系国家的司法决策技术则与逻辑的实用主义之间存在着相似性。这种司法决策技术上的差异，也是造成两大法系对待不同意见公开制度态度迥异的一个重要原因。因为，实用主义的法条主义强调司法决策的技术标准是“判例”，判例并非一个普遍性的范畴，而是一个范例。而范例与规范不同，它与具体案件的逻辑地位是相同的，都是针对特定的事实。因此，英美法系法官司法的逻辑不同于大陆法系法官，并不是要将一个具体案件还原为一个一般性的模板，而是在两个具体案例之间建立类推联系，即前面指出的寻找两者之间的相似性。寻找相似性，必然要求关注特殊性，因为唯有通过对特殊性的甄别方能归纳出相似性。实际上普通法正是采用了一种通过特殊化建构普遍主义的方式，或者更准确地说，是吸纳特殊性因素，将它们作为迈向普遍主义的动力。普通法的这种司法决策技术，形成了面对每个具体案件中的特殊事实的程序技术，培养了对特殊性的尊重。无论是法官，还是律师，养成了专注于案件中的特殊事实的“普通法心智”。正是在这个意义上，人们说普通法是一种决疑术（casuistic），即以解决疑难案件为假设的司法技术。疑难案件不同于例行案件（routine cases），它是案件特殊性的集中反映，无法对它的案件事实予以归类，从而援用实定法中的三段论式演绎推理加以解决，而只能借助归纳推理和类推。疑难案件的存在以及普通法作为一种“决疑术”的本质，都为法官不同意见的生成提供了基础和空间，因为，一般来说，在疑难案件中，双方都能够提出有说服力和正当依据的论述，并能够在案件中找到相关的实质性事实来支持自己的法律主张（claims）。在这些论述的背后，往往涉及了相互抵触的不同价值，无论这些价值是道德的、宗教的，还是经济的与政治的。而在这些不同的价值中，包含了社会成员各种不同的权利。对于这些相互冲突的价值，无论在法律之外，还是在法律之内，我们都找不到一种一“元”价值，从而在这些价值之间建立等级制的关系来决定它们之间的相互冲突。面对这种“诸神之争”的价值困境，法官们由于各自的价值观和立场、经历，难免不在案

① ［美］米尔伊安·R. 达玛什卡著，郑戈译：《司法和国家权力的多种面孔——比较视野中的法律程序》，中国政法大学出版社 2004 年版，第 34 页。

件的裁判结果上产生意见分歧。[①] 这样，围绕案件事实与法律适用，法官们之间产生不同意见就是必然的。与此相反，大陆法系国家对逻辑法条主义的尊崇，使得他们一直试图建立一种完善、全面的法律体系，一种“万全法”。在立法者眼中，这种“万全法”足以涵盖现在以及将来的社会生活，因此，所有现在或将来发生的案件都可以在法律中找到答案，所有的案件都应该并能够成为例行案件。通常认为，在例行案件中，可适用的法律规则是十分清楚的。对应任何操作性的事实 p，都可以找到相应的法律条款“如果 p，那么 q”来涵盖这种情况，所以法庭就应该执行相应的法律后果 q。在这里，法官的任务主要是通过将一个案件的事件归类，从而援用实定法中的三段论演绎推理予以解决。[②] 由于理论上已经有了一种一“元”化的价值存在（其具体体现就是立法者制定的法律），因此，大陆法系法官的工作就是单纯地“适用法律”，即援引这一价值标准来裁断案件，既无需也不能像英美法系法官一样直接面对案件背后“诸神之争”的价值困境，通过价值选择来“发现法律”、“宣示法律”。显然，这种价值一元化的、例行的、机械的司法决策技术，必定极大地压制法官的司法创新精神，相应地也必定排斥法官通过发表不同意见进行司法创新的尝试。

再次，是否公开不同意见，与法官的独立性有关。前面提到的内容，主要是跟不同意见的生成有关，而对已经生成的不同意见是否敢于公开，则与法官的独立性密切相关。在英美法系国家，法官不用担心升迁的问题。英美法系法官通常是来自于法律实务界，特别是律师界，往往是因为他们此前在实务界卓越的表现，享有极高的声誉和威望后，才会被选为或任命为法官。在此之前，其经济上已经极为独立。加上大部分法官都留在同一个法院直到退休为止，不存在升迁的问题。这主要是因为在英美法系国家即使是下级审法院的法官也会受到很好的待遇，且对法官无所谓职务长官（Dienstvorgesetzter）与职务监督（Dienstaufsicht），主管部长与人事主管对其职业生涯毫无影响，法院之间只有审级的区别，而无上级审与下级审层级上的区别，审级之间也只有知识背景以及认知角度的不同，总体上不存在判决正误的差异，即使判决被撤销也并不能说明上下级法官之间能力的高下以及地位的差疏。[③] 在这样的经济和业务独立的背景下，法官的司法独立有了确切的保障，也才能在案件判决书中真正畅所欲言，发表不同意见。同时，

① 李猛：《除魔的世界与禁欲的守护神：韦伯社会理论中的“英国法”问题》，载李猛等编：《韦伯：法律与价值》，上海人民出版社 2001 年版，第 144 页。

② 李猛：《除魔的世界与禁欲的守护神：韦伯社会理论中的“英国法”问题》，载李猛等编：《韦伯：法律与价值》，上海人民出版社 2001 年版，第 176 页。

③ 陈淑芳：《法院判决之不同意见书——德国法学界对此一问题之讨论》，载《政大法学评论》第 62 卷。

在英美法系国家，判决书所具有的独特功能也是公开不同意见的一个重要原因。由于遵循先例判决原则，即上级法院的判例、本法院先前的判例对下级法院和本法院后来的类似案件具有约束力，同级的其他法院的判例乃至下级法院的判例对某法院的案件判决也具有参考意义，因此，英美法系法官在写作司法意见时，往往会注意到判决作为法律对未来一系列案件的可能影响。尤其是上诉审法官，考虑到自己判决可能不仅涉及本案的纠纷解决问题，而且牵涉到“规则之治”的问题，至少对于上诉审法官来说，主要考虑的不是案件的当事人以及关心此案的公众，而是其他法官以及实务和学术法律人。① 在这样的背景下，法官在判决书中发表个人见解、申明不同意见、说服同僚，就不仅关涉到他们司法学术的生命力，而且可以扩延他们在司法领域的权威性。而大陆法系国家所实行的严格的上诉审结构在法官个体化的决策过程与广泛的上级审查之间建立起了很强的张力。尽管上级法院的法律意见被宣称为对下级法院法官不具有约束力，即使是在发回原审法院重审的场合，下级法官也不再负有服从上级意见的法定义务。但实践中，下级法官往往会继续寻求上级法院的指导。形成这种服从上级态度的原因是多方面的，但是，最显著的原因和直接推动力量却是大陆法系国家普遍采行的法官遴选和晋升制度。在大陆法系国家，通常按照文官职业模式来选择法官，“一位青年法律人的第一份法律职业就是法官职业，他可能刚刚结束在司法系统内的实习生涯。法官很少成为某人的第二份职业。第一次被任命为法官的人士往往被派到基层法院工作，出任一个地位较低的职位，而其晋升至少在一定程度上有赖于那些常规性地审查下级法院判决的人士的赞同。在这种情况下，下级法院当然不敢贸然主张独立，即使在形式上有此可能性。”② 值得注意的是，这种法官遴选和晋升制度，不仅使得在法官个体化的决策过程中积极寻求上级法院的指导，从而产生一种服从上级的趋向和态度，同时也使得下级法官始终处在一种保持一致和顺从的压力之下，时刻担心上级审查的心理促进着一种合作的伦理，进而促使合议庭法官在评议过程中以符合上级审查为导向进行一定的协调与商议，这就使得更多的不同意见经由这种协调与商议而间接性地“强制”消化了。例如，在法国，某些具有自由观点的法官表达了他们的意见，认为如果公布少数意见，将为他们的提出者带来司法机构里里外外的各种压力，那么，司法独立也就处于危境之中了。③ 因而，他们不愿公开其不同意见。

---

① 苏力：《判决书的背后》，载《法学研究》2001 年第 3 期。

② ［美］米尔伊安·R. 达玛什卡著，郑戈译：《司法和国家权力的多种面孔——比较视野中的法律程序》，中国政法大学出版社 2004 年版，第 56 页。

③ ［美］H. W. 埃尔曼著，贺卫方、高鸿钧译：《比较法律文化》，清华大学出版社 2002 年版，第 196 页。

最后，是否公开不同意见，还与法官思维方式有关。英美法系法官经常采取一种“新教徒式”的天职思维方式，绕过体制化利益考虑自我理性与良知，因此，判决被理解为一种独立于组织机构的个体性决定，其整体司法环境渗透着浓厚的人格化色彩，法官意见一旦不能达成一致，个别不同意见的公开也就成为了一种内生于司法环境的制度性诉求。而大陆法系国家传统上普遍实行一种高度一体化的科层制，法官个体与职位之间因为职业化倾向而产生了一种权力运作上的分离，体制化的思维方式要求法官将体制性利益放于个体化人格与良知之上。因此，裁决变成了法庭这一非人格化主体的宣告，由于制度必须是意思单一的，以便不造成任何歧义，数位法官作出决策中，某些持不同意见的人也就只好压制自己的感受。①

（二）制度转型

既然从制度类型上讲，大陆法系国家缺乏不同意见公开制度运行的环境，那么为何以德国为代表的一些大陆法系国家又在当代逐渐转而接受并采行该项制度呢？这其中的主要因素和历史契机就在于大陆法系国家传统司法制度的现代转型。

伴随着两大法系国家之间的交流和融汇，大陆法系国家的司法传统已经悄然发生了变化，这突出表现在：

第一，对抗制因素的适当引入。虽然两大法系国家之间的交流历史上一直在进行，但是二战之后这种相互借鉴融合的趋势在增大。其中一个重要方面就是传统上奉行职权式审判模式的大陆法系国家开始在其庭审程序中大量吸收英美对抗式审判模式所具有的平等、对抗的内容，使得大陆法系国家的庭审模式中对抗制“元素”增多，控辩双方在法庭审判中的地位平等性增加，对抗的权利更加充分。② 对抗制因素的引入以及庭审对抗的增加，使得法官之间产生不同意见的几率和案件比例增大，客观上使不同意见公开制度的引入成为必要。

第二，对机械司法的实践否定，不同程度地承认了判决中的不同意见需要公开的内在机理。大陆法系国家传统上将法官定位为述法的机器，反对法官解释法律，从而倡导一种机械司法。“规范性标准可以被发展到如此的明晰和精确，以至于将它们适用到具体个案的过程仅仅需要将作为“小前提”的事实加入进来，而不需要审判人员的进一步推敲（或阐释）”，“司法部门的功能被限定在适用规范上，并且完全被禁止涉足立法机构的政策制定活动。从理论上讲，法院甚至被

① ［美］米尔伊安·R. 达玛什卡著，郑戈译：《司法和国家权力的多种面孔——比较视野中的法律程序》，中国政法大学出版社 2004 年版，第 34 页。

② 左卫民、谢佑平：《刑事诉讼发展的世界性趋势与中国刑事诉讼制度的改革》，载《中国法学》1996 年第 4 期。

禁止从事填补空隙性的创造活动；法官仅仅是法律的口舌（la bouche），而不是法律的大脑（le cerveau）。”[①] 但是现在，大陆法系国家的法官们虽然对政治理念、道德伦理以及社会诉求等因素仍然表现出高度的敏感性，对实用主义的规则阐释、选择及创新并不公开予以承认，但在实践中和理论上已经能够正视法律的漏洞、滞后以及不周延等成文法的固有局限，并进而承认法官对法律的解释权。同时，对判例的作用和效力的一定程度的认可，也改善了大陆法系国家法官司法决策的技术。虽然大陆法系国家仍然不承认判例具有法源的性质，但是，判例的作用和效力在一些大陆法系国家也逐渐被接受和认准，[②] 这就潜在地为法官个体的司法创新提供了很好的激励。这些变化，都为法官发表和公开个人的不同意见创设了条件。

第三，法官遴选和晋升制度方面的改革。大陆法系国家采取了一系列的改革措施以放松法官之间科层等级的链条。例如，在德国，传统上法官必须为其升迁到较高等之法院的法官生涯而奋斗，而是否能够升迁往往又取决于职务长官，最后为主管法部长的裁量。也因此，法官的独立性仍然借助于评议秘密原则来加以保障的必要性，但是在现今的制度中，对法官的职业监督被限定于法官的职业操守部分，并不包括法官在法庭内所发表的言论。法官若因为其在法庭内所持的见解而遭到不当的处置时，他可以寻求其他救济管道来相与救济。[③] 尤其是现在一些年轻的法官，他们有时对其审判长的“扼制”颇多抱怨，[④] 希望能有更为充分的发表个人意见的自由，这已经成为一种趋势。

显然，正是上述这些制度转型，为传统大陆法系国家引入不同意见公开制度创设了基本的条件，并由此使得在德国等传统大陆法系国家采行不同意见公开制度成为可能。

---

① ［美］米尔伊安·R. 达玛什卡著，郑戈译：《司法和国家权力的多种面孔——比较视野中的法律程序》，中国政法大学出版社 2004 年版，第 57 页。

② 法国经常公布发表重要的案例，并且加以研究和评论，每年修订一次的法国法典（French Code）也会引用若干有影响的案例。在德国，先例的作用更加明显，首先，德国宪法法院的判决，约束力超越涉案当事人，也针对联邦及州等宪法机构；其次，其他领域，某些有指导性的案例，可以引申出新的法律原则，如反不正当竞争法，授予司法机构以同等广泛创制新法律的权力；最后，联邦法院先例的更改需要经过特定的程序，需要将法律争议提交大审判庭作出特别裁定。参见［美］H. W. 埃尔曼著，贺卫方、高鸿钧译：《比较法律文化》，清华大学出版社 2002 年版，第 181 页。

③ 陈淑芳：《法院判决之不同意见书——德国法学界对此一问题之讨论》，载《政大法学评论》第 62 卷。

④ ［美］H. W. 埃尔曼著，贺卫方、高鸿钧译：《比较法律文化》，清华大学出版社 2002 年版，第 197 页。

三、选择移植与否：中国语境下的思考

从整体上而言，我国的司法制度与大陆法系国家的“科层式”司法制度之间存在着历史的亲缘性与家族的相似性。这一制度类型决定了在我国不同意见公开制度必然遭到否定的现实。根据我国《刑事诉讼法》第148条的规定，合议庭进行评议的时候，如果意见分歧，应当按多数人的意见作出决定，但是少数人的意见应当写入笔录。可见，合议庭成员的不同意见只能记入评议笔录，而不能公开发布在判决书中。最高人民法院《关于执行〈中华人民共和国刑事诉讼法〉若干问题的解释》第112条进一步强调，合议庭成员在评议案件的时候，应当表明自己的意见。如果意见分歧，应当按多数人的意见作出决定，但是少数人的意见应当写入笔录。评议笔录由合议庭的组成人员在审阅确认无误后签名。评议情况应当保密。

那么，面对这一现实情况，我国有没有必要适时引入不同意见公开制度呢，或者说引入该项制度目前来看是不是可行呢？这需要具体分析。

（一）阻碍不同意见公开的制度屏障

由于我国司法制度与大陆法系科层式之间的历史亲缘性和家族相似性，后者阻碍不同意见公开的制度性因素同样在我国存在，对此，笔者不准备再作一般性类推阐释。值得注意的是，除了这些共通性因素之外，我国独具本土特色的一些制度设置，实际上也成为阻碍不同意见公开制度引入的屏障。

1. 内部因素：合议庭中的权力结构

作为一种裁判形式的合议庭评议，其运作机理是将庭审法官个体的意思表示进行合议、汇总，按照少数服从多数的民主决策原则形成最终判决。但是，合议庭作为一个法官群体，本身即具有达成一致意见的倾向，“这样一组法庭成员显露出一种会达成协议或一致意见的倾向。因为合议庭具有诸多小集团的特征，这种小集团所具有的一般性也可适用于法官的行为。所以认为每地的合议庭均颇倾向于得出一致结论看起来完全正确。”① 尤其是在我国特有语境下，这种倾向更是得到高度强化。

第一，根据《人民法院组织法》第35条的规定，法院内的院长、副院长、庭长、副庭长和审判员在审判职能上，享有平等的地位，发表的判决意见具有同等效力。但实际上，由于法官的任命、奖惩首先需要由其所在业务庭的领导和院领导推荐，再由人事部门考察，然后由院党组——往往由院长、副院长组成——

① ［美］H. W. 埃尔曼著，贺卫方、高鸿钧译：《比较法律文化》，清华大学出版社2002年版，第192页。

最终决定。[①] 因此，实践中，在法院或业务庭行政领导担任案件审理的合议庭成员时，其他法官出于自身利益考虑，就必定会尊重和维护前者的意见，而压抑自身的不同意见。在这样的裁决结构下，不同意见难有生成的空间。

第二，由于案件积压的压力，我国法院审判案件采取承办人制度，即一个案件由一个具体的法官来负责承办。因此，合议庭虽然是由多个法官所组成，但实际办案的却是此案的具体承办法官，一个案件从接手到庭前准备活动的安排、庭审时的证据调查以及案件最初处理意见的撰写，基本上都是由该承办法官独自完成，其他合议庭成员虽然也参加庭审并提出一些自己的看法，但一是自己并非案件的具体承办人，对案情不如承办人了解；二是在权、责一致的原则下，承办人承担着本案的主要责任，当然也就应当由其“拿主意”，其他法官也更倾向于尊重承办人的意见。

2. 外部因素：院庭长、审委会、上级法院、政法委

首先，我国法院体制带有浓厚的行政化色彩，其中一个主要表现就是法院内部一般法官与法院或法庭行政首长即院长、庭长之间的关系，更类似于一种行政长官与属吏的关系。曾经在相当长的时期内，合议庭审判案件都必须请示庭长、主管副院长之后才能作出判决。即使现在，合议庭对重大案件的审判，仍然必须请示院长、庭长，所作判决也必须先经庭长、主管副院长分别签字后，才能正式对外公布、送达。在这种行政化的权力构造关系下，不同意见难有生成的空间，试想，当合议庭向庭长和院长请示，而庭长和院长又分别作出了“指示”，那么作为合议庭成员的普通法官即使再有不同意见也只能服从。

其次，在我国除了一些简单的案件系由法官独任审判之外，大多数案件的判决和裁定由合议庭作出。可以说，法官个体（独任制）和合议庭（合议制）是法定的司法主体。但是，我国相关法律规定，对于疑难、复杂、重大的案件，合议庭认为难以作出决定的，由合议庭提请院长决定提交审判委员会讨论决定。审判委员会这一组织形式的存在，原本是为解决一些重大、疑难案件，提高审判质量而设，它所讨论的案件范围，《人民法院组织法》、《刑事诉讼法》等均在规范层面上作了明确限定，但在实践中，审判委员会早已成为一级审判主体。在很多基层法院，几乎是定案就上审判委员会讨论；在绝大多数中级法院，凡是可能判处死刑（包括死缓）的案件，不论合议庭是否难以作出决定，都被认为是疑难、复杂、重大的案件，最后都要提请审判委员会讨论决定。审判委员会审判功能的实质化，在很大程度上阻碍不同意见的生成。因为，根据法律规定，在审判委员会讨论作出决定的情况下，合议庭成员必须服从，而不得表示异议，更不得在判

① 苏力著：《送法下乡》，中国政法大学出版社2000年版，第77页。

决书中公开其不同意见。

再次，根据《宪法》和《人民法院组织法》的规定，上级法院与下级法院之间是一种审判监督关系。这同时也就意味着上、下级法院之间的关系应当不同于行政机关上、下级之间“上命下从”的位阶关系。但是，实践中由于法院体制的行政化，上、下审级法院之间的关系早已异化为一种行政式的上、下级关系。上级法院的法官不仅可以在下级法院法官审判案件时，作出批示、指示，甚至提前介入下级法院的审判活动，而下级法院在审判中如果对事实认定或法律适用拿不准时，往往也会提前向上级法院进行书面或口头请示，① 而由上级法院作出相应的回复和批示。在这种情况下，为避免改判，下级法院只能按照上级法院的答复意见作出判决，哪怕合议庭成员可能对此存有不同意见。

最后，还必须考虑到政法委对合议庭判决产生的切实影响。作为党领导司法工作的机关，对于一些影响重大的案件，地方政法委往往通过召开公、检、法机关“案件协调会”的形式，形成所谓的统一意见。对于这种统一意见，法院在审判时必须予以执行。即使法院（负责审判的法官和审判委员会）认为这一意见不正确，也不敢公然反对、坚持己见，更不敢公开发表不同意见。

（二）制度转型中的未来走向

可见，正是我国司法体制中存设的种种制度设计禁锢了法官的思维、压抑了法官的个体感受，从而导致合议庭判决意见的一元化。针对此，我国有学者提出，考虑到我国缺乏“司法至上”的传统，法院的地位尚未到现代合理化社会所要求的程度，因此，为强化法院判决效力，目前只能采用体现“整体的威权色彩”的统一性方式，而不能在判决书中展示内部的分歧。②

我们认为，从制度选择的逻辑来看，不同意见公开制度体现了现代宪政民主政治的价值追求，表征着司法制度发展的现代趋势，因此，对以实现司法制度现代化为使命的我国当代司法体制改革而言，长远来看应当借鉴、引入该制度。在这方面，同属大陆法系传统的德国等已经先行作出了表率。然而，从制度选择的背景来考量，我国当下又确实不具备吸纳、引进该制度的条件和环境，能否以及何时引入该制度则取决于下列几项基础性程序和制度的转型与建设：其一，能否弱化并最终取消审判委员会审决案件的职能；其二，能否落实和完善庭审中的对抗制，关键是要将庭审中的控、辩对抗实质化，避免“走过场”；其三，能否重新定位上、下级法院之间的关系，明确上、下级法院之间仅仅是一种审级关系，而非“上命下从”的行政隶属关系，这就要求我们摒除现行审级制度中的行政化色彩；其四，能否承认司法独立的核心是法官独立，并以此建立保障法官独立

① 万毅：《历史与现实交困中的案件请示制度》，载《法学》2005 年第 2 期。

② 龙宗智著：《刑事庭审制度研究》，中国政法大学出版社 2001 年版，第 433 页。

的相关制度体系，包括法官遴选机制、法官纪律监督制度以及法官培训、升迁、考核机制等；其五，能否以及在多大程度上承认判例的作用和效力。无论如何，不同意见公开制度在中国的命运取决于我国司法制度的现代转型以及在多大程度上会取得成功。

第七章　刑事判决书的风格

刑事判决书在刑事司法程序中是刑事程序运作的最终产品，故而判决书“浓缩了诉讼程序制度、司法制度以及构成司法制度运作环境的各种经济、政治、文化因素，是窥探一国司法制度和法律文化的窗口”①。司法裁判的目的是解决社会冲突，判决书的内容并非仅在于单纯陈述法律，它还展现了法官的思考方式、法学方法的运用、法院判决的取向等。而这些内涵却因社会环境的不同而产生差异，因此，在各国不同的法律制度、文化背景下，刑事判决书也就呈现出不同的风格。刑事诉讼不同于民事和行政诉讼，其与宪法的关系最为密切，对人权的限制又最为严格，其解决的是国家与个人之间的刑事冲突，这种冲突对国家的政治生活有着直接的影响，也是政治权力关注最多的一个领域。因此，各国早期的法典或判例中无一例外的主要以刑事法为主，在司法中最多的就是刑事判决。而刑事判决书风格背后也有其深刻的政治、法律根源，而且较民事判决书更能体现一国的政治风貌。因此，通过对刑事判决书风格的深入研究，能够真正找到其之所以呈现差异的根源，也才能在此基础上更为深刻地认识我国刑事判决书所呈现的诸多特征的根本原因，并以此为根基提出可行性强的改革对策。

目前，许多国内学术界与司法界专家开始从法制的视角审视刑事判决书，从多种角度对我国刑事判决书的改革进行探索。但纵览这些研究，可看出他们多集中在判决书说理方面，就风格的研究尚显欠缺，即便有所论及也仅局限于对两大法系判决书风格的比较，对风格差异的原因研究不够深入，且对我国刑事判决书风格未加以分析、归纳，更无从谈到对我国刑事判决书风格的改善问题。诚然，刑事判决书说理方面也是其风格的特征之一，对于风格的全貌把握有一定的理论奠基，但说理无论如何也不能成为其风格的全部。本章即试对刑事判决书的风格从整体上予以分析论证。对这一问题的深入把握，不仅可以使我们对刑事判决书风格这一法律现象有从感性到理性的认识升华，更可以指导我们在刑事判决书的

① 许国鹏：《发挥判例机能的路径探析——从改革裁判文书考察》，载《河北法学》2001 年第 3 期。

改进提高中，不应仅停留在对具体某一方面的改革，更应将视角拓展到其风格全部，并深入到风格背后的政治、法律成因，对制度予以重新构架，才能从根本上解决问题。

一、刑事判决书风格的基本理论

研究刑事判决书的风格，首先要明了刑事判决书风格的基本理论，这包括对概念的界定，对其构成要素的阐释以及影响风格形成和变化因素的分析。

（一）刑事判决书风格的界定

"风格"，即"风神和格调"。风神，意指秀丽的仪容；格调，则是指人物的品格或文字的格律声调。德国学者 Konrad Zweigert 曾倡导"风格理论"（Rechtstile），认为每个国家的法律都有各自的风格，而它所谓的风格则由下列五项要素构成：（1）法律的渊源及背景；（2）法律思维方法；（3）具有代表性的法律制度；（4）法律及法律解释；（5）意识形态。关于风格的构成要素，Constantinesco 曾经写过文章对 Zweigert 的意见加以批评。Constantinesco 认为 Zweigert 所言的构成风格的五项要素中，法律的渊源及具有代表性的法律制度并不是形成风格的因素，而法律思维方法作为风格要素又有条件限制。他所肯定的构成"风格"的要素只有法律解释方法和意识形态二者。所以，不论他们的见解谁是谁非，我们至少可以肯定：法律的解释方法和意识形态是形成"风格"的必不可少的两个要素。

风格理论虽然是以法律的风格作为研究对象，但是所谓"法律"当然不仅仅局限于实体法，更应包括程序法。而刑事判决书既是一国刑事实体法与程序法综合运作的产物，又在一定情况下是"造法"的媒介或基础。因而刑事判决书的风格也应当符合上述关于法律风格理论的阐述。刑事判决书既可以表现出某种风格法律秩序下法官的思维方式，法官所运用的法律解释方法，甚至也较民事判决书更能表现出该种风格下法律秩序整体的意识形态。所以刑事判决书的风格也是法律风格的一环，而且是重要的一环。依照前面德国学者的风格理论，刑事判决书无疑也能够适用，所以，刑事判决书风格也一定能够包含与体现刑事案件中对刑事法律的解释方法和该国的意识形态。

除此之外，风格应当兼具外在与内在，即形式与实质两个方面。故而，刑事判决书风格也应当包括刑事判决书的形式与刑事判决书实质（内容）。形式方面，包括刑事判决书的结构、篇幅、语言等；实质（内容）方面，包括刑事判决结果的得出尤其是推理论证过程，对刑事法律的解释与适用，对学者见解的参酌，对法律外因素（如由国家的意识形态决定的国家政策）的考虑等。刑事判决书是法院在刑事案件审结后，依据事实和法律，对案件实体作出的具有法律约束力的书面结论。[①] 既然刑事判决书以书面形式为载体又以法律调整实体争议的结论为内容，则不难推论出刑事判决书作为一种具有司法性质和特点的文体有其独特的风格，即所谓刑事判决书风格。

刑事判决书可以说是刑事裁判制度运作最直接、最具体的产物，每位法官最终作出的刑事判决书与其本国的法律文化具有非常密切的关系，所以每个国家的刑事判决书都各有特色。这种刑事判决书的特色，整体而言，就是刑事判决书的风格。Jean Louis Goutal 在 "Characteristice of Judicial Style in France, Britain and the U. S. A." 一文中认为，所谓的判决书风格范围很广，不仅包括判决书的长度（the length of opinions）、判决书的说理方法（the tone of opinions），更包括判决书的用词及结构。可见，刑事判决书中所运用的法律解释方法便包含在说理方法之中，所包含的意识形态则贯穿在刑事判决书的始终。

（二）刑事判决书风格的构成要素

依据前面所述判决书风格的含义，我们可以从形式与内容两方面分析总结出构成刑事判决书风格的主要因素：

1. 结构安排。刑事判决书在形式上对结构的安排可以体现出其风格。有的刑事判决书的撰写体裁由判决主文、事实、理由三大部分组成，主文在前，事实居中，理由最后，结构比较紧凑。例如，比利时、荷兰、卢森堡、葡萄牙等国，刑事判决书的文字讲究精炼，宣判的文笔越浓缩，就被认为越完善。[②] 另外，还有的刑事判决书的撰写体裁较为灵活，形式不很严谨。一方面，在刑事陪审团审理的案件中，刑事判决书主文由陪审团裁判书和法官的量刑判决书共同组成，而在无陪审团的案件中，法官意见书的主文部分不单独列出，置于判决书的末尾；另一方面，法官判决书对事实和法律理由的论述没有一定的固定的格式，往往因法官的个性和写作特点而异，很难见到在大陆法系刑事判决书中惯有的简明、严谨，刑事判决书接近于一篇篇风格各异、旁征博引的学术论文。[③]

2. 语言语体特色。刑事判决书在多大程度上是以专门的法律语言而非普通语言来表达，各国也不尽相同。在法国，最高法院的刑事判决书一般以法条主义的、专门化的和官僚式的语言撰写，直白化语言的适用比例很低。而美国的情况则明显不同，尽管不能说在美国的刑事判决书中法条主义的专门化语言适用比例很低，但除了涉及税法、商法和经济法规这样一些比较专门的领域外，总体上看

① 世平：《裁判文书制作理论与实务研讨会综述》，载《人民司法》2000 年第 4 期。

② 左卫民著：《刑事程序问题研究》，中国政法大学出版社 1999 年版，第 78 页。

③ 左卫民著：《刑事程序问题研究》，中国政法大学出版社 1999 年版，第 79 ~ 80 页。

语言专门化程度明显不如法国高。① 德国、波兰和意大利的情况与法国类似，英国、阿根廷以及近来的瑞典和芬兰，与美国的情况较为一致。

3. 篇幅长度。刑事判决书的长度各国差异很大。例如，法国最高法院的判决书就以简短扼要而闻名，对于最重要的事实认定，通常只以一句极长的句子，中间夹了好几个以“而”（attendu）起头的子句，就把判决背后的主要理由（motifs）作了盖棺定论式的交代，省略了复杂事实和论点的逐一辩驳，而且绝不引用判决先例或学者的见解，好像判决结果可以直接从法律推论出来。所以篇幅非常短，常常是寥寥数行或一、两节。而英美法院的刑事判决书则截然相反，它们常常包括对争议问题的详尽而扩展的讨论。阿根廷、意大利、德国和波兰，以及近来的瑞典和芬兰，刑事判决书的表述也是如此。②

4. 判决结果得出的方法。在刑事判决书风格的内容方面，刑事判决书对判决结果得出所做的阐述也大不相同。首先，在判决的依据方面，刑事判决书得出判决结果，最基本的依据是法律规范，以及刑事案件本身经过刑事诉讼程序调查或认证的事实本身。另外，在实行判例法的国家，刑事判决结果还可依据先例而得出；在有些案件不能找到相适应的法律及先例依据时，还可依据法官的解释及推理而得出最终判决结果。其次，在判决结果得出的逻辑证明方法上各国也有所不同。主要有：（1）简单归摄模式（simple subsumption）。这种证明模式是一种逻辑三段论架构（如法国），即判决书仅仅阐述案件认定的事实以及判决中所涉及的法律规则最后再加上判决结论。这种模式的主要形态是：判决书并不明确陈述三段论要素，只陈述有关事实和判决结论。对所适用的制定法只是隐含的提及，仅仅指出所适用的制定法条文，并不加以论证。（2）复杂归摄模式（sophisticated subsumption）。在这种模式中，法院提供一种比简单归摄模式较长、也较详尽的证明。尽管判决仍然是根据一定前提逻辑演绎的结果，但它对前提的陈述比较复杂详尽（因为这些前提往往又需要由“次级前提”来证明）。这种模式广泛流行于德国、意大利、波兰、芬兰等国家。（3）对话选择性证明模式（discursive alternative justificationg）。在这种模式中，最终判决不是作为一定前提的逻辑结果出现的，而是按照法律解释的方法所作的司法选择的结果。这种模式的主要特点是，陈述和讨论在每个相关争点上相互冲突的解释论点，甄别可能的选择方案，然后作出公开选择并陈述理由。③ 这种模式为美国、英国、阿根廷等国家所采纳。

---

① 张志铭：《司法判决的结构和风格——对域外实践的比较研究》，载《法学》1998 年第 10 期。

② 苏永钦著：《司法改革的再改革》，月旦出版社 1998 年版，第 137 ~ 138 页。

③ 张志铭著：《法律解释操作分析》，中国政法大学出版社 1999 年版，第 213 页。

5. 对不同意见的展示。在刑事审理过程中对案件处理的结果，法官可能各有不同意见，但一般而言，最终判决结果只能按多数人意见作出。在判决书中是否体现不同意见，各国有较大的差异，从而导致刑事判决书的风格各异。有的国家对于少数法官的异议，将其注入笔录，但不予任何公布，如法国、西班牙。[①]有些国家刑事判决书不仅反映支持判决的赞成意见，而且反映少数法官的异议。在判决书中，多数法官的意见以正文形式排在前面并占有较大篇幅，而少数法官的不同意见也都发表出来，如美国。

（三）刑事判决书风格的形成原因

由上可见，各国刑事判决书风格各有特色，而其之所以具有某种风格是很多因素综合作用的结果。刑事判决书风格的形成与国家的法律制度、法律文化以及政治体制、政策导向甚至人文历史、地理环境、社会心理都有密切的关系。但归结起来，可分为以下三类：

1. 刑事判决书风格形成的法律原因

刑事判决书首先是一种司法活动的产物，因而诉讼结构、法官在刑事司法程序中的作用、司法观念形态、司法程序的具体操作是影响刑事判决书风格的最直接原因。

（1）诉讼结构的影响。在实行陪审团制度的国家（尤其是美国），原则上所有的刑事犯罪都可由陪审团参加，重大的民事案件也可由陪审团审判，因而诉讼在很大程度上借助陪审人员。由于陪审团直接和单独地对案件行使裁判权，法官无权参加和干预，这就使判决制度深受其影响。陪审团的重要地位在宪法中得到强调，在这种背景下，由外部人士来提供法律专业技能被认为是正常的，而外部人士也的确经常被招募来履行各种职业法官的任务。[②] 具体而言，由于陪审团是由多个普通公民临时组成的，他们既缺乏司法经验也无丰富的法律知识，很难在审结以后共同作出一个书面的判决书，反映出他们对案件事实的全面看法以及对证据的详细分析。在陪审团审判刑事案件的过程中，事实问题（即有罪无罪的问题）由陪审团裁决，陪审团的运作由于被认为是代表民意，常常不需要说明理由只要简单裁决有罪无罪；而对于不适用陪审团审理的案件，法官需要对案件事实作比较详细的陈述，但也较少对证据加以说明。无论有无陪审团参加，法官在判决书中对法律意见部分一般都要进行充分的法理论述，即对判决所依据的法

① 左卫民著：《刑事程序问题研究》，中国政法大学出版社 1999 年版，第 78 页。

② ［美］米尔伊安・R. 达玛什卡著，郑戈译：《国家和司法权力的多种面孔——比较视野中的法律程序》，中国政法大学出版社 2004 年版。

律问题进行详细的分析。[①] 而在不实行陪审团制度的国家，刑事案件的审判由职业法官或由职业法官与陪审法官共同进行，职业法官在诉讼中居于主导地位，负责刑事判决书的制作，所以判决书往往注重反映法官对案件事实的认定，罗列可采信的证据，但对证据为什么可以采信，以及诸多证据是否真正证明了案件真相，并没有多少话可说。也正因此在不实行陪审团制度的欧洲大陆法系国家，对证据问题一直都强调自由心证，而并不要求法官给出理由，[②] 在法律适用上，也不是证明性的而是结论式的。由于职业法官往往要主持事实的调查，这就使得法官不可能把精力集中到法律问题的论证上来，因而判决结果主要依据事实而得出。

另外，在实行纠问式诉讼模式的国家，法官审理案件以演绎推理的这种逻辑证明形式得出判决结果，即依照现有的法律规定结合案件事实，遵循从一般到特殊的方法形成判决结论，在判决中的逻辑证明模式为简单归摄模式或复杂归摄模式，但总体而言都套用“大前提——小前提——得出结论”的公式。而在实行抗辩式诉讼模式的国家，法官本身都曾是执业律师，判决结果得出的过程主要是在陈述和讨论每个相关争点上相互冲突的论点基础上，辨别可能的选择方案，然后作出公开选择并陈述理由。所以，在判决书中记载的判决结果得出的逻辑证明模式为对话、选择性证明模式，法官运用的是从特殊到一般的归纳推理的证明方法。诉讼模式的差异造成刑事判决书结构安排上的差异。具体而言，运用简单、复杂归摄模式的国家，刑事判决书往往由判决主文、事实和理由三大部分组成，结构较紧凑、较模式化、较死板；而采用对话、选择性证明模式的国家，刑事判决书结构则较为灵活，形式不很严谨，没有一定的固定模式，往往因案件审理过程中诉讼当事人间的对话、选择性不同而各有特色。

（2）法官在刑事司法程序中作用的差异。在实行判例法的国家，按照遵循先例的原则，上级法院的判例、本法院先前的判例对下级法院和本法院后来的类似案件具有参考意义。[③] 因此，法官在写作司法意见时，往往会注意到自己的刑事判决书作为判例对未来一系列案件的可能影响，因而初审法院法官一般都首先较多地考虑案件能否得到妥善处理，但由于判例具有普遍约束力，他也会考虑到此后其他法官对其判例的参照。因此，法官的判决书不是仅仅给同行或上级审

① 万毅、林喜芬：《从“无理”的判决到判决书“说理”——判决书说理制度的正当性分析》，载《法学论坛》2004 年第 5 期。

② 例如，《法国刑事诉讼法典》第 353 条规定，“法律并不考虑法官通过何种途径达成内心确信；法律并不要求他们必须追求充分和足够的证据……法律只向他们提出一个问题：你是否已形成内心确信？这是他们的全部职责所在”。

③ 苏力：《判决书的背后》，载《法学研究》2001 年第 3 期。

查、批评的对象，还具有很强的实用性以及对事后类似案件处理的示范性等意义。这样法官在撰写判决书时并不需要以法条主义的、专门化的和官僚化的语言来表达，语言的专业化程度则较低。同样，在这些实行判例制的国家，法官不仅有实施、适用法律的职责，而且还有解释乃至在某些时候发展创造法律规范的权力。法官发展、创造法律的唯一途径是审判具体案件。在审判具体案件时，一方面，法官针对本案的具体情况阐述判决理由作出处理决定；另一方面，还力图论证本案的处理决定和相应理由，它们不仅适用于该个案，而且适用于所有同类的案件。事实上，还发展和创造了一种广泛适用的新法律规范。在这里，判决书显然成为司法造法的重要工具，所谓的判例法其实正是许许多多反映新法律规范的判决书所组成的一个系统。因此，判决书结果往往依据法律、判例、事实及法官的解释推理而得出，而刑事判决书中也注重对判决的依据进行详尽而全面的论证和阐述，使得判决书的篇幅很长。

在不实行判例制度的国家，刑事判决结果的依据主要是案件事实和法律，不包括判例，法官有服从、实施法律的义务，不能脱离或超越法律，更不允许直接创造法律规范，法官的任务主要是依据成文法规范对具体案件作出恰当的判决。造法的工作严格归属于立法机关，法官的任务仅仅是对适用法律负责。尽管运用法律总会有解释和推理，甚至某种程度的创造，但是其推理形式相对简单，且更多是一种演绎的方式，甚至有的国家明文规定刑事判决书仅仅是“载明宣读（的）事实”，“载明适用的法律”，[①] 并无论证的要求。这就造成了刑事判决书格式、语言的教条化、呆板化的风格。同样因为不需论证则使得判决书篇幅非常短。

（3）司法观念的差异。有的国家认为司法过程是一个开放的过程，法官在刑事审判过程中提出和交流各种不同意见，将迫使不同意见的双方都更深入地研究案情，拿出更有说服力的论点来说服对方，这就使得判决工作得到深化。同时，判决书中的不同意见所具有的意义并不局限于刑事审判本身，它还具有法理学的意义，它可以启发人们去发现新问题、提出新理论，从而推动法学和判例法律的发展和更新。而开放的司法过程，其运作的民主化程度也必然更高，所以法官的表决也不可能是秘密的，而应当是赞成公开的，这样法官就有权持有不同于多数决定的意见并公开其理由，并且基于判决书中不同意见的意义，就形成了刑事判决书对不同意见加以展示的传统。而在有些国家，司法过程则当然地被视为是一个不应开放的过程。这种观念认为，秘密表决是强化司法判决权威的手段，法院持一种意见有利于增强法院的权威和法院判决的效力。认为公布少数法官的

① 余叔通、谢朝华译：《法国刑事诉讼法典》，中国政法大学出版社 1997 年版，第 366 ~367 页。

异议会使人们看到法院内部的不同声音，从而怀疑判决的权威性和正确性；另一方面，也会使法官产生心理上的压力，甚至可能引起法官之间的不和睦。这样便形成了刑事判决书对不同意见不加以展示而只发布一种意见的传统。

（4）司法程序具体操作上的差异。刑事案件从进入司法程序开始到刑事判决书的最终作成，虽然这一程序流程各国都大体相似，但在细节的具体操作中还是存在差异的，主要体现在以下几点：首先，进入司法审判的案件类型不同。有些国家，刑事案件的解决途径有多种，除了国家司法系统的诉讼之外，还有比如辩诉交易等①方式，因此进入审判的多为重要或疑难的案件，这就导致刑事判决书长篇大论，以论证其判决结果的正确性来体现判决书的说服力。而且由于案件本身的特点（疑难、怪异等），也致使刑事判决书往往各具特色并无定式。而在另一些国家，刑事案件只能由国家司法机关按法定程序解决，因此法院的工作负荷很大，也就在一定程度上造成刑事判决书简短的篇幅以及不必详细论述判决依据的作风。其次，司法中对事实问题和法律问题处理的制度分工不同。在实行陪审制的国家，法官一般不直接处理事实问题，事实问题由陪审团来处理。因此，在刑事判决书中，法官往往对判决结果得出所依据的法律问题详细阐述，判决书中的事实依据所占比例则明显不足。相反，在没有实行这种对事实问题与法律问题制度分工的国家，法官则同时要决定事实问题和法律问题，法官要亲自主持对事实的调查。这就导致法官不可能将精力全部集中到法律问题上，因而判决书中对判决结果得出所依据的法律问题阐述相对专业化较低，而对事实问题的描述、辨析占了较大比例。再次，在判决书上法官署名与否做法不同。有的国家，刑事判决书作成以后是由撰写判决书的法官个人署名。这样就激励着法官努力写好一份判决书，并且语言也带有法官的个性色彩，表述得也就尽量详尽，而且为了增强说服力，对不同意见也加以展示。相反，在有些国家，刑事判决书作成之后，不由法官个人而由审判庭署名。这样法官撰写判决书则通常遵循一定的模式，不能带有法官个性色彩，法官缺乏激励，因而判决书篇幅也相对短小，不同意见也不允许在判决书中予以公布。最后，司法系统中有无法律助手制度不同。在实行法律助手制度的国家，刑事判决书名义上是由法官撰写，但实际却是由法律助手

---

① ［美］伦斯特洛姆编，贺卫方等译：《辩诉交易》，中国政法大学出版社 1998 年版，第 190 页。

撰写的。[①] 法律助手对工作的热情使得刑事判决书生动有色、情文并茂。[②] 而在没有实行法律助手制度的国家，刑事判决书都由法官或书记员制作，工作的枯燥也造成了刑事判决书风格的呆板。

2. 刑事判决书风格形成的政治原因

造成刑事判决书风格差异的最直接原因即为上述的法律原因，然而法律是由国家制定并以国家强制力保障实施的，而且法律体现和维护的是一国统治阶级的利益，那么法律必然带有阶级和政治色彩，必然与一国的政权紧密相连。法律秩序与一国占统治地位的政治意识形态之间具有极大的亲和性，因为统治阶级终究是通过他们所确立的司法制度来赢得并维护自身的合法性的。而且，也已经有许多学者认为诉讼程序的设计很容易受到主流意识形态波动——特别是在个人主义与集体主义、自由主义与权威主义等立场之间摆动的影响。他们指出，在民事诉讼程序中，这种波动直接影响到个人能够在多大程度上影响诉讼的进程。在对程序形成的选择中，这无疑是一个十分重要的问题。在刑事程序中，他们同样指出，意识形态的变化会影响到被告从国家那里得到保护的程度。司法程序同政治权力的关系比同纯粹的政治意识形态的关系更加密切。法律程序设计方面的重要变化被归因于权力的集中化程度、外行人参与司法过程的程度以及类似的其他因素。马克斯·韦伯曾指出："包括司法制度在内的法律制度之间的重要差异可以从权力关系的多样性中得到解释。"[③] 因此，政治原因从更深层次上影响甚至决定司法程序的运作，也当然制约着刑事判决书风格的形成。从这种意义上说，刑事判决书风格形成的政治原因才是根本原因，事实上，刑事判决书风格形成的法律原因也是由它决定的。

抗辩式诉讼程序的原型是一场竞赛或纠纷，诉辩双方在一位相对被动的裁决者面前展开竞争，而后者的主要任务就是要作出一项判决；非抗辩式诉讼程序的结构基本上类似于一项官方调查。在前一种诉讼制度中，双方当事人主导着大部分的程序性活动；而在后一种诉讼制度中，大多数程序活动是由官员们来推进的。这样，国家政权在社会中的职能就出现了两种倾向：一种倾向就是让政府来管理人民的生活并主导社会的发展方向；另一种倾向则是让政府来维持社会的平

---

① 参见 Lawrence S. Wrightsman 在 Judicial Decision Making 一书中第三章谈到法官与法律助手关系时，就举例说明了大多数美国法官审理刑事案件都事先由法律助手写出预处理方案，而法官往往仅是对其编排而不进行实质性的改动。

② Lawrence S. Wrightsman 在 Judicial Decision Making 一书第三章中同时写道：年轻的法律助手，由于刚刚从校园步人社会，往往对工作充满了热情，自己也有较高的表现欲来证明自己努力并且能够胜任这份工作。

③ ［德］马克斯·韦伯著，林荣远译：《经济与社会》，商务印书馆 1997 年版，第 105 页。

衡，并且仅仅提供一个社会自我管理、个人自我定位的一般性规则框架。如果把政府视为一个社会的总管，那么司法活动就必须致力于贯彻国家的纲领、执行国家的政策。在这种模式的国家中，官员们被锁定在一个严格的上下级网络之中，我们可以参照达玛什卡在《司法和国家权力的多种面孔》一书中对政府管理体制划分出的两种模式，称此种模式为科层型模式，在这种模式下的司法程序也因其国家较强的管理职能而形成政策实施型司法，程序形式同样倾向于能动型司法程序。相反，如果政府仅仅负责维持社会的平衡，司法的目的就必然同解决冲突和纠纷联系在一起。在这种模式中，非专业化的决策者群体，被组织到一个单一的权力层次之中，并且根据未分层的共同体标准来作出决策，这种模式则称为协作型模式，国家司法程序相应为纠纷解决型司法，程序形式因决策者的被动性而为回应型司法程序。

科层型模式下的国家，其权力机构的特征是专业化、自上而下的官员等级序列以及对技术性决策的严格要求。这就从政治方面决定了适应于这种模式的司法程序的特征，从而在根本上也决定了刑事判决书的风格。这种模式下的司法程序的独特之处在于其结构被设计为一系列前后相继的步骤，这些程序步骤渐次在镶嵌于上下级链条中的官员们面前展开。初审判决并不是一个焦点，其重要性不足以使先前和此后的决策黯然失色。案件的卷宗是整个程序的神经中枢，整合着各个层次的决策。如果在一个案件从一个步骤转向下一个步骤的过程中发生了信息阻隔或丢失的情况，导致主持后一个步骤的官员无法读取前一步骤留下的书面记录，整个科层式程序就会失去方向。将程序行动等同于处在官方直接监控下的行动也是科层式司法程序的一项特征。另外，将任何程序措施委托给外部人士去执行都是不妥当的，甚至是引起反感的，因此司法活动由专业人士垄断，这就不可避免地滋生出官僚主义作风，判决书的论证显得不必要甚至多余。正是这样的政治模式所决定的司法程序，导致了刑事判决书官僚化的证明模式，固定化的结构，以及枯燥、简单的内容。

而适应于协作型官员需要的诉讼程序则是围绕着单一的权力层次而展开的。审判是整个诉讼过程的焦点，而它通常是在一段连续的时间里不间断地展开。审判的准备工作并非由司法系统的一个专门部门或者其他专门的政府官员来承担，而是委派给涉案的当事各方来进行。因此，决策者必然是毫无准备地进入审判过程，因此至少在一开始无法控制取证和其他类似的活动。其结果是，那些为审判作了准备工作的人士——当事人或他们的法律协助者——也要在决策者面前展开证据，因而现场证供和口头交流比书面化证据更受欢迎，这就使得刑事判决书的证明模式为对话选择型。又由于没有正规的上级审查机制，初审法官为了防止当事人找到理由说服其重审或者防止当事人通过平行的诉讼程序来阻碍判决的执行，法官在刑事判决书中就要竭尽所能充分论证，力求完美，这就造成了刑事判决书内容的充实、体裁的灵活以及语言的丰富。

由上可见，政治原因从根本上决定着法律原因，它通过自身的政治构架对司法程序作出要求和选择，对法官的作用进行设定，对诉讼程序的操纵进行了规制，从而也影响甚至决定了刑事判决书的风格。

3. 刑事判决书风格形成的其他原因

刑事判决书风格的形成，除了上述的两个最主要的原因之外，还存在许多其他的制约因素。例如，我国台湾地区，在现代司法的制度与环境下，其刑事判决书还大量使用文言文，判决书的语言极其不通俗，晦涩难懂，这种风格就与台湾悠久的公牍历史传统不可分割。苏永钦就曾在其论述中写道："今天台湾法院撰写裁判书的风格，可以直追清朝那些还未受到西潮冲击的地方审判官，八九十年来，竟无太大变化。以社会变迁之巨——尤其是在文字创新上的表现，更令人不禁好奇，到底是什么机制，使得司法体系的这种'模式维护'，如此的强劲?"[①]其实这就是历史原因造成的。

社会的同质化以及异质化程度，也是制约刑事判决书风格的因素。一般来说，在一个不能分享尤其是关于通过论辩来解决纠纷等基本价值的社会中，论证是不必要的，因为这种论证无法沟通，甚至可能加深分歧。正如一位外国学者论证的，并不是所有的交流都能促进人们的理性，使人们达成一致或妥协。[②] 孔子所说的"道不同，不相为谋"也与此有异曲同工之效。在一个有必要通过论证来说服对方的社会中，必定有一个基本格式化了的，能够为人们所共享的交流规则作为前提。如果人们不接受这些共同的前提，论证就无法进行，也就完全没有用。[③] 因此，霍布斯等近代思想家都强调民主和自由的前提是征服，是要使得人们首先接受这些分享的价值。[④] 当然，如果社会对一些具体问题的看法"同质化"（即为人们所共同接受的价值前提）程度很高，也同样没有论证的必要。只有在双方有一定分歧的情况下，同时人们又共同遵守某些基本的价值前提（如关于民主、自由、公平以及人道的信念，并且相信交流的规则可以使人们最终化解分歧，认为暴力、强权无法最终解决问题），人们才会试图通过论证来延展自

① 苏永钦著:《司法改革的再改革》，月旦出版社 1998 年版，第 21 页。

② Richard A. Posner 在 The Rroble matics of Moral and Legal Theory 一书中，特别是第一章中有关于此方面的论述。

③ 这一点可以用三段论来说明。三段论论证的力量在于言说者和受众接受论证的前提都是理所当然的。例如，所有的人都会死，并且牛顿是人，因此才会得出牛顿也会死的结论。一旦大家不接受这些共同的前提，认为有的人不会死，或对牛顿是否是人有疑问，这一论证就无法进行，论证就完全没有用。

④ ［法］米歇尔·福柯著，刘北成、杨远婴译:《规训与惩罚——监狱的诞生》，台湾桂冠图画股份有限公司 1992 年版，第 76 页。

己的判断，以使自己的论证能够说服对方。所以，在个性张扬、异质化程度较高的美国，法官的判决论证比同属英美法系的英国就更为详细、周密。

此外，还有地理因素、法律的移植、文化的交流等也都会影响刑事判决书的风格。但是总体而言，这些其他方面的因素都不是刑事判决书风格的决定性因素，充其量只是制约性因素，它们所扮演的角色都远不及法律与政治这两大因素。因此，形成刑事判决书风格最主要的仍是法律与政治两大原因，为了论述的集中性与论证的有力性，我们在以后的分析中也主要是以此二者为中心。

二、国外刑事判决书风格的比较

虽然各国的刑事判决书风格都各有特色，但依据刑事判决书风格的构成要素所表现的特征，即判决书的长度、结构的安排、语言的专门化程度、证明模式的选择等仍可将各国的刑事判决书风格分为两大类，即大陆法系刑事判决书风格与英美法系刑事判决书风格。二者风格有共同之处，但它们的差异则更是显而易见，下面即对二者风格现状及形成原因进行比较研究。

（一）风格的异同

当代社会是“法治”大行发展之际，作为刑事司法程序运作的最终产品，不论大陆法系还是英美法系的刑事判决书风格都具有相同性，即用语都较其他文书更为正式、更具威严、更具权威，结构也相对比较稳定，即使没有整齐划一的模式，也有大致相近的框架，内容总是围绕法律、事实、判决结果这几大要点而展开的。这些是它们的共同点，然而细加比较则会发现，两大法系刑事判决书风格还是异大于同的，也正是对差异的发现并比较才会使得研究更具有意义和深度。故而我们也将借对差异的比较研究以形成对国外刑事判决书风格更加清晰和深入的认识。

1. 大陆法系

在大陆法系国家，虽然各国之间的刑事判决书风格并不能说完全一致，同为大陆法系的法国的刑事判决书极其简短，而意大利、德国、波兰和芬兰则在刑事判决书中有较为复杂的论点结构，语言有详尽并扩展的趋向，在这点上反倒有些类似于英美法系刑事判决书的风格，但我们并不能因此而不将这些列为大陆法系刑事判决书风格的特征，正如我们并不能因此而将其法律中有某些不完全吻合大陆法系特征的国家排除在大陆法系之外。因为每个国家除了在整体风格吻合某一法系之外，还会在某些方面，某种程度上加入一些本土化的东西，但这并不会导致其整体风格的变化。刑事判决书的风格也是如此。所以，为了研究的顺利进行，从比较分析的透彻性出发，我们仅以最具大陆法系特征的国家——法国为代表进行实证分析。

大陆法系国家，刑事判决书的风格表现为事实判决书的特色，[①] 注重反映法官对案件事实的认定，分析、论证各种证据，阐明法官形成内心确信的理由，而不过多从法律的角度对处理决定予以论证。其风格具体表现如下：

第一，刑事判决书的结构安排，多由判决主文、事实和理由三大部分组成，主文在前，事实居中，理由最后，结构比较紧凑。在比利时、荷兰、卢森堡、葡萄牙等国，判决书文字讲究精炼，“宣判的文笔越浓缩，就被认为越完善”[②]。格式较为死板，固定化为三段论的模式，丝毫不加入其他的成分，如附带意见等。比较法学家茨威格特称：“法国法院，尤其是最高法院想方设法使判决书的内容缜密而紧凑。附带性论述（obiter dicta）一概排除；当判决基于某一个理由应予以撤销时，其他理由便弃之不顾。另外，那种游离于正文之外的闲文散笔从来不能在最高法院的判决书中发现，在下级法院的判决书中也很难找到，并且也不涉及案件的背景、法律史、法律政策或比较法。”[③]

第二，刑事判决书一般以法条主义的、专门的和官僚式的语言撰写，通俗化的语言所占比例很低。而且判决书简短、概要，常常是寥寥数行或一、两节。从字面上看，法国法院的判决大多是由一个单独的句子组成。例如，法国最高法院的判决读起来或者是“本院……驳回（撤销请求）”，或者是“本院……撤销（被上诉的判决）并将该案移交某法院重审。”刑事判决书中没有专门叙述案件事实或案件来历的段落；实际上，“只有在对于阐明必须撤销原判的各个理由、原审法官的论据或最高法院本身的观点十分必要时，才引述事实。即使在这种情况下，引述也可能只是非常间接的提及”[④]。

第三，刑事判决结果的得出，事实依据较多。判决书的大多数文字用以阐述法官对事实的看法，直接论证法官基于什么事实证据形成自己的观点，并具体分析当事人双方提出的各种事实证据和主张，指出采纳或不采纳某一事实证据或主张的原因。尤其是在疑难案件中，对关键证据以及矛盾、疑问较多的证据，更是从多方面加以考察和分析，剖析、阐明其证明价值的有无及大小。对判决结果的法律论证相对较少，已有的法律论证往往限于对处理轻重的理由阐述。例如，对刑事犯罪的定罪量刑，法官并不具体阐明是否应定罪或为何定此罪而非彼罪，而

---

① 由于各国对判决书构成要素和功能的理解不同，判决书的风格和体裁就呈现出一定的差异，基本上可分为事实判决书和法律判决书两大种类。参见左卫民著：《刑事程序问题研究》，中国政法大学出版社 1999 年版，第 77 页。

② 左卫民著：《刑事程序问题研究》，中国政法大学出版社 1999 年版，第 78 页。

③ ［德］茨威格特著，潘汉典等译：《比较法总论》，贵州人民出版社 1992 年版，第 28 页。

④ ［德］茨威格特著，潘汉典等译：《比较法总论》，贵州人民出版社 1992 年版，第 228 ~230 页。

仅表明量刑轻重的理由。至于是否定罪以及定此罪还是彼罪，一般视为法学界案例研讨的课题。在法律依据方面也仅仅允许以制定法以及官方解释为依据，引用法律学说或论著的做法通常不被赞赏和接受，也不可以其他法官曾就类似案件作出的判决（判例）为依据。判决所依据的形式理由比例较高。[①]

在对判决结果得出的过程予以论证的方法上，遵循三段论的演绎逻辑证明方法。法国采取简单归摄模式，整个判决经常是用单独一个长句来表达，判决书中并不明确陈述所有的三段论要素，只陈述有关事实和判决结论，所适用的制定法也只是隐含地提及——即只指明所适用的制定法条文，并不引证。在德国、意大利、芬兰、波兰等国家采用复杂归摄模式，本质上仍遵循三段论结构，判决结果仍然是从一定前提逻辑演绎得出的，只是对前提的陈述较为复杂，因为这些前提又由“次级前提”来证明。

第四，刑事判决书中一般反映审判庭的集体看法，不同意见不允许在刑事判决书中出现。同其他国家一样，大陆法系国家在司法实践中，也会时常出现法官之间对同一案件的事实认定和法律适用上有不同认识和意见，他们解决这个问题的方法是实行少数服从多数的原则，多数法官的见解即成为法院的刑事判决书。不同的是，他们对于少数法官的异议，只是由法庭将其载入笔录，作为内部档案保存，不对外公布。

2. 英美法系

英美法系国家也同大陆法系国家一样，各国刑事判决书除了具有英美法系特征的共性之外也会有各自的本土色彩。在此，我们也同样以最具英美法系典型特征的国家——美国为例，进行实证分析。

英美法系国家的刑事判决书风格，表现为法律判决书的特色。[②] 其基本特征在于，法官在陈述案件事实的基础上，对可适用的法律理论进行相当精密、详尽的陈述或讨论，在此过程中，往往提及以前的判决并申述其与当前案件所涉及法律问题的关系，最终阐明作出判决的理由。具体来说，这种判决书有以下风格特色：

第一，刑事判决书的撰写体裁较为灵活，形式不很严谨，结构安排也不死板。一方面，在有陪审团参加审理的刑事案件中，判决书主文由陪审裁决书和法

---

① 所谓形式理由，是指产生于权威法律渊源的理由，大致包括所适用或解释的制定法、相关的宪法和制定法规定、相关的判例，相关的行政法规或官方解释、相关的法律原则、相关法律概念的逻辑关系、所在领域的权威性政策以及官方的立法准备材料等。在法国，形式理由几乎是唯一的理由，与之相对的是实体理由。参见张志铭：《司法判决的结构和风格——对域外实践的比较研究》，载《法学》1998 年第 10 期。

② 左卫民著：《刑事程序问题研究》，中国政法大学出版社 1999 年版，第 77 页。

官的量刑判决书共同组成，而在没有陪审团参加审理的刑事案件中，判决书中作为理由部分的法官意见也并不单独列出置于判决书的末尾，而是随着论证的进行穿插进来的；另一方面，法官判决书对事实和法律理由的论述也没有固定的格式，往往因法官的个性和写作特点而异。在英美法系的刑事判决书中很难见到大陆法系刑事判决书中惯有的简明、严谨风格，英美法系的刑事判决书更接近于一篇篇风格各异、旁征博引的学术论文，与大陆法系刑事判决书结构安排固定、呆板的风格形成鲜明的对比。

第二，与大陆法系相比，英美法系刑事判决书中法条主义的、专业化的语言所占比例较低。尽管不能说在美国的司法判决书中法条主义的专业化语言所占比例很低，但除了涉及税法、商法和经济规则这样一些专业的领域，总体上看不如法国的语言专业化程度高。而且判决书常常包括对争议问题的详尽甚至扩展的讨论，篇幅上也是洋洋洒洒，长篇大论。有学者曾对法国与美国的司法判决做过有趣的比较研究，发现在同样的问题上，法国的判决用了300字，美国的判决则用了8000字，而且还不包括附带的不同意见。

第三，刑事判决结果的得出，法律方面的理由论述较多。判决结果得出的事实依据，即对案件事实的认定及相应论证，在判决书中居于相对次要的位置。一方面，在有陪审团参加审理的案件中，陪审裁决书的一般方式是简单载明有罪无罪，而不具体表明陪审团认定的案件事实，不说明得出这种看法的证据；另一方面，在没有陪审团参审的案件中，法官则要对案件事实作详细的陈述，但与法律意见部分相比，事实部分本身并不重要，而且证据也很少得到说明。判决书着重论述法律意见，即法官对案件性质的看法和支持处理决定的法律理由。一般来说，法律意见往往包含着法院对既往判例的详尽回顾，很多时候还引证法学论著。法官从学理上探讨案件的情况和处理，从而使整个判决书带上浓厚的法学论文色彩。事实上，美国最高法院的刑事判决书本身一直是法学新理论和新观点的主要来源，构成法学研究的重要对象。刑事判决书中的判决依据，实体理由所占比例较高。①

在对判决结果得出的论证方法上，美国采用对话选择性的证明模式。与大陆法系国家采用的简单或者复杂归摄模式不同，它的最终判决不是作为一定前提的逻辑结果出现，而是按照法律解释方法对争点的不同解释进行司法选择的结果。

① 所谓实体理由，是指属于道德、政治、经济和社会内容的理由，其效力大小取决于它们自身的重要性程度，而非与权威法律渊源的联系。它包括产生于道德准则的正当理由，产生于可能的社会政策目标的理由，以及产生于法律制度和程序特征的各种制度理由。实体理由在英美法系的刑事判决书中所占比例很高。参见张志铭：《司法判决的结构和风格——对域外实践的比较研究》，载《法学》1998年第10期。

在刑事判决书中，陈述和讨论在每个相关争点上相互冲突的解释论点，甄别可能的选择方案，然后作出公开选择并陈述理由。并且，常常会出现一些实体方面的思考或对有关价值的讨论，而不仅仅是形式上的逻辑演变。

第四，刑事判决书不仅反映支持判决结果的多数赞成意见，而且反映少数法官的不同意见甚至反对意见。在判决书中，多数法官的意见以正文形式排在前面并占有较大篇幅，而少数法官的不同意见也都发表出来。美国联邦最高法院大约只有三分之一到四分之一的案件中能够形成一致意见，其他主要是以绝大多数或相对多数意见进行判决，但是其中的“并行意见”或“反对意见”都会在判决书中出现。“他们的意见有时还会长过多数人或相对多数人的意见。”①

（二）成因分析

由上可见，两大法系刑事判决书风格的差异可谓“鲜明”，这些种种的差异并非偶然形成的，而是由深层的、本质的内在原因导致的必然结果。在前文中我们已经详细分析了决定刑事判决书风格的最主要原因是法律和政治原因，所以两大法系刑事判决书风格差异的产生也必然是由法律与政治两方面的原因决定的。下面我们将分别对两种原因进行分析。

1. 法律原因

造成刑事判决书风格差异的法律原因，在前文中已经有了详尽的阐述，在此，我们只需将两大法系予以一一对号入座就可以得到对二者差异的清晰、明了的解释。

第一，在诉讼结构方面，英美法系国家实行陪审团制度，由陪审团审理的案件，由于陪审团的非专业性，很难在审结以后共同作出一个书面的刑事判决书反映他们对案件事实的全面看法以及对证据的详细分析，这就使得刑事判决书对事实问题讨论较少。而大陆法系国家一般并不实行陪审团制度，而是采用了陪审法官参与审理的方式，并不存在认定案件事实与选择法律适用的分工，甚至在有些大陆法系国家参审制度都流于形式，陪审法官权力名存实亡。因而职业法官在诉讼中居于主导地位，又由于大陆法系国家多实行自由心证制度，对证据的采信只要求法官达到内心确信，并不要求法官给出理由，所以判决书中对法律论证相对不足，判决结果主要依据事实得出。

在大陆法系国家纠问式诉讼模式下，法官审理案件以演绎推理的思维方式进行，因此对判决结果得出的证明模式采用简单或复杂归摄模式；而在英美法系国家抗辩式诉讼模式下，法官判案思维方式是归纳推理，是由特殊到一般。所以就要对各种特殊的情况加以辨别、选择，最后归纳出一个结果，故而对判决结果得

① 宋冰编：《读本：美国与德国的司法制度及司法程序》，中国政法大学出版社 1998 年版，第 449 页。

出的证明模式采用对话、选择性的证明模式，也同时造成了大陆法系国家刑事判决书结构安排的三段论的固定模式，英美法系国家判决书结构灵活的特征。证明模式的不同，同时又导致大陆法系国家刑事判决书篇幅的短小以及英美法系国家刑事判决书因其对话、选择性而更倾向于长篇大论。

第二，英美法系国家法官在刑事审判程序中的作用远胜于大陆法系国家法官。英美法系国家实行判例法，采取的是遵循先例的原则。按照这一原则，上级法院的判例、本法院先前的判例对下级法院和本级法院后来的类似案件具有约束力，同级的其他法院的判例乃至下级法院的判例对案件判决也具有参考意义。因此，英美法系国家的法官在写作判决书中的司法意见时，往往会注意到判决作为法律对未来一系列案件的可能影响。甚至，由于英美法系国家法学教育是围绕上诉审司法展开的，还必须考虑学界的可能评价。因此，在判决书中很多时候还会引证法学论著，这就使得判决书篇幅不可能简短了。

而在大陆法系国家，尽管同样强调严格遵循法律，但是法官的任务主要是依据成文法对具体案件作出恰当判决。偶尔法官也会有某些政策的考虑，甚至有时也有造法的功能，但一般说来，这种因素不那么明显，受到了传统的严格限制。造法的工作严格归属于立法机关。法官制作出来的判决书即使再好，一般也不大可能对下级法院今后处理类似案件产生影响，对同级其他法院法官来说也不具有很强的示范意义，因此法官没有必要也不可能像英美法系国家法官那样进行旁征博引、大篇幅地论证，判决书的撰写目的基本限定于如何将案件事实陈述清楚，如何使得自己的判决更经得起上诉审法院的复审。也正因为法官一般无造法功能，而仅仅是适用法律，所以判决书不要求其对法律问题论证，而是仅允许法官按照国家规定下的格式撰写，这无疑导致了刑事判决书结构死板、语言官僚化的风格。

第三，英美法系国家的司法观念中认为司法是一个开放的过程，少数法官的异议也应在判决书中载明，英美法系国家中反对意见受到很大的重视，制作反对意见被认为是法律反思精神的诉求，对未来智慧的诉求。正如庞德所言，“反对意见是历史长河中生命力的体现”，很多难忘的反对意见后来逐渐演变为（通过正当的法律程序）多数意见，甚至是一致意见。[①] 不同意见某种意义上说实际只是单方面地表达了一些个人的观点和见解，对于案件判决理由来说并非非要不可，但是并不意味着它们就不重要。因为，它们也在从不同角度阐释着某一法律问题，并在一定意义上“说理”，从而推动着英美法系整个法律体系的传承和演进。而大陆法系国家则认为司法不应是个开放的过程，秘密表决是强化司法判决

① 宋冰编：《读本：美国与德国的司法制度及司法程序》，中国政法大学出版社 1998 年版，第 449 页。

权威的手段，法院裁判持一种意见有利于增强法院的权威和法院判决效力。大陆法系国家司法界较英美法系国家官僚化得多。一些法官会躲避个人责任，偏好在秘密评议的环境中起作用，他们意图作为机构而非个人行事，机构则只会有全体的意见而没有任何个人意见，因而刑事判决书中不会展示出不同意见。

第四，在两大法系中，进入司法审判的案件类型不同。在英美法系国家中，进入审判的案件一般都有比较重要或新颖的法律问题，即使其中有些案件似乎涉及的仅仅是事实问题，但这些问题实际是作为法律问题论及的。[①] 绝大多数没有太大的事实争议和法律争议的案件，在美国，如果是民事案件，往往都通过法庭外的其他方式解决了；如果是刑事案件，则往往通过辩诉交易的制度，这实际上起到了一个筛选司法案件的功能。大量没有多少可以论证、推理和解释的案件都通过这一制度被淘汰了，剩下的案件或多或少都是有话可说、或难办的案件（hard cases），因此也就需要给予某种论证。也只是在这些案件上，法官才可以充分展示其熟悉法律（对于事实，由于具体案件中的事实是不同的，法官并不比其他人更擅长）的才华，展现其推理和思考能力。因此，刑事判决书对法律部分论证充分，也更长篇大论，形式灵活，语言生动。

在大陆法系国家中，尽管在民事案件中也有和解，但是数量要比英美法系国家少得多。[②] 在大陆法系国家，由于历史传统，法律总是同国家权力相联系的，它们强调法律是主权者（君主、国家）的意志，强调国家垄断，因此一般不允许案件“私了”，私了是违法的，更不可能容许辩诉交易这种通过同刑事被告订立契约取代适用正式颁布的法律的情形发生；另外，大陆法系国家的律师数量相对较少也限制了以契约方式解决纠纷的可能性。而在英美法系国家中，受社会契约的广泛影响，法律更多地被视为是一种国家认可的“合意”，强调自由选择，因此，“私了”等其他解决纠纷的方式不但是允许的，而且还受到鼓励，甚至出现在代表国家指控犯罪的检察官与犯罪嫌疑人之间的讨价还价的交易；另外美国还有近百万名律师也促成了这种可能。因此，在大陆法系国家，案件一旦进入法院，或者是检察官认为是应当属于国家司法管辖的刑事案件，一般不允许以其他方式解决，只有法院作出的判决才被认为是合法的法律处置。大陆法系国家职权主义的诉讼模式，使得大量并不复杂的案件进入了法庭审理，其中绝大多数案件甚至没有多少可论证性，也造成了大陆法系法官审判量比英美法系法官审判量要大。因此，他们就不大可能就每个案件都撰写如同英美法系国家法官所撰写的那

---

① 例如，是否排除某个证据，表面看来涉及的是事实问题，实际上涉及的还是程序法规则的问题。

② 齐树洁、王建源：《民事司法改革：一个比较法的考察》，载《中外法学》2000 年第 6 期。

样详细、生动的刑事判决书。事实上，除重要案件外，一般也没有必要就每个案件都撰写详细的司法判决。

第五，两大法系国家的司法对事实问题和法律问题处理的制度分工不同。在英美法系国家，即使是疑难案件，初审法官一般也不直接处理事实问题，事实问题是由陪审团来处理的。上诉审法官更是集中审理有争议的法律问题，在刑事判决书撰写中，他们也着力发挥着其在法律问题论述上的长处，避免了在事实问题上无话可说的难堪。这种职业分工造成了英美法系国家的刑事判决书往往回避论证事实依据，而对法律依据的论证滔滔不绝的风格。

大陆法系国家在司法上则没有这种制度上的分工，法官同时要决定事实问题和法律问题。但对于事实和证据的认定，不同的人要么是同意法官的认定，要么是不同意，法律论证无法使人们改变对事实和证据的判断，改变人们对案件判断的只能是新的事实或新的信息，使得法律论证没有必要甚至多余。而且法律也规定了法官只需达到内心的确认而无须过多的法律论证，如《法国刑事诉讼法典》第353条规定："法律并不考虑法官通过何种途径达成内心确信；法律并不要求他们必须追求充分和足够的证据……法律只向他们提出一个问题：你是否已形成内心确信？这是他们的全部职责所在"。再加上大陆法系国家的职权主义诉讼模式，诉讼进行由法官起主导和推动作用，法官要主持事实的调查，这就使得法官不可能把精力集中到法律问题的论证上来。没有这种分工制度，使得身兼两任的法官往往会忽略法律论证而热衷于阐述事实。

第六，两大法系判决书署名制度不同。美国法院的刑事判决书，除了极少数例外，都由撰写判决书的法官个人署名，而不是审判庭署名。又由于英美法系国家实行判例法，判决书中引证某个判例，就会引证该判决书的作者，也可以说如果一位法官撰写了一份出色的判决书，就可能长期为后人引用，为学者研究，成为经典判例，就会名留青史。这就使得英美法系国家法官更愿意表现自己，都费尽心思使自己的判决书完美详尽、天衣无缝。

而在大陆法系国家中，刑事判决书公布的是审判庭的集体意见。在这种制度下，一般说来，法官没有很大的动力将自己的观点细致地表现出来。因为精心撰写司法判决的法官从自己的额外努力中既不能获得额外的物质利益，也无法获得额外的精神上的收益。在这种制度下，法官一般也并非十分愿意将自己的不同意见（无论是并存意见还是反对意见）细致表达出来。因为除了表明态度之外，对撰写者毫无意义，而自己的态度在判决投票中早已明确表达过了。

第七，两大法系中法院有无法律助手制度不同。美国法院中的法律助手制度使得他们的法院更容易产生漂亮且冗长的刑事判决书。据报道，在美国法院中，除了少数法官外，绝大多数刑事判决书中的司法意见都出自法律助手之笔，署名的法官实际上仅仅是司法意见的编辑者。这些法律助手大多是各法学院的优秀毕业生，毕业后给法官当一年或两年的助手，他们年轻好胜、精力旺盛，对工作也有很强的新鲜感，这都使得他们更愿意也有能力撰写出色的刑事判决书。而在大陆法系国家中则没有这种法律助手制度。所有的刑事判决书都出自法官或书记员之手，长年累月地重复处理单调的案件很容易使得撰写者失去兴趣。除了法定责任之外，他们也没有什么动力去学习、了解新的知识，甚至“原先学习的知识也会在这种司法生涯中消磨殆尽”①。

2. 政治成因

前面我们已提出了两种国家政权组织模式即科层型模式与协作型模式。在大陆法系国家，国家权力结构基本上是古典的职业化政府管理体制，也就是官僚制，其特征是一个被组织到一种等级结构中的职业化官员群体，他们按照某种技术标准来作出决策，符合科层型的模式。而在英美法系国家则找不到容易辨识出来的类似物，英美法系国家权力结构特征是一个非专业化的决策者群体，他们被组织到一个单一的权力层次之中，并且根据未分层的共同体标准来作出决策，符合协作型的模式。两大法系各自倾向于两种模式的政权组织结构，与此相适应，他们的国家也分别为政策实施型国家与纠纷解决型国家；司法程序则相应的为能动型司法程序与回应型司法程序。这些政治方面的差异也导致了两大法系刑事判决书风格的不同，下面我们就此予以详细分析。

第一，在大陆法系国家科层型政权组织模式之下，官员们被组织到不同的梯队之中：权力来自于最上方，并沿着权力的等级序列缓缓向下流动。把权力的要素粘合到一起的是一种强烈的秩序感和一种对一致性的欲求。其理想状态是，所有的人都踩着同样的鼓点齐步向前。当然，在较大的组织中，最高的权威不可能亲自作出每一项决策，而会把相关的准备和执行工作留给自己的下属。但是，严格等级制的逻辑要求这样的决策必须接受上级常规的、全面的审查。不受审查的权力在下层官员中的广泛分布会损害有关整个权力结构的设置。从这个意义上来理解，官员的自由裁量权是一种应当尽量避免的东西。职务活动的例行化可以增强官员们对不同情境加以“类型化”的能力。初级决策者们更加贴近日常生活的杂乱细节；而更高级的官员们所面对的则是经过其下属们包装或剪裁过的事实，这就使得上级官员们更容易忽略他们必须作出决策的个案中所包含的“衡平因素”（equities）。但由于下级处在保持一致和顺从的压力之下，时刻担心上级审查的心理促进着一种合作的心理，再加上级别晋升的动力，使得一种“团队工作”精神的形成，这就使得整个科层型官僚体制在司法判决中遵循着一致的准则。在准则中所使用的语言被设定了一定的限度，从而排除了任意性。一些

① 宋冰编：《程序、正义与现代化——外国法学家在华演讲录》，中国政法大学出版社1998年版，第41页。

常规得以确立，它们预先消除了许多理论上可能的解释路径，偏向于使用一种包罗万象的规划，并偏爱那些更加脱离语境并因此更具一般性的标准，很容易形成一个由环环相扣的原则和规则所构成的网络，即逻辑法条主义。①

所有高耸的权力金字塔都会更加偏爱逻辑法条主义，因为它使得决策标准的排序功能得到了突出的强调。上报给高层官员——最终决策者的信息必定已经符合中层官员在审视更大范围的信息时所必须服从的标准。案件中的事实经过了剪裁，并且按照上级所下达的相关性标准（一种排序标准）进行了井然有序的编排。决策就是把事实同规范联系起来。在等级森严的科层化组织中，上层官员的逻辑法条主义的态度确定了整个组织的基调并层层向下渗透。因此，在整个司法体系中，刑事判决书结构安排注重规范的统一性，导致三段论模式，证明方式为简短或复杂的归摄模式，论证的不必要也使得篇幅短小。

在英美法系国家协作型政权组织模式下，司法权力组织的结构被安排为一个单一的、未分化的层面。处于平等地位的决策者们可以轻易地相互干扰或抵消彼此的努力：一位官员可以为某一当事人提供保护，使他得以不执行另一位官员的决策（比如英国传统中的大法官）；他也可以凭借自由裁量权而拒绝提供帮助。此外，一位官员也可以决定就一项已由平行的其他权威展开处理程序的事项展开自己的处理程序，从而引发协作结构的内部的各种问题。诸如此类的挫败彼此努力的可能性会引发对报复的恐惧，并导致相互间的调整与合作。换句话说，他们对相互报复的恐惧演变成一种凝聚力，迥异于盛行于科层化组织中的对上层的命令或要求的服从。

协作式权力组织中的所有决策者都会接触到生活中的具体事实情境，因此判决中带有“个性化”、“情境化”的色彩。决策者们尊卑之位并没有得到严格的界定，上下级官员基本上享有同样的尊荣和权力，实际上，他们可能是同样的一些人，只不过有时改变一下自己的角色而已。明确的衔级制度的缺失消除了由于对升迁的期望或对降级的恐惧而导致的卑躬屈膝的压力，这里不存在一部有上有下的梯子，上级审核是非常例外的事件。因此，法官的自由裁量空间比科层型模式下的法官大得多。刑事判决书的撰写也不会遵循官僚化的固定格式，而往往因案件的具体情境不同体现出法官的个性化色彩。

---

① 与之对应的是实用主义的法条主义，类似于这种实用主义法律形式主义和逻辑法律形式主义之分的概念区分出现在许多不同的比较研究语境之中。例如，我们可以在吉尔茨的《文化的解释》中看到“具体科学（ science of the concrete ）”和“规范科学（ canonical science ）”之分。马克斯·韦伯也曾试图借助一种类似的区分来阐明西方法律思想史中的内在分殊。这种法律研究方法追求一致性，从而倾向于远离细节与法律实践而寻求通过对逻辑推敲得出表象之下的理性秩序。

第二，科层的官僚化组织倾向于使司法官员职业化。在这种制度下人们普遍认同这样一种规则：私人知识和官方知识不应当被混淆起来，决策只能基于通过官方途径取得的信息。法官应当分清他作为个人所知道的事情以及他在履行公务的过程中所了解到的信息。另外，司法是一项需要专业技能的工作，不仅对于解决法律问题来说是如此，对于揭示事实的活动来说也是如此。因此，外行人士参与审判活动的情况变得越来越罕见。只要有可能，这些“愚人法官”[①] 就会被受过训练的专业人士所取代，或者被迫向专家求教。法兰西从卡佩王朝的君主们开始便着手培养一支等级森严的职业法官队伍，以便更好地巩固和延伸王室权力，其他的欧洲大陆法系国家也竞相模仿，这就使得已经被组织到一个科层结构之中的职业司法官员不再被视为与国家权力的核心无关。

权力的科层式安排意味着这样的权力组织信赖一套全面而系统的上诉审查制度，刑事判决所需的材料由各种专业化的司法官员以案卷的形式汇集起来，经过细心的整理后交给决策者，由其撰写刑事判决书。因此，刑事判决书的风格变得越来越正式，要求专门的启蒙和培训，语言也受到迈向严密组织的压力的影响。官方话语开始以结构严谨的演说形式来表达，与通俗的私人用语相比，它显得更加凝练、拉丁化和抽象化，这在刑事判决书中则充分表现为专业化、官僚化的语言风格。又由于其实行的逻辑法条主义，使得刑事判决书中的形式理由比例很高。

在英美法系国家，司法活动与司法人员都不是官方职业化的。在大陆法系国家，刑事案件中有专门的法庭官员负责搜集供决策之用的材料。而在英格兰，则只有少量的侦讯因素被治安法官加入到刑事检控业务中，这些治安法官负责把嫌疑人带到审判中。从整体看，他们更像是司法系统入口处的交通协管员，而不是忙于搜集证据的侦讯人员。警察和检察官的职能直到19世纪中叶仍主要保留在私人手中。司法权力也被赋予一些业余人士，他们是临时或在有限的时间内暂时履行权威职能的人员。当权力机构掌握在这样一些临时官员手中的时候，一种排外主义的精神就很难兴起。相对于司法系统而言，哪些是外部人士哪些是内部人士，这种区分很难作出，而且可能并没有太大的意义，因为不存在多少严重的障碍来阻止官员们委托某些没有担任官方职务的人员去履行某些行为。毕竟，在理想状态的协作模式下，官员们自己也没有什么知识和训练，他们只是为了一种限定的目的而被招募到司法机构中来的。

由于职务的短期性，职务活动的例行化没有机会得到发展。新一轮的官员总是带着全新的心态来面对自己的工作——他们有很大的余地去进行自发行动和即兴发挥，也有足够的空间去作出情境化的反应或凭借过度的激励去行动，有待处

① 欧洲大陆法系国家曾称外行司法官员为“愚人法官”。

理的问题很难同他们个人的特性分割开来。如果任职的时间更长一些，某些带有一定刚性的行为方式可能就会加入进来，但个人心态和职业态度之间的区分仍然不会像其在职业官员身上体现得那样明显。在这里，长期的职能化和专业化也缺乏足够的时间来形成和发展。实际上，这两方面的发展可能都会受到担任官职的外行人士的抵制，他们把普通人的“通才”态度带入到自己的职务中来。当然，由此而导致的职能的混合会直接影响到判决。刑事判决书中的语言也因司法的非职业化而表现出较低程度的专业化。

在英美法系国家的协作型模式下，决策者中不存在一个整齐划一、包罗万象的决策标准，他们认为社会生活是如此的复杂多样和变动不羁，以至于决策标准必须针对狭小的领域，参照具体的事实组合。这些决策标准最后是采取范例的形式，告诉人们如何应对具体的生活情境。在面对一个案件——一种具体的生活情境的时候，决策者将它同标准范例进行一番对比，两者之间的相似性越多，该标准的指导力量就越大。显然，这种标准不能脱离它们在具体案件中实用主义而存在。实际上，它们深陷在细节之中，以至于外部的哪怕是比较微小的变化也会使得某些标准只能得到部分的适用，因此更倾向于适用实用主义的法条主义。①

协作式官员所采用的决策标准具有显著的“大杂烩”特征，在其中，实践的常识和审慎与伦理、政治或宗教规范混合到一处，追求实质正义。这一混合物承载着许多无法调和的集体价值和目标。实质正义的标准是开放的，而且只能不完全地体现在以文本的形式固定下来的规则中。

如果外在的压力在协作式结构上强加了一定程度的法条主义，这种结构必定更加亲和于实用法条主义，而不是逻辑法条主义。这是因为：实用法条主义的理论方式和外行人士对实质正义的追求都要求对具体细节的密切关注。两者都认为：细微之处见神灵。另外，逻辑法条主义者们所看重的规则的严格性对外行人士来说缺乏吸引力，这种严格的规则显示出对人类境遇独特的漠不关心，并且无法打动外行人士，他们宁可选择有人情味的混乱，也不愿选择冷酷的逻辑一致性。因此，在英美法系国家的刑事判决书中实体理由的比例远远高于形式理由。

第三，科层型模式下，官员的职业化使得长期任职的官员与处在类似地位的其他个人之间产生一种认同感，职务的常任化会创造出一种将任务例行化和专门化的空间。职务活动的例行化意味着官员们不再把自己所处理的事务视为一个个呼唤“个别化正义”的特殊情形。处理方法的选择范围也缩小了，在解决问题的各种方法中只有一种作为习惯而得到沿用。专业化意味着只有某种特定的因素能够在决策过程中发挥作用。作为习惯化和专业化的结果，一位职业官员的职务

---

① 与逻辑法条主义相对。这种法律分析方法更强调个性，从而避免抽象划一的规则而是追寻具体情况的差异以适应不同“情境”的变化，意图达到实质的正义。

反应和个人反应可能会分离开来。他会获得在必要时麻醉自己心灵的能力，并且在其官方职位上作出他作为个人可能永远也不会作出的决策。

职位与其占有者之间的这种分离促进了体制化的思维方式，在这种思维方式中，绕过体制性利益并考虑自我良知的冲动被认为是难以容忍的。裁决变成了某一非人格化实体（一个法庭）的宣告，即使其实只有一个人受托在那里负责进行这种表演。而且由于一个实体所表达的意思必须是单一的，以便不造成任何歧义，由数位官员共同作出的决策在宣告时就会废弃先前的内部分歧。那些持有不同意见的人现在只好压制自己的感受。因此在这种官僚体制中，大陆法系国家的官员在刑事判决书中无法发表不同意见——有时甚至在评议中也不能披露投票支持某一裁决的法官的名字。① 持不同意见的声音和表达并行意见的声音在协助形成一种机构意见之后就不能再表达自身了。

而在协作模式下，司法的非职业化导致缺乏个人领域与职务领域之间的严格界分，机构化的思维只能停留在初级阶段。裁定、判定或其他官方决定，不论是个人还是集体作出的，都不会被理解为是一个独立于它的组成人员的机构的意见，相反还会保留很强的个人化色彩。实际上，为了形成一种全局观念而压制或放弃个人意见，似乎是在诱导一种缺乏勇气的态度，并且等同于一种对外行官员个人尊严的公开侮辱。因此，当他们组成一个决策小组的时候，每个人都保留自己的独立声音。一位对多数意见持不同见解的异议者也不会感到小组意见在将来对自己具有约束力。他认为自己可以不断重复表达自己的异议。因此，在英美法系国家刑事判决书中，与判决结果并存或反对的不同意见都得以展示。

第四，在科层式的大陆法系国家，为确保强有力的中央权威的整合性，国家的统治方式也是遵循上令的政策实施型，因此严格依循规则的治理被认为是必要的。相应地，法官的自由裁量空间极小，他们习惯于在井然有序的文件基础上来进行决策，这些文件滤掉了可能营造出决策中的回旋余地的、“杂乱的”情境性和个性的细微差异，使得刑事判决书中法官个人的解释、推理几乎难以见到。

科层化组织对法律程序设计所具有的最明显的寓意即：由于科层意味着存在多个层次、多个等级，法律程序必须分步骤进行。而且，由于科层化组织倾向于职能上的专业分工，每一步骤的任务自然都会被分配以相应的子任务。一个步骤专门致力于搜集和整理相关的材料，另一个步骤致力于初审，还有一个步骤致力于上级审查，如此这般，取决于权力金字塔的层数。在具有高度整合性的司法科层体系中，上级审查不仅是常规的，而且还是全面深入的。上级官员对审判的审查被赋予“质量控制”的重要意义，这就不可避免地降低了初审判决的重要性，

① ［美］米尔伊安·R. 达玛什卡著，郑戈译：《司法和国家权力的多种面孔——比较视野中的法律程序》，中国政法大学出版社2004年版，第29页。

初审判决也便具有了暂时性或阶段性的特征。也正因此，不同官员逐渐搜集到的供决策之用的各种材料以及官方活动的所有记录都必须被保留起来以备上级的审查或将来的复核。这样，由下级官员保管的文件就被层层整合到上级官员的不断扩充的档案之中。

而处在金字塔顶端的官员不可能有时间和精力潜入到已经由下级作出决策个案细节的海洋中去。因此，包含刑事判决书在内的各级卷宗也便是尽可能简洁和概括性的，并且按照标准顺序罗列要目，以便快速处理。这样由于卷宗中呈现的全部是简短的概要，经验的分工化当然就是非常明显的了。而且，当经验被如此简化并且被一个文本固定下来的时候，决策就更容易借助于逻辑分析而不是依凭厚重的、直接的经验。① 因此，程序性权力机构中的官员们就很容易采纳三段论式的决策模式并信奉逻辑法条主义，表现在刑事判决书中，即为证明方法的简单或复杂归摄模式。

而在协作型程序中，并不存在需要通过一套卷宗来加以整合的广泛分散的程序步骤；也不存在保存先前程序行动的蛛丝马迹以备上级审查的需要，尤其是在一个由临时的外行官员构成的组织中，长期的机构记忆不需要得到开发。人们只会关注较短时间范围内的连续性。同样可能正确的是，要随时准备好根据冷冰冰的卷宗来作出决策，必须具备只有在官僚组织中才能培养出来的技能和性情倾向。对于外行人士来说，记录在案的证词看起来像是现实了无生气的残迹。此外，在协作型系统中还缺乏一个专门负责制作、保管和检索文件的小官僚阶层。因此英美法系国家在诉讼中更偏好证人证言而不愿依赖书面文档作出判决。

甚至，协作型程序发展出了“有力的机制”和程序来质询在法官面前作证的证人。许多世纪以来，欧陆和英美司法活动一直在这些方面存在显著差异——一个依赖卷宗文档，另一个依赖口头交流。在英美法系国家，到13世纪，司法活动基本上已经被看成是一个把法律同已经确定的事实联系起来的过程，英美法系国家的法官更像是司法会议的主持人，或者是庭审过程公正性的监督者、审判结果的宣布者和判决效力的保障者，而不是真正意义上的决策者。因此，司法程序更倾向于信赖口头交流和当庭证供，使得刑事判决书在对判决结果的证明方式上自然表现为对话、选择性的模式。

三、我国刑事判决书的风格：检视与进路

在前面对刑事判决书风格及其成因进行了理论分析，并对国外刑事判决书进行比较研究的基础之上，我们就可以更好地检视我国刑事判决书的风格，发现其

① ［美］米尔伊安·R. 达玛什卡著，郑戈译：《司法和国家权力的多种面孔——比较视野中的法律程序》，中国政法大学出版社2004年版，第77页。

存在的问题，并借鉴国外成功的经验，探寻我国刑事判决书风格的进路。

（一）我国刑事判决书风格的历史演变

在中国古代，判决书被称为判词。《说文解字》中，“判”被解释为“分也”，即区分、辨别的意思，在诉讼中即指判断曲直之意。古籍中，有时称为“判”、“判词”或“判牍”，清末以来称为“判决书”。“判”作为一种独立的文体，从唐朝开始确立，历经千百年来的发展延续至今。[①]

在两周时期刑事判词的篇幅较短，《左传》中所载的叔向断案而作的判词全判不到70字。而判词多夹叙夹议，且对事实依据仅作高度概括，案情一般不作专门介绍，判词中对事实往往一言以蔽之。另外，刑事判词依律令定罪处刑，官吏断案并非都是主观臆断。[②] 两汉时期律令严密，制度完善，对判词也有了较高要求。对于一般刑事案件，依据律令断罪，如律无正条，则采用类推比附的方法断决。此外，还有颇具特色的“春秋决狱”[③]，即用儒家经典判决案件。两汉刑事判词说理比较充分，并且是道德法律化的载体。从周到汉，刑事判词的法律论证逐渐加强，事实部分在判词中所占比例很小，判决理由还有实质理由的成分。可见，从这时起就奠定了我国当代刑事判决书风格的基本格调。

判词在唐朝得到了很大的发展，唐朝首创了书判体（判词）。唐朝“以判为贵”，“以判取士”把“判试”作为选拔官吏的考试内容之一，将“文理优长”与否视为判词优劣的标准。[④] 这就使得刑事判词不可避免地带有了官僚化的作风，其影响波及其后各个朝代直至今日。唐朝判词对判决的得出论证充分，说理的比重很大，但语言晦涩难懂；论证语言很注重修辞技巧，尤其是通过引经据典来加强修辞技巧，可见其判决理由中也有了实质理由的成分。

宋代判词大多用散体写作，言语比较平实易懂，能够根据判案的需要对案情和判决理由进行比较恰当的取舍。宋判词不以文采取胜，而以实用见长。判词中不仅有判决结果的宣告还有对当事人的忠告劝诫。宋代判词常常将尊尊、亲亲、名分、纲常等作为判决的依据和理由，如对此不维护便是“泯灭天理”，[⑤] 体现出森严的等级思想和作风。从表达方式上看，宋代刑事判词也是夹叙夹议的写法，但与唐朝以前的判词相比，对事实的表述要详细得多。通常在判词的前面部分对案情作出概括介绍，有的还对事实进行比较深刻的分析，但引经据典的遗风

① 许兰亭著：《刑事一审程序理论与实务》，中国人民公安大学出版社2002年版，第242页。

② 马建石：《两周判词》，载《司法文书与公文写作》1985年第3期。

③ 杨鹤皋主编：《中国法律思想史》，北京大学出版社1998年版，第273～284页。

④ 唐判是拟判，所以判词前都有简要的案情介绍，类似考试题目，古人称作“假题”。因为是拟判，所以判词多不具体引用律令正文，这就更突显出判词的文采特征。

⑤ 潘庆云：《民事裁判文书改革研究》，载《法学》1998年第10期。

仍存。

明清时代，是中国古代判词的成熟和发展的鼎盛时期。明代提出了“简当为贵”，从理论上承认、总结了判词这一文体的性质：即它不是文学体裁，不应过度注重华丽的文字与夸张的修辞，它属于公文语体，应用符合这一文体的语言与手法去制作，从而为古代判词的内容走向成熟奠定了基础。清代要求刑事判决书写明“罪犯之姓名、籍贯、年龄、住所、职业”、“犯罪之事实”、“证明犯罪之理由”、“援引法律某条”、“援引法律之理由”。这种结构模式为现代刑事判决书的制作奠定了基础。明清刑事判词以事实与律例为判决依据，在文体上基本摆脱了骈体判的束缚，使散体判在司法实践中得以广泛应用，这就使得判词的体裁较为灵活。

民国时期沿袭了清末刑事判决书的格式，并从德国、日本等大陆法系国家引入文书格式，形成了“主文——事实——理由”的三段论格式，刑事判决书都严格依据证据、法律、法理，层层分析，详细辨明，有话则长，无话则短。在新民主主义革命时期的革命根据地，法院刑事判决书也是采用“主文——事实——理由”的三段论结构，重视阐述判决理由。新中国成立后，1951 年中央人民政府司法部制定了一套包括刑事判决书在内的《诉讼文书格式》。刑事判决书正文部分仍采用“主文——事实——理由”的三段论结构，并且事实、证据、理由写得详细和具体。从 1952 ~ 1953 年司法改革运动和向当时的苏联学习以后，刑事判决书正文逐步演变为现在的“事实——理由——主文”三段论式，但内容则趋向简单化。

十年浩劫的“文革”期间，由于砸烂公检法的施行，判决书也被完全地政治化了。刑事判决书首先都要写上“最高指示”，格式简单化，不仅不讲案件的由来或审判经过等程序问题，而且认定事实的表述抽象化和概念化，根本不讲或根本不敢提及证据，理由公式化并且爱唱高调，用形式逻辑推理，还表现出无限上纲的特点。1979 年，司法部重新组建后，于 1980 年 6 月颁布了《诉讼文书样式》，促进了刑事判决书格式的统一。

1999 年 4 月 6 日，最高人民法院审判委员会第 1051 次会议通过了《法院刑事诉讼文书样式》，并决定于 1999 年 7 月 1 日起施行，1992 年 6 月由最高人民法院办公厅下发的《法院诉讼文书样式（试行）》中的刑事部分，自新样式施行之日起即告废止。此次修改后的刑事判决书样式，增加了一部分内容，删除了一部分内容，对相关内容作了重要的补充和修改。新修改的刑事判决书样式着重强调对事实、证据的分析、认证，强调说理，即说明判决理由。以一审公诉案件适用普通程序的刑事判决书样式为例，该判决书的样式由首部、事实、理由、判决结果和尾部五个部分组成。该式样尤其着重强调了事实和理由部分，指出事实是判决的基础，是判决理由和判决结果的根据；理由是判决的灵魂，是将犯罪事实和判决结果有机联系在一起的桥梁和纽带。

由上可见，我国刑事判决书历代风格都有所不同，但总体而言，发展趋势是与国家权威的联系越来越紧密，判决书结构越来越固定化，语言也越来越官僚化。另外，我国古代判词都是比较注重判决理由的论述的，只是在近代以来才形成了刑事判决书不讲判决理由的特点，而且这一特点一直影响到我国当代刑事判决书的风格。

（二）我国刑事判决书风格的现状及成因

我国刑事判决书历经古代各朝以及近代的发展，沿袭了其历史形成的惯有风格，加上在1996年以后，为了全面贯彻执行修订后的《刑法》和《刑事诉讼法》，国家对刑事判决书进行的一系列规范和指导，使我国刑事判决书形成了现在特有的风格。

1. 风格现状

我国刑事判决书风格整体而言比较接近传统上大陆法系国家的事实判决书。因为我国的法律制度无论是新中国成立之前还是之后，都更多地具有大陆法系的浓厚色彩，虽然我们是社会主义法律制度，但这一制度受到了大陆法系传统的深刻而长久的影响，因为我国在新中国成立初期曾盲目地向苏联学习。正如比较法学家麦瑞曼指出的，前苏联“对法的改革其实就是将社会主义的意识形态，强加于现有的大陆法系和大陆法传统之上”。具体而言，我国刑事判决书具有以下风格：

第一，刑事判决书一般由事实、理由、正文三部分构成，而且顺序安排也较固定，事实在前，理由居中，主文最后，结构安排紧凑。判决书的重心在事实认定部分，法院对案件事实的认定通常比较全面、具体。刑事判决书的事实部分对作案的时间、地点、人物、原因、手段、情节和后果七个要素写得较具体，叙事部分用去判决书的多数文字。

第二，刑事判决书语言公式化、概念化、形式化，只有共性，没有个性，表现出官僚化色彩。刑事判决书中典型的表述是“以上事实，有被告人供述、证人证言、鉴定结论等为证，足以认定……”让别人看了，如坠云里雾里，显得神秘莫测。刑事判决书的篇幅一般都比较简短①，不像英美法系国家那样冗长，判决书的表述方式一般文字精练，用语规范，逻辑较严密，所以显得简明扼要。

第三，刑事判决书的法律论证较少。刑事判决书中缺乏对证据的分析，很多判决书对法院认定的事实，只列出一串证据名称，而对每个证据的真伪、内容、

① 当然个别的，如红塔山集团原董事长褚时健一案，判决书字数约有万余字，还有一些共同犯罪、被告人人数众多的案件其判决书也较长，但大部分刑事判决书都是简短的。

证明什么、证明力强弱等，则缺乏分析。[①] 刑事判决书中的判决理由，既包括形式理由：法律、法规以及立法、司法及行政机关的法律解释、相关的法律原则等；也包括实体理由：国家的政策、道德、伦理等。在刑事判决书的法律理由即“本院认为”部分，既重视对本案具体行为的定性、评价，也注重对被告人行为的社会、道德、伦理等评价，如“手段残忍、性质恶劣、主观恶性极大，应予严惩”等话语。但就整体而言，还是形式理由所占比例远远高于实体理由。

刑事判决书逻辑证明方法采取简单归摄模式，判决书中陈述的仅仅是法律规则、相关的事实以及判决结论。明显运用大前提——小前提——结论的逻辑证明模式。不仅如此，判决理由的论证还缺乏逻辑性，甚至自相矛盾。[②]

第四，我国刑事判决书不展示不同意见，判决结果的形成是法庭或是法院的意见。我国不是法官独立审判，而是法院独立审判（有时法院也难以做到独立审判，因为人、财、物受制于地方政府），独立法官或合议庭“审”案不“判”案，院长、庭长、审判委员会“判”案不“审”案。案件的处理结果要听命于院长、庭长、审判委员会，法官的不同意见根本不允许在判决书中出现。

2. 成因

造成我国刑事判决书风格现状的法律原因是多方面的，既有法治建设才起步的背景，也有排斥“法律至上”理念的文化影响；既有诉讼模式的根源，也有陈旧观念的束缚；既有历史的沉淀，也有当今法官的素质及其管理方面的原因，但归根结底仍然主要归结为法律与政治两方面的原因。

（1）法律成因。我国刑事判决书风格的法律成因当然也离不开前面所述的诸如诉讼结构方面的原因，法官作用的原因，司法观念方面的原因以及诉讼程序具体操作中的原因，这些因素对我国刑事判决书风格的影响同其他国家并无二致。前面也已经对此作了深入的分析，故这里不再赘述，仅专门针对我国的特色予以分析，具体而言主要分为以下三方面：

第一，职权主义诉讼模式的影响。当今世界各国的诉讼模式可分为英美法系的当事人主义及大陆法系的职权主义。“法官作用大而当事人作用小，法官主动而当事人消极、法官权力大而当事人权利小是职权主义诉讼模式的基本特征，这一特征决定了法官在诉讼程序中处于中心地位。”[③] 在职权主义诉讼模式中，法官的“中心地位”往往促使法官这样一种心理的膨胀：我办案是在行使法律赋予的权力，我只要确保结果公正（实体公正），程序等其他问题是无关紧要的。

① 易延友：《法院如何给说法》，载《南方周末》1998 年 9 月 25 日。

② 如有的判决书认定，“被告人对指控的犯罪事实供认不讳”。而实际上，被告人在审判阶段早已推翻了原有的有罪供述，此时怎么能说被告人“供认不讳”呢?

③ 李浩：《法官素质与民事诉讼模式的选择》，载《法学研究》1998 年第 3 期。

这当然包括刑事判决书的制作，至于法律论证详细与否也是法官自由掌握的事情。这种心理外化到我国当代的刑事判决书中，就是判决书重心在于摆事实，而不重视甚至没有法律论证。导致语言的官僚化，格式的三段论。由于法律论证不足导致了篇幅的短小。当然，职权主义诉讼模式下的法官，并非都不重视刑事判决书的法律论证，但在我国持“只要把案子办好了就行了，裁判文书写得好不好没关系”的看法者大有人在。这种看法“实际上是‘重实体、轻程序’的思想在制作判决书上的反映，因为判决书是诉讼模式的折射，迄今为止，我国的裁判文书还是法院职权主义审判方式的实录。”①

第二，我国法官整体素质不高的缘故。刑事判决书质量的高低主要取决于判决理由的论证透彻与否，而论证的透彻与否又决定于法官素质的高低。正如最高人民法院诉讼文书修改领导小组所持观点：“诉讼文书的质量绝不仅仅是一个文化水平和驾驭语言文字的技巧问题，而是法官的政治、法律素养、审判业务、文化水平、文字表达能力和审判作风等综合素质作用的结果。要制作一流的裁判文书，就必须有一流的办案质量；要有一流的办案质量，就必须有一流的高素质法官。”② 然而，我国法官素质又是如何呢？前段时间，最高人民法院原副院长、最高人民法院咨询委员会名誉主任王怀安指出，“中国法官的现状是数量多、素质差”③。此评价尽管有些尖锐，令多数法官不愿接受，但无疑是十分中肯的。

尽管首次法官等级评定具有划时代的意义，尤其是促进了法官队伍的专业化，然而，法官等级评定因其以维持法官队伍现状、套用行政级别、讲究工作年限为重要原则，而不可能在近期内起到提高法官队伍素质的作用。试想，首次等级评定，既不讲学历、庭审水平，也不讲制作判决书的能力、法学理论水平，连不懂语法、逻辑的审判人员都被评为高级法官，我们还能奢望首次评定能在提高业务素质方面起到立竿见影的效果吗？当然，第二次法官等级评定的标准已有所调整，最高人民法院已要求各级法院将判决书质量列为审判工作质量的重要内容，把制作判决书列为考察法官审判工作能力的重要标准。将来的刑事判决书的质量有望得到加强，然而法官整体素质低的现状从根本上决定了我国刑事判决书法律论证不足的风格。

第三，审判权运作方面的缺陷。由于司法体制缺陷的客观存在，我国审判权的运作方式难免有这样那样的弊端。一是法官无助手，事事皆躬行。我国法官无助手的做法通行已久，除副庭长级别以上的法官外，审判员与助理审判员各办各的案，不存在谁“助理”谁，谁领导谁的问题。通常，法官“自拉自唱”，从安

① 周道鸾著：《怎样制作刑事裁判文书》，人民法院出版社 1999 年版，第 4 页。

② 周道鸾著：《怎样制作刑事裁判文书》，人民法院出版社 1999 年版，第 12 页。

③ 王怀安：《法院体制改革初探》，载《人民司法》1999 年第 6 期。

排审理日期到传唤当事人，所有程序和行政安排都要亲自办理，包括法律文书的送达、判决书的校对，有的还要自作记录、执行自办的案件。[①] 因此，绝大多数法官真正用在审理案件和制作裁判文书上的时间和精力并不多，导致刑事判决书格式一律化、缺乏个性，证明模式的简单归摄，篇幅短小。二是各种责任追究制度都没有涉及对判决书法律论证不足的规定，错案追究只追究认定事实和适用法律的错误，1998 年 9 月最高人民法院公布的《人民法院审判人员违法审判责任追究办法（试行)》也没有涉及。既然制度不追究判决书法律论证不足问题，而追究事实认定和法律适用问题，自然使得法官在刑事判决书中往往大量摆事实然后运用大前提——小前提——结论的方法直接套用法律条文，表现出刑事判决书重心在事实问题而忽略法律论证。

（2）政治成因。我国刑事判决书风格的形成，除了上述法律层面上的原因之外也还存在政治层面上的原因。

第一，我国的政权组织也是类同大陆法系的科层式模式。权力从地方到中央层层递增，司法权力由职业官员把持，司法官员也按照行政等级严格排序，权力来自最上方并且沿着等级序列缓缓向下流动。职业化的官员们被严格组织到一个权力的金字塔结构之中，并严格遵循“专门的”或“技术化的”标准作出决策。因此也会不可避免地存在类似大陆法系国家因科层式政权组织形式带来的刑事判决书的格式三段论、结构安排僵化死板的特征。

第二，我国政权组织模式的科层结构导致了我国为能动型国家。在这种类型的国家，社会生活的全部领域，即使是那些发生在幽暗和私隐之处的事务，都有可能接受以国家政策为标准的评价，并按照国家政策的要求被加以塑造。人们之间的关系以及他们与政府的关系可能得到不同的概括性描述，但所有这些描述的一个共同点就是大力强调一种共享的公民身份感以及和谐与合作，每一个人都服从于高于一切的国家利益。政府并不将自己视为中立的纠纷解决者，相反，它将自己看做是合作行动的管理者。能动型国家的法律并非生发于市民社会并反映着它的惯例，而是源自于国家并表达着它的政策。法律的主导形象是与契约论观念不搭界的国家命令，许多政令表述的是政府官员来推行国家计划方面的任务。因此，在这种模式下，国家坚持主张官员们应当履行国家政令赋予他们的义务，并按此行事。而“国家利益”这个词本身便意味着优先性，实际上可以说是至高无上性，它不可能被放置到与个人利益平等的地位上，因此使得刑事判决书也不可能杜绝官僚化色彩。

第三，由于能动主义的法律体现着国家政策，我们可以说，能动主义司法的

① 唐文著：《法官判案如何讲理——裁判文书说理研究与应用》，人民法院出版社 2000 年版，第 58 页。

最终目的在于将国家政策贯彻到法官所审理的案件之中。当然，我国也不例外。受此司法目的观的鼓励，一个能动主义的国家必定会认真地考虑将其法律程序设计成一项由国家官员控制的调查，即政策实施型程序。当一个国家开始接近于实现其最充分的能动主义潜质的时候，司法与行政便开始融合。如果说在一个彻底的“无为而治”型国家中，所有的活动，包括行政活动，都带有一定的审判色彩的话，一个完全的能动型国家的所有活动，包括审判活动，便都带有一定的行政色彩。例如，在古代中国，推行帝国的典章制度是司法的核心要务，而在当代的社会主义体制下，将审判等同于解决纠纷的看法被驳斥为对现实的曲解，特别是在涉及刑事司法领域的时候。

然而政策的实施若只顾实现国家目标而不设定相对稳定的标准的做法必定会造成难以应付的复杂局面，使不确定性达到危险的程度，并且为任意妄为留下了空间。因此，审判被限定了固定的模式，采用一种包罗万象而又易于统一控制的逻辑法条主义，使得证明模式固定化为简单的三段论归摄模式，判决理由也以权威色彩浓重的形式理由为主。

第四，司法目的浓厚的政策实施型色彩，使得司法不独立。中国的法院和法官在中国社会中的地位比欧洲大陆法系国家法院和法官在社会中的地位还要低。不仅司法独立的传统不够，而且司法机构内部的行政色彩非常浓重。法院和法官往往因司法政策实施的目的而受到来自各方的各种形式的干预，包括内部的层层审批。在这样一种环境中，坦白地说，至少有一些时候，法律论证在法官看来是没有意义的。如果论证的结果是如此，但当地政府或是院长要你得到另一种判决（哪怕是这些要求并不错误，也并非徇私枉法，仅仅是由于认识不一致——而这是常有的），或者是上级要求法官这样判，那么法官就不可能按照法律的逻辑来论证，因为这样无异于搬起石头砸自己的脚。因此，刑事判决书只能是简单的事实加结论，草草收兵，篇幅又怎么会长得起来？

第五，关于在法庭审判中出现的不同意见，由于持不同意见的两位官员都致力于实现国家的刑事政策，很可能发生的情况是：随着诉讼程序的进展，他们起初存在分歧的观点开始趋于一致。但初始争议的消解并不标志着诉讼程序的结束。为了作出最优的判决，仍然有许多工作需要去做。随着先前纠纷当事人携起手来共同寻求最优的解决方案，官员之间纠纷的从属性便浮现出来。因为从根本上看，诉讼程序终究只是借以实现国家刑事法律政策的一项工具。

甚至由于政策实施的司法目的，审判法官的意见根本不能得以体现，而最终代以院长或审判委员会乃至上级的命令，为了维护至上的权威及法律程序的完整性，法官不得不牺牲自己准确的判断，而使刑事判决书表现为集体观点，不同意见无从获得展示机会。

（三）我国刑事判决书风格存在的问题及对策

由上述对我国刑事判决书现状风格的分析，可以看到我国刑事判决书风格仍存在一些需要改善的问题，这些问题如不解决，不仅只是刑事判决书风格上的缺陷，还可能会对我国司法体制其他方面造成不良影响。在此，我将对刑事判决书风格上存在的以及其可能导致的问题进行分析并试对其提出相关的对策。

1. 我国刑事判决书风格存在的问题

我国刑事判决书的风格总体而言接近大陆法系国家的事实判决书，故其存在的问题也类似于大陆法系国家，但从理论和实践来看，我国刑事判决书风格存在的问题又有一些独特之处，具体如下：

第一，我国当前各级法院制作的刑事判决书质量令人担忧，突出的问题是在对认定事实的证据和理由的写作中，公式化、概念化现象相当严重。有些判决书中的判决理由部分缺乏必要的缜密的分析和论证，不能反映法官对案件事实的提炼及对法律的演绎过程，人们看不出每一个案件特点何在，不明了支持该判决的正当性何在。在长期的刑事审判实践中，判决书形成了老套子。不少判决书在理由部分这样写："被告人×××盗窃他人财物的行为，侵犯了公民的财产权，扰乱了社会治安，已构成盗窃罪"。法国哲人说过一句话："世界上不可能有两片完全相同的叶子。"现实生活中的案件千差万别，我们很难找到两个完全相同的案件。加之，法官的法律素养、写作水平良莠不齐，因此，即便对同一案件不同法官也会有不同的理性观念，也应会作出具有个性色彩的裁判文书。从认识论的角度看，认识客体（即个案事实）特定化，认识主体（即主审法官）特定化，我们可以相应推导出认识结果（即判决书）也应该是特定化和个别化的，因此"千案一面"的公式化的刑事判决书显然是违背案件认知过程的客观规律的。[①]这样"千案一面"缺乏个性的刑事判决书，总以千篇一律、套话连篇的模式久而套之，法官必然会生不思进取、敷衍了事等"大锅饭"的思想，进而会影响法官钻研业务的责任感和积极性。长此以往，法官的素质只能是每况愈下。

第二，刑事判决书中判决理由论证不充分，且为"因果颠倒式"的结构。1992 年规定的刑事判决书"审理查明（事实）、本院认为（理由）、判决结果（主文）"的三段论模式是为了适应审判方式改革前纠问式的庭审方式而制定的。该格式将事实和理由分割开来，法官在简单地列举公诉机关指控的事实后，就详细地甚至超出指控的事实范围撰写"经审理查明"的事实，并在其后详细列出证据，给人感觉是法官而非检察官在举证证明被告人有罪；在"审理查明"部分只要求写明事实，而不要求阐述理由；而对控辩双方在事实和证据方面的争议

① 郭林虎：《谈谈个别化的裁判文书》，载《北京市政法管理干部学院学报》2004 年第 2 期。

却又放到“本院认为”部分来评判，从而造成逻辑上的混乱。

1999年7月1日起施行的《法院刑事诉讼文书样式》尽管以强化对判决事实的叙述和证据的分析、认证，增强判决的说理性为重点，且竭力避免裁判文书使法官担负双重角色，从而淡化了职权主义色彩，强化了控辩式审判方式，但判决理由的结构仍然是“因果颠倒式”。如适用普通程序的第一审公诉案件刑事判决书的事实部分，新样式将1992年试行样式有关“详写法院认定的事实、情节和证据。如果控辩双方对事实、情节、证据有异议，应予以分析认定”，修改为“首先写明经法院审理查明的事实；其次写明据以定案的证据及其来源；最后对控辩双方有异议的事实、证据进行分析、认证”。该判决书样式还在样式说明中要求法庭审理查明的事实和认定事实的证据一般应当分两个自然段叙述，强调要注意通过对证据的具体分析，来论证判决所确认的事实。可见，新样式事实部分的说理还是“因果颠倒式”，即先写认定的事实，后写对证据的分析。

再加上案件评议、讨论等情况不能对当事人公开，这样刑事判决书就成为当事人能够取得的为数不多的法律文书之一，如果判决书说理苟简、逻辑混乱，败诉的原因和胜诉的理由模糊，就使胜诉者赢得糊里糊涂，有侥幸感；败诉者输得不明不白，心存疑虑，甚至断定对方当事人有后台或是给法官行贿使然，致使上诉增加、申诉缠诉的情况增多，使诉讼效率下降。

第三，我国刑事判决书不仅不允许法官对判决结果发表不同意见，有时刑事判决书甚至不能表达审判案件的合议庭的意见。我国法官严格按照行政体制进行管理，法官分为四级十二等，层层排序，案件重大或疑难的，交由审判委员会讨论，而对于审判委员会的意见，合议庭则应当执行。这样法官就不可能“因案制宜”、逻辑清晰、说理透彻地撰写刑事判决书，而只能是把“大”而“空”的官话、套话注入判决书中，好像判决结果本应如此，无须多言，不得异议，只要按照判决书执行即可，权威色彩浓厚，这就不可避免地产生了语言官僚化的弊病。这样空洞的刑事判决书不利于内部和外部的司法监督，不利于司法公正的实现。因此不论是人大、新闻、学界、公众等的外部监督还是上级法院、同一级法院内部监督，单凭一纸空话、套话的刑事判决书，难以明了事实真相及判理，何以展开有效讨论和监督？更何况，因法官自由裁量权的存在有其客观必然性，自由裁量权的行使极易产生司法擅断的危险。这本身就容易导致官僚化作风的滋长。

另外，官僚化色彩的刑事判决书容易助长“暗箱操作”行为，妨碍审判公开的真正落实，还会掩盖执法不公甚至贪赃枉法的各种非法行为。刑事判决书缺乏透明度，审判人员的决定是否合法合理无从反映出来，这样作出决定的随意性就比较大，客观上为少数人情案、关系案、地方保护主义起到了掩饰作用，为消极、腐败现象的滋生提供了一定条件。尽管我们也强调判决公开，但以我们现在诸多刑事判决书的公开，充其量也只是一种表面公开，而非实际意义上的公开，刑事判决书的官僚化作风使得判决结果的得出仅被假、大、空的套话取代，而没有充分的令人信服的道理，同时也正因为其难以自圆其说而借用官僚化语言来显示其“权威”，从而更难以避开“暗箱操作”、“幕后交易”之嫌。

2. 完善我国刑事判决书风格的对策

对于我国目前刑事判决书风格所存在的问题及其危害，也应主要从法律与政治两个层面分析其原因。然而我们当前对刑事判决书的改革，却主要着眼于法律层面，法律界人士对改革方案及措施更是提出了很多针对性较强的建议。这些论述有涉及现行法律法规改革完善的，也有涉及司法程序运作的制度层面的（如加强司法审判独立、全面落实公开审判制度等），还有涉及法律价值的意思层面的（如树立公正、公开、高效和规范的价值理念），更多的则是涉及法官自身素质的提高方面的。

正如笔者之前所阐述的，造成刑事判决书风格的法律原因固然重要，但在法律背后的政治原因才是导致法律原因显现的根本原因，也正是政治原因才是决定刑事判决书风格的最终原因。可见，若要对我国刑事判决书风格上存在的问题予以改革，使其水平提高，不能仅仅从法律层面上进行“头痛医头，脚痛医脚”的死板诊疗方式，还应从其背后的政治原因下手，予以深入地改革。因此，我们不应简单地指责法官的个人职业道德或责任心，将刑事判决书中存在的问题归咎于他们知识的缺乏和技术的低劣。的确，职业道德和责任心很重要，但必须有一个环境来培育和运用这些职业道德和责任心。不错，知识和技术也很重要，但是更重要的是要创造一种知识和技术得以运用、发展、积累的环境和传统。[①] 同样，法律价值观念的树立，司法审判程序的运作改革也有举足轻重的作用，但若不从政治根源上予以改革，这些都将是空中楼阁，说得再好、再详细也只能是镜中花、水中月，施行起来也只能是治标不治本，不能将毒瘤连根铲除，毛病只会反复发作。

因此，我们不单应从法律层面继续不断地努力，也应从政治层面着手改革，对此，试提出以下对策：

第一，在权力组织结构方面，逐步改革权力等级森严的金字塔结构，吸收英美法系国家协作型模式的优点，使权力分配平行化而不是科层化。这样的权力结构下，司法审判权不会存在“上压下”的现象，上下级之间成为真正的互相监督关系，而非现在实质上的上级对下级的领导关系。由于权力的平行分配，决策者之间，没有任何人在地位上明显优于其他人，这里只存在一个单一的权力层次。在其中，所有的职业化官员都按部就班地履行自己的职责，每一个人都完成

① 苏力：《判决书的背后》，载《法学研究》2001 年第 3 期。

全部职能活动中的一部分，他们的每一项决策都不必接受上级的审查。在这一循序渐进的线性工作程序中，每一项决策都是最终的。这样，法官的权力无形中就增大了许多，这种赋予法官的权力同样也是对他们的激励，激励着法官不受条条框框、教条化的东西规制，充分发挥自己的才能，写出体裁灵活、论证充分，并体现法官个人特色的刑事判决书，从而避免了形式的千篇一律与法律论证不足的缺陷。

第二，吸收英美法系国家协作型模式的优点，放权于非专业人士，而避免科层型模式下使权力过度集中于专业官员的现象。由于官员的职业化，随着时间的推移，他们与处在类似地位的其他个人之间就会发展出一种认同感，从而使“自己人”和“外人”之间的界线变得日益牢固。如果强迫这些官员接受外部人士参与其决策过程，他们会把这种参与视为一种干扰，充其量是一种可以容忍的或无伤大雅的干扰。[①] 这种职务的独占性，会导致司法程序的官员垄断，由于缺乏外行人士的监督，容易助长决策者的专断独行，从而使司法判决带有明显的官僚化色彩。因此，将权力赋予一些业余人士，他们是一些临时或在有限时间内暂时履行权威职能的人员。当权力机器掌握在这样一些临时官员手中的时候，一种排外主义的精神就很难兴起。而为了解决如何处理复杂的问题以及如何持续地而不是周期性地发挥自己的功能这一难题，就会出现一群职业人士，他们的业务就是同外行官员打交道。这些职业人士协助“缺乏经验”的决策者，为他们提供信息，并且维持权力机器内的单薄连续性。这样，职业人士与掌握权力的业余人士之间就会发展起来一种共生关系。从而，决策过程避免了官僚化的权威色彩，刑事判决书的语言也不会官僚化起来。

第三，转变政府职能，使我国司法由政策实施型国家向纠纷解决型转变。科层式结构强调法律程序应服务于实施国家政策；而协作型模式则认为法律程序应服务于纠纷的解决。相应的，观念的区别也影响到了对程序形式的选择。纠纷解决型国家支持竞赛的形式，而政策实施型国家则偏爱调查的形式。

在政策实施型国家，对于一种致力于实施国家政策的程序究竟能否被称之为一种审判性活动的问题受到质疑。负责实现某种国家目标的官员可能被要求服从法律，他所主持的程序中所涉及的当事人可能被允许提出证据和进行辩论。但这些情况不一定被认为足以满足构成“审判”的最低要求：即使依照法治原则而进行的行政行为满足了这些条件，它也不会因此就转化为一种审判活动。审判的独特属性——它与行政之间的“类型差异”——在于两方当事人与法院之间的关系，一种关联于一项有争议事务的解决的关系。无争议的事务不是法官应当插

① ［美］米尔伊安·R. 达玛什卡著，郑戈译：《司法和国家权力的多种面孔——比较视野中的法律程序》，中国政法大学出版社 2004 年版，第 36 页。

手的领域。[①]

因此，司法程序的目的应定位于纠纷的解决而不是国家政策的实施。而我们也“必须牢记，司法判决书的最主要的功能仍然是社会的，是要为纠纷之解决提供一个合理化的证明以及在可能的情况下为后来的类似案件处理提供一种导引”[②]。这样，实现了司法程序目的的转型，法官在审判中就不会过多地将精力集中在主持事实的调查上，相反，为了解决纠纷，使当事人服判，法官还会在刑事判决书中对判决结果的得出给予充分的、逻辑清晰的法律论证，从而一改刑事判决书论证不足、逻辑混乱的毛病。

当然，同一切改革一样，刑事判决书风格的改革、完善也不是能够一蹴而就的。它是一个漫长而艰辛的过程，需要从法律与政治两个层面双管齐下，更需要社会各界人士的共同努力。但是只要我们遵循这样正确的理论指导，前途还是无限光明的，对此美好的未来，我们拭目以待。

① ［美］米尔伊安·R. 达玛什卡著，郑戈译：《司法和国家权力的多种面孔——比较视野中的法律程序》，中国政法大学出版社 2004 年版，第 131～132 页。

② 苏力：《判决书的背后》，载《法学研究》2001 年第 3 期。

第八章　外国刑事判决的效力

外国刑事判决的效力问题，是指几个主权国家对某一刑事案件同时享有并主张管辖权时，在其中一主权国家对该案件进行审理和裁判后，其他享有管辖权的主权国家是否承认该判决的效力，或该判决是否影响其他国家对该案件的审理和对刑事责任的追究。近些年来，随着涉外犯罪、跨国犯罪和国际犯罪的剧增，外国刑事判决的效力问题已为世界各国所关注。本章拟对此问题予以初步的探讨，以期学界展开更深层次的研究。

一、问题的提出

毋庸置疑，外国刑事判决的效力问题肇始于刑事管辖权国际冲突中国家主权的维护与禁止双重审判原则的矛盾。

刑事管辖权是主权国家享有的对其主权所涉及范围内发生的一切刑事犯罪进行追诉、审判和处罚的权力。就目前世界各国刑法典的规定来看，刑事管辖权的行使有四项管辖原则，即属地管辖原则、属人管辖原则、保护管辖原则和普遍管辖原则。由于上述四项管辖原则是分别从地域、国籍、受害国和惩治国际犯罪的需要四个方面来诠释刑事管辖权的，而且世界各国的刑法典又基本上采用了“以属地管辖原则为主，以属人管辖原则、保护管辖原则和普遍管辖原则为辅”的刑事管辖体制，所以当某一犯罪为涉外犯罪、跨国犯罪或国际犯罪时，针对该犯罪的管辖权的冲突便在所难免。这是因为，在该犯罪为涉外犯罪或跨国犯罪时，犯罪地国有权对其领域内实施的犯罪进行管辖，犯罪分子的国籍国也有管辖权，而受害国也有权对该犯罪实行刑事管辖；如果该犯罪为国际犯罪，则在其领域内发现犯罪人的国家如果是规定该犯罪的国际公约的缔约国或参加国，也享有对该国际犯罪的刑事管辖权。而在有权管辖的各主权国家同时对某一涉外犯罪、跨国犯罪或国际犯罪主张管辖权，这些国家之间就会出现究竟由哪个国家进行管辖的问题，这便是刑事管辖权的国际冲突。在刑事管辖权发生国际冲突的情况下，如果在享有管辖权的这些主权国家中，某主权国家基于事实上的优先管辖权已对该犯罪进行了审判和处罚，那么享有管辖权的其他主权国家便面临着是否承认外国刑事判决的效力的问题。究其实质，外国刑事判决的效力问题的核心就是在刑事管辖权发生冲突时，一国法院刑事判决的效力能否得到他国的承认。

外国刑事判决效力的承认与否，关涉双重审判的禁止问题。禁止双重审判，也称禁止双重危险，是指任何人已经受过一次审判后，不得就同一罪行再予审判和惩罚。它本来是国内刑事法上的一个诉讼原则，目的在于“保证法院裁判具有相对确定性和稳定性，使法律的安定性得到保障，法院的尊严和权威得到维护。”① 但是随着世界范围内人权保障运动的高涨，禁止双重审判原则逐渐地被适用于国际人权保障领域并被赋予新的含义。1966 年联合国通过的《公民权利和政治权利国际公约》第 14 条第 7 项规定，“任何人已依一国的法律及刑事程序经终局判决判定有罪或无罪开释者，不得就同一罪名再予审判或科刑”。显然，通过公约的规定，禁止双重审判原则的适用范围已经突破了一国国内刑事法的领域，其意义已不仅仅在于维护一国判决的严肃性和法律的权威，更为重要的是突出了对受刑事追诉者权利的保障。这样一来，在刑事管辖权发生国际冲突时，冲突各国都面临着两难的选择：承认外国刑事判决的效力，如何体现国家主权的至上性；而不承认外国刑事判决的效力，无疑会使受刑事追诉的公民遭受两次审判的折磨和痛苦。

二、解决问题的立法模式

外国刑事判决的效力是各国刑事立法所普遍面临的一个问题。就目前世界各国刑法典的规定来看，此问题的解决有两种立法模式：一是肯定模式；二是否定模式。

（一）法国模式

《法国刑法典》由于其源远流长的历史，而对世界各国的刑法典产生着深远的影响。在对外国法院刑事判决效力是否予以承认这一问题上，《法国刑法典》持积极肯定的态度。1994 年修正后的《法国刑法典》第 113 条规定，“……凡能证明其在外国因相同事实已经终审判决以后，以及在被判刑之场合，已经服刑或时效已经完成的人，不得对其提出任何追诉”。此外，《瑞士联邦刑法典》以及《俄罗斯联邦刑法典》均属此种立法模式。《瑞士联邦刑法典》第 4 条第 2 款规定，“行为人因该行为已在外国执行刑罚或执行部分刑罚的，对其已执行之刑罚，瑞士法官认可之”；第 5 条第 2 款规定，“如果行为人在外国所受之刑罚已经执行完毕，被赦免或时效期限已经经过的，其同一之重罪或轻罪不再处罚”；第 5 条第 3 款规定，“如行为人在外国未执行刑罚或只执行刑罚之一部分的，瑞士执行刑罚或余刑”。《俄罗斯联邦刑法典》第 6 条第 2 款规定，“任何人不得为

① 陈瑞华著：《刑事审判原理论》，北京大学出版社 1997 年版，第 197 页。

同一犯罪承担两次刑事责任”；第 12 条第 1 款规定，“在俄罗斯联邦境外实施犯罪的俄罗斯公民和常住俄罗斯的无国籍的人，如其行为在实施地国构成犯罪，而且在外国并未被判刑的，应依照本法典的规定承担刑事责任……”；第 3 款规定，“不在俄罗斯联邦境内常住的外国公民和无国籍人在俄罗斯联邦境外实施犯罪的，如果犯罪侵害的是俄罗斯联邦的利益，以及在俄罗斯联邦签订的国际条约规定的情况下，犯罪人在外国未被判刑和正在俄罗斯联邦境内被追究行事责任的，应依照本法典承担刑事责任”。显然，与《法国刑法典》和《瑞士联邦刑法典》不同，《俄罗斯联邦刑法典》不但在立法技术上以“例外性（排除性）规定”的形式明确了对外国刑事判决的承认态度，而且在刑事立法上确定了“禁止双重审判”原则。

（二）日本模式

在外国法院刑事判决的效力问题上，《日本刑法典》与《法国刑法典》的态度迥然相异。《日本刑法典》第 5 条（外国判决的效力）规定，“同一行为虽然已在外国受到判决的，不妨碍另行处罚。但犯罪人在国外已经全部或者部分执行了所宣告的刑罚的，减轻或者免除其刑罚的执行”。可见，《日本刑法典》不承认外国法院刑事判决的效力。目前，世界上仍有不少国家或地区的刑法典对外国法院刑事判决的效力持否定态度。如我国 1979 年《刑法》第 7 条和 1997 年《刑法》第 10 条均对此问题作出了相同的规定，即“凡在中华人民共和国领域外犯罪，依照本法应当负刑事责任的，虽然经过外国审判，仍然可以依照本法追究，但是在外国已经受过刑罚处罚的，可以免除或者减轻处罚”。此外，我国台湾地区“刑法”第 10 条规定，“同一行为，虽然经外国确定裁判，但仍得依本法处断。但在外国已经受到刑之全部或一部之执行者，免其刑之全部或一部之执行”。

与肯定模式相比，否定模式明显具有以下特点：其一是不承认外国法院对同一犯罪行为刑事判决的效力，即否定模式在刑事立法上对外国刑事判决的效力持否定态度。但是在司法实践中，外国法院对同一犯罪行为已作出的判决得到执行的事实，可以成为减免被告人刑罚的法定事由。这里我们应当注意，上述“可以成为减免被告人刑罚法定事由”的，是被告人在国外已经全部或部分执行了外国法院判决所确定的刑罚这一事实，而不是外国法院刑事判决本身。可见，由于否定模式否认外国法院刑事判决的效力，所以该判决并不影响本国法院对同一犯罪人刑事责任的追究，只有在该判决生效并已实际执行情况下，该事实才可以成为减免其刑罚的法定事由。

三、两种立法模式之比较

（一）承认外国刑事判决的效力与国家主权原则

在是否承认外国刑事判决的效力这个问题上，肯定模式之所以持积极肯定的态度，其理论基础是国际合作原则。根据这一原则，在刑事管辖权发生冲突时，承认外国刑事判决的效力与坚持国家主权原则并不矛盾；相反，它正是国家主权在刑事司法领域里的体现，因为“既然进行国际协作，承认普遍管辖原则，就没有必要对在外国已经受过刑罚处罚的人再发动刑罚权”①。而否定模式之所以否定外国刑事判决的效力，其理论基础在于国家主权原则。根据这一原则，主权国家有独立自主地处理国家事务的权力，理应不受外国法院刑事判决的约束，否则有损国家主权。

可见，对承认外国法院刑事判决的效力与国家主权关系的不同认识，导致了两种立法模式的分野。但是笔者认为二者关系绝非不可调和，外国刑事判决的效力并不意味着对国家主权的损害。这是因为，对外国刑事判决的承认是以国家主权为基础的。

首先，一国刑事判决并不必然地具有域外效力。根据国家主权学说，“各国的事情应当由各国自己独立自主地去解决是国家主权的基本要求，每个国家在处理它与其他国家的关系时，都应当尊重对方的主权，这是整个国际关系的基础”②。刑事管辖权作为国家主权的一个重要方面，同样也具有独立性，它是客观存在的。在产生刑事管辖权国际冲突时，每个国家都没有权力只肯定自己的管辖权，而否定他国的管辖权。即使在彼此都承认优先管辖权的情况下，也只不过是管辖顺序的让渡，而不是管辖权的放弃。相应的，一国基于优先管辖权而作出的刑事判决，在未得到他国承认以前只有域内效力，否则便是对他国管辖权的否定，也是对他国主权的干涉。其次，一国法院的刑事判决只有经过他国承认，才可能在他国境内发生效力。“经过他国承认”，是外国法院的刑事判决在他国境内发生效力的一个必要条件。而一国基于其对犯罪本质的认识，根据其自身利益的需求，承认外国法院的刑事判决，正是该国国家主权的体现。它是国家意志自由选择的结果，而非他国强加的。况且，承认是有条件的，要遵循严格的程序限制，只有经过严格的审查被认为符合本国利益时方可予以承认。最后，一国完全有权力不予承认外国法院刑事判决的效力。如前所述，一国法院的刑事判决并不必然具有域外效力，如果某个国家基于自身利益的考虑而不承认该判决，那么该判决便不可能在该国产生任何效力。换言之，一国经过法定程序的审查后，认为

① 张明楷编著：《刑法学》，法律出版社 1997 年版，第 67 页。

② 张智辉著：《国际刑法通论》，中国政法大学出版社 1992 年版，第 71 页。

该判决不符合在本国生效的条件，或该判决的承认会严重损害本国利益，那么也便排除了该判决在该国适用的可能性。由此可见，承认外国法院刑事判决的效力同维护国家主权并不矛盾，对外国法院刑事判决的承认是以其不损害国家主权为前提的。

（二）承认外国刑事判决的效力与禁止双重审判原则

刑罚的公正和人道是刑事法律的价值取向，也是禁止双重审判原则的基本要求。在承认外国刑事判决的效力与禁止双重审判原则的关系上，肯定模式之所以承认外国刑事判决的效力，是基于对承认外国刑事判决的效力与刑罚公正与人道原则关系一致性的认识。如有学者认为，“为了使犯罪人顺利地重返社会，必须避免使犯罪人受到双重处罚，故应采取积极承认的做法”[①]。而否定模式在不承认外国刑事判决效力的前提下，为了避开有违禁止双重审判原则的嫌疑，又不得不考虑犯罪人在外国被判刑或已执行的事实。正如台湾学者指出的那样：承认外国裁判之效力，事固非宜，而不承认外国裁判之效力，又同一事不再理的法律适用原则相冲突，也有违刑罚人道主义原则，所以只能“承认与否悉任审判官之自由裁量，使其斟酌实体以决之，一方既可保持国家之主权与法律之效力，他方又能适应事实，俾不致于事法两歧”[②]。这实属一种无奈的选择。毋庸置疑，在刑事司法实践中审判官一旦追究在外国已受刑执行的犯罪人的刑事责任，即使在个案裁判上减免其刑罚，也是有悖禁止双重审判原则的。

这是因为，对于已然之罪，犯罪人的犯罪行为已经在外国受到了刑罚惩罚，便意味着实现了社会公众对犯罪行为的否定性评价。这种否定性评价，在不同国家，只有量的差异，而无质的不同，其本质都在于通过否定犯罪行为，来肯定被犯罪行为所破坏的社会秩序的合理性。这已经成为每个国家刑事立法的基本理念。况且，社会在给予犯罪行为否定性评价的同时，还应当采取积极措施帮助犯罪人早日回归社会，而非只是消极地适用刑罚。在刑法理论日益趋同的今天，刑法目的的二元论早已被世界各国所接受。这样，承认外国法院刑事判决的效力，既不失社会对犯罪的否定评价，同时又减少重复评判给犯罪人造成的心理和精神压力，增强其回归社会的积极性和主动性。而不承认外国法院刑事判决的效力，势必导致对同一行为的重复评判，对于国家来说，基于国家主权，为维护国家利益是绝对必要的；但对于犯罪人来说，在强大的国家权力面前，它将不得不面临一次又一次的否定性评判。如果说在第一次评判之后，在客观上存在继续评判的必要性，那也未尝不可；但是如果刑罚的目的已经达到，不存在继续评判的必要性，国家主权无疑便成为国家权力侵蚀个人权利的托辞。此时，“在国家权力的

---

① 张明楷编著：《刑法学》，法律出版社 1997 年版，第 67 页。

② 谢兆吉、刁荣华著：《刑法学与案例研究》，汉林出版社 1976 年版，第 52 页。

侵害面前，个人无能为力，权利也亦自保，社会正义和人类理性统统失去了它昔日的灵光”①。

（三）承认外国刑事判决的效力与诉讼经济原则

诉讼经济原则，即指在诉讼过程中以最小的诉讼成本获得最大的诉讼效益，其核心是诉讼效益。就此而言，肯定模式无疑较否定模式更充分地体现了诉讼的经济性原则。这是因为，“从现实来看，随着国际交往的增进，国际性犯罪不断增加，犯罪人常常出现在犯罪地以外的国家，有关证据也往往见之于犯罪地以外的国家，犯罪地国难以对居住在他国的犯罪人执行刑罚，这些事实也要求积极承认”②。而如前所述，各国对犯罪行为的否定性评判并无本质的差异，所以在犯罪数量日益上升，犯罪类型越来越复杂，犯罪的国际性愈发突出的今天，承认外国刑事判决的效力，便意味着减少在犯罪人的引渡请求、证据的收集与交换、不同国家证人的出席作证等方面的人力、物力和财力的投入，降低诉讼成本。这样做会使本国的诉讼资源得到更加充分、合理的利用，提高诉讼效率。反之，如果我们对外国刑事判决的效力不予承认，那么便意味着我们将不得不加大诉讼投入，提高诉讼成本，使本国的诉讼资源不能得到合理配置，即使在重复评判后减轻或免除刑罚，也已经使诉讼效益大打折扣。

四、外国刑事判决效力之世界标准的确立

外国刑事判决效力的问题最早被欧洲国家认识并在实践中谋求解决途径。1948 年 3 月 18 日北欧五国即丹麦、挪威、瑞典、冰岛和芬兰缔结了《关于承认与执行刑事判决的公约》，就承认和执行外国刑事判决的有关事项作了规定。1968 年 9 月 26 日，比利时、荷兰、卢森堡三国缔结了《关于执行刑事判决的条约》，就执行外国刑事判决的具体问题作了详细的规定。1974 年 7 月 26 日生效的《关于刑事判决国际效力的欧洲公约》，在更广泛的范围内规定了承认和执行外国刑事判决的问题。③

可以说《关于刑事判决国际效力的欧洲公约》的生效，不但普遍地改变了公约缔约国和加入国刑法典对外国刑事判决效力问题的态度，而且也明确了外国刑事判决效力问题的世界性标准。

公约生效前的欧洲大陆有许多国家在刑事立法上否定外国刑事判决的效力。如现行《意大利刑法典》仍然规定，“如果在国外已经审判的犯罪是（或被认为是）在意大利领域内实施的，那就应该根据刑法典第 6 条的规定，无条件地重

---

① 刘军宁等编：《市场逻辑与国家观念》，三联书店 1995 年版，第 5 页。

② 张明楷编著：《刑法学》，法律出版社 1997 年版，第 67 页。

③ 张智辉著：《国际刑法通论》，中国政法大学出版社 1999 年版，第 337 页。

新进行审判”。按此规定，外国的刑事判决在意大利并没有排除第二次审判的效力。但是鉴于公约已在意大利生效，所以上述规定已为公约所代替。另外，新修订的《俄罗斯联邦刑法典》也改变了前苏联刑法典对这一问题的态度。原《苏俄刑法典》在这一问题上持否定态度，其立法模式属否定模式，即犯罪人因实施的犯罪已在国外受到刑罚，法院可以适当减轻给他们判处的刑罚或者完全免除其刑罚。所以当时在国外犯了罪甚至在国外已经服过刑的苏联公民，可以依照苏联法律再次被追究刑事责任。[①] 而于 1997 年 1 月 1 日生效的新的《俄罗斯联邦刑法典》一改原来的立法模式，明确规定了将“在外国未被判刑”作为追究在国外犯罪的人刑事责任的条件之一，从而肯定了外国刑事判决的效力。此外，受公约的影响，美国著名国际刑法学家巴西奥尼在其所著《国际刑法典草案》中，参考了肯定模式和一些区域性国际条约，也对外国刑事判决的承认作了详尽的规定，尽管该草案没有也不可能对国际社会产生普遍的约束力，但无疑它反映了一种世界性趋势。其实，在有关国际犯罪的一系列国际刑事合作措施中，实际上已经暗含着对外国就国际犯罪行使管辖权及其刑事判决的承认。如果没有这种默许承认作为基础，国际刑事合作的具体实施就是不可能的。在国际法委员会提交给联合国大会讨论的《国际刑事法院法规草案》中，专门就国际刑事法院判决的承认与执行作了两条规定（第 58 条和第 59 条）。这说明，承认和执行外国刑事判决和国际刑事法院的判决，是国际刑事合作的一个重要方面。[②]

无疑，外国刑事判决的承认有赖于两个基础性工作：一是各国刑法典对犯罪和刑罚规定的相当性；二是各国对承认外国法院刑事判决的效力与国家主权关系认识的相对一致性。其中有一项滞后，便会影响到其国际标准的确立。

值得庆幸的是，随着世界经济一体化进程的加速，法律的趋同化趋势日益明显。这是因为：“各国法律在职能上毕竟有相同或相近之处，不同国家的法律所赖以存在的政治、经济、文化和社会历史背景也难免会有某种程度的相似性，加之国际交往的存在，因此各国法律制度有时会呈现趋同化趋向。尤其在当今世界，在和平发展已成为世界主题的政治经济背景下，随着科学技术的突飞猛进，以及国际交往的日益频繁，国际社会的法律发展已呈现出强劲的趋同化趋势。”[③] 在刑法领域，“不同国家的刑法也可能受到相同的或相近的指导思想或基本原则的支配，各国刑法都有维护社会秩序稳定这一共同目的，加上不同社会中犯罪形

① ［俄］斯库拉托夫等主编：《俄罗斯联邦刑法典释义》，中国政法大学出版社 1999 年版，第 15 页。

② 张智辉著：《国际刑法通论》，中国政法大学出版社 1999 年版，第 337 页。

③ 李双元、于喜富：《法律趋同化：成因、内涵及其在“公法”领域的表现》，载《法制与社会发展》1997 年第 1 期。

态会有相同或相似处，世界各国刑法中也必然存在一些相同或相似处，因而世界各国刑法中也必然存在一些共同性的因素。尤其是近些年来，自由、平等、人权、法治等政治法律观念的广泛传播，对各国刑事立法产生了程度不同的影响，使各国刑法无论在基本原则，还是在具体制度方面的共同性因素明显增加，从而在历史发展过程中呈现出趋同化趋向”①，刑法领域中的趋同化倾向极大地促进了各国刑法典对犯罪和刑罚规定相当性的进程，反过来，犯罪和刑罚规定的相当性又使刑法领域中的趋同化倾向更加明显。尤其应当看到，随着危害人类和平与安全、扰乱国际公共秩序的国际犯罪日益增多，使犯罪和刑罚规定的相当性首先在国际刑法这一领域中有了实质性突破，其表现就是一系列有关国际犯罪的国际公约的生效和众多的国际犯罪被规定在各个缔约国的国内刑法典中。所有这些都为外国刑事判决的承认奠定了坚实的基础。而上述内容也反映出现代经济和政治发展的国际化趋势，客观上促使主权国家向更大范围内寻求合作，而过分强调主权原则，无疑就会阻碍刑事司法向更广泛的领域发展。正是基于制度上的趋同和观念上的认同，在外国刑事判决效力这一问题的解决（立法）方式上，才使得肯定模式代表了一种世界性标准。

五、结　　语

就我国而言，1979 年《刑法》和 1997 年《刑法》都在立法上对外国刑事判决的效力持否定态度。传统刑法理论也认为，“各国刑法都是阶级性体现得最鲜明的基本法律，社会制度不同的国家，在刑法的原则、适用、犯罪的认定以及刑罚的目的等方面，可能会有很大的甚至是质的不同。所以，作为社会主义国家，我们不能承认外国法院的既判力。”② 但是鉴于《公民权利和政治权利国际公约》明确禁止双重审判，所以为了有利于我国同其他国家刑事司法合作的进行，维护我国的国际形象，我们应当及时参照有关国际刑事司法标准对《刑法》第 10 条的规定进行修改。当然，我们主张承认外国刑事判决的效力，强调国际刑事司法合作的重要性，决不意味着对国家主权的轻视。相反，只有在相互尊重国家主权原则基础之上彼此承认刑事判决的效力，真诚地进行国际刑事司法合作，一个崭新的国际社会秩序才有望建立。

---

① 李双元、于喜富：《法律趋同化：成因、内涵及其在“公法”领域的表现》，载《法制与社会发展》1997 年第 1 期。

② 高铭暄主编：《刑法学原理（第一卷）》，中国人民大学出版社 1993 年版，第 295 页。

参考文献

1. 樊崇义著：《刑事诉讼法哲理思维》，中国人民公安大学出版社 2010 年版。

2. 翁子明著：《司法判决的生产方式——当代中国法官的制度激励与行为逻辑》，北京大学出版社 2009 年版。

3. 肖仕卫著：《刑事判决是如何形成的——以 S 省 C 区法院实践为中心的考察》，中国检察出版社 2009 年版。

4. 白建军著：《公正底线——刑事司法公正性实证研究》，北京大学出版社 2008 年版。

5. 李哲著：《刑事裁判的既判力研究》，北京大学出版社 2008 年版。

6. 李安著：《刑事裁判思维模式研究》，中国法制出版社 2008 年版。

7. 韩哲著：《刑事判决合理性研究》，中国人民公安大学出版社 2008 年版。

8. 冯军著：《刑事判决的合法性研究——在政治社会学语境中的分析》，中国法制出版社 2008 年版。

9. 李卫红等著：《刑事司法裁判权的独立与受制》，中国人民公安大学出版社 2008 年版。

10. 谢森、陈士杰、殷吉墀编：《民刑事裁判大全》，北京大学出版社 2007 年版。

11. 王兆鹏著：《美国刑事诉讼法》，北京大学出版社 2005 年版。

12. 苏力著：《法治及其本土资源》，中国政法大学出版社 2004 年版。

13. 王以真主编：《外国刑事诉讼法学》，北京大学出版社 2004 年版。

14. 任东来、陈伟、白雪峰等著：《美国宪政历程：影响美国的 25 个司法大案》，中国法制出版社 2004 年版。

15. 孙劲著：《美国的外国法院判决承认与执行制度研究》，中国人民公安大学出版社 2003 年版。

16. 李学军主编：《美国刑事诉讼规则》，中国检察出版社 2003 年版。

17. 徐鹤喃、刘林呐著：《刑事程序公开论》，法律出版社 2002 年版。

18. 谢佑平主编:《刑事诉讼国际准则研究》，法律出版社 2002 年版。

19. 朱景文主编:《当代西方后现代法学》，法律出版社 2002 年版。

20. 左卫民著:《在权利话语与权力技术之间——中国司法的新思考》，法律出版社 2002 年版。

21. 孙谦、郑成良主编:《司法改革报告——有关国家司法改革的理念与经验》，法律出版社 2002 年版。

22. 周士敏著:《澳门刑事诉讼制度论》，国家行政学院出版社 2001 年版。

23. 周伟主编:《中国大陆与台港澳刑事诉讼法比较研究》，中国人民公安大学出版社 2001 年版。

24. 龙宗智著:《刑事庭审制度研究》，中国政法大学出版社 2001 年版。

25. 刘立宪、谢鹏程主编:《海外司法改革的走向》，中国方正出版社 2000 年版。

26. 左卫民、周长军著:《变迁与改革——法院制度现代化研究》，法律出版社 2000 年版。

27. 解兴权著:《通向正义之路——法律推理的方法论研究》，中国政法大学出版社 2000 年版。

28. 唐文著:《法官判案如何讲理——裁判文书说理研究与应用》，人民法院出版社 2000 年版。

29. 王利明著:《司法改革研究》，法律出版社 2000 年版。

30. 季卫东著:《法治秩序的建构》，中国政法大学出版社 1999 年版。

31. 左卫民著:《刑事程序问题研究》，中国政法大学出版社 1999 年版。

32. 张志铭著:《法律解释操作分析》，中国政法大学出版社 1999 年版。

33. 宋冰编:《程序、正义与现代化——外国法学家在华演讲录》，中国政法大学出版社 1998 年版。

34. 宋冰编:《读本：美国与德国的司法制度及司法程序》，中国政法大学出版社 1998 年版。

35. 苏永钦著:《司法改革的再改革》，月旦出版社 1998 年版。

36. 贺卫方著:《司法的理念与制度》，中国政法大学出版社 1998 年版。

37. 陈瑞华著:《刑事审判原理论》，北京大学出版社 1997 年版。

38. 宋英辉著:《刑事诉讼目的论》，中国人民公安大学出版社 1995 年版。

39. 梁慧星著:《民法解释学》，中国政法大学出版社 1995 年版。

40. 左卫民著:《价值与结构——刑事程序的双重分析》，四川大学出版社 1994 年版。

41. 郭华成著:《法律解释比较研究》，中国人民大学出版社 1993 年版。

42. 黄东熊著:《刑事诉讼法论》，三民书局 1991 年版。

43. [日] 松尾浩也著：《日本刑事诉讼法》，中国人民大学出版社 2005 年版。

44. [美] 米尔伊安·R. 达玛什卡著，郑戈译：《司法和国家权力的多种面孔——比较视野中的法律程序》，中国政法大学出版社 2004 年版。

45. [美] 米尔建·R. 达马斯卡著，李学军等译：《漂移的证据法》，中国政法大学出版社 2003 年版。

46. [德] 克劳思·罗科信著，吴丽琪译：《刑事诉讼法》，法律出版社 2003 年版。

47. [英] 麦高伟、杰弗里·威尔逊主编，姚永吉等翻译：《英国刑事司法程序》，法律出版社 2003 年版。

48. [美] H. W. 埃尔曼著，贺卫方、高鸿钧译：《比较法律文化》，清华大学出版社 2002 年版。

49. [美] 爱伦·豪切斯泰勒·斯黛丽、南希·弗兰克著，陈卫东、徐美君译：《美国刑事法院诉讼程序》，中国人民大学出版社 2002 年版。

50. [日] 田口守一：《刑事诉讼法》，法律出版社 2000 年版。

51. [德] 拉德布鲁赫著：《法学导论》，中国大百科全书出版社 1997 年版。

52. [美] 迈克尔·D. 贝勒斯著：《法律的原则——一个规范的分析》，中国大百科全书出版社 1996 年版。

53. [日] 谷口安平著，王亚新译：《程序的正义与诉讼》，中国政法大学出版社 1996 年版。

54. [日] 棚濑孝雄原著，王亚新译：《纠纷的解决与审判制度》，中国政法大学出版社 1994 年版。

55. [意] 贝卡里亚著：《论犯罪与刑罚》，中国大百科全书出版社 1993 年版。

56. [德] 茨威格特著，潘汉典等译：《比较法总论》，贵州人民出版社 1992 年版。

57. [英] 彼得·斯坦、约翰·香德著，王献平译：《西方社会的法律价值》，中国人民公安大学出版社 1990 年版。

58. [美] 约翰·罗尔斯著，何怀宏、何包钢、廖申白译：《正义论》，中国社会科学出版社 1988 年版。

59. [美] 汉密尔顿、杰伊、麦迪逊著：《联邦党人文集》，商务印书馆 1980 年版。

好新形势下的

级公安局长（下）

（公安机关 内部发行）

ISBN 978-7-81139-766-6

新形势下的县级公安局长（下）

公安部政治部 编

中国人民公安大学